El misterio de Nils

Published by Skapago KG, Furth im Wald, Germany.
1st edition published in May 2016

Picture credits:
All photos © Daniela Skalla except:
Chapter 11 – map of Europe: © kebox – Fotolia.com
Chapters 17, 19, 21 – background images for exercises: © Elmastudio – https://www.flickr.com/photos/elmastudio
Chapter 18 – breads: © Daniel Mock – Fotolia.com
Chapter 18 – sliced bread: © womue – Fotolia.com
Chapter 19 – telephone: © 2fake – Fotolia.com
Chapter 22 – silhouettes of people: © kritchanut – Fotolia.com
Chapter 24 – couple on Trolltunga in Norway: © Alex Koch – Fotolia.com
Chapter 25 – competition on ski: © Ruslan Kudrin – Fotolia.com
Chapter 25 – 50 kr bill: © Sandnes – Fotolia.com
Chapter 25 – Norwegian money (background image for exercises): © S-Christina – Fotolia.com
Chapter 26 – roasted lamb chops: © Gresei – Fotolia.com
Cover designed by Mónica Gabriel after winning a contest on 99designs
Cover image: To Come, published by Geir Tønnessen at https://secure.flickr.com/photos/nuddaladden/10883470573/ under a Creative Commons BY 2.0 licence (https://creativecommons.org/licenses/by/2.0/)

ISBN: 978-3-945174-07-4

El misterio de Nils

Parte 1 – Curso de noruego para principiantes
Aprende noruego. Disfruta de la historia.

Escrito por
Werner Skalla

Historia basada en una idea de
Sonja Anderle

Creado por colaboración de profesores & estudiantes de Skapago

Jan Blomli	Borgar Emanuelsen Bohlin	Martin Löhndorf
Sébastien Le Martelot	Anna Myrer	Clemens Pötsch
Tyra Meininger Saudland	Joachim Schönberger	Alexandr Svezhenets
Daniela Syczek	Marit Ruud Talseth	Dominik Timmermann

Fotografía & ilustraciones por
Daniela Skalla

Textos noruegos revisados por

Richard Fjellaksel	Runar Werningsen Jenssen
Anders Kristiansen	Yngve Nordgård

Versión en español por
Audun Heggdal Pedersen
Mónica Sainz Serrano
Estíbaliz Somohano Ruiz

Publicado por
Skapago
www.skapago.eu

Índice de Contenidos

Capítulo	Página	Temas gramaticales	Temas de conversación
¡Empecemos!	8		
1	13	Verbos y pronombres, orden de las palabras	«jeg forstår ikke»
2	17	Géneros, los números del 1 al 10 1-10	Hola y adiós, desayuno
3	23	Dos verbos en la misma oración, preguntas, den/det	Gracias
4	29	Orden de las palabras, artículo determinado, pronombre impersonal "det", pronombres interrogativos	Muebles, cómo presentarse e iniciar una pequeña charla
5	41	Números, pronombres personales – objetos, indicar pertenencia	å like/å være glad i, familia
6	47	Verbos reflexivos, indicar pertenencia (parte 2), dos verbos en una oración, preteritum (tiempo pasado)	La hora, días de la semana
7	55	De uno a varios, noe/noen, diciéndole a alguien qué hacer	En la cocina, rutina diaria
8	61	Adjetivos, artículo determinado (plural), orden de las palabras	¿Dónde está ...?
9	67	å kjenne/å vite, man, adjetivos irregulares	Hablar de uno mismo, un día ajetreado, colores
10	73	liten, mange/mye, verken/eller, perteneciendo a alguien	El cuerpo, en el médico
11	85	hvilken, adjetivos – forma definida, futuro, slags	Comida, dónde comprar qué, países
12	97	denne/dette/disse, ir y estar, tiempo pasado	Dando indicaciones
13	105	Tiempo y hora, perfektum	Siendo educado, comiendo fuera
14	113	Comparativos, superlativos, enn/som	Tareas del hogar
15	119	synes/tro, adverbios, kommer til å ...	Medios de comunicación
16	125	annen, noen + sustantivos, la fecha (números ordinales)	El tiempo, las estaciones, meses
17	133	som	hva vet du om Norge?
18	139	Oraciones subordinadas, kanskje, noe(n)	klær
19	145	Oraciones principales y subordinadas, deshaciéndonos de som, hos/med/ved	Telefonen, alfabet
20	151	langt/lenge, sin artículo, deshaciéndonos de at	Aficiones y tiempo libre, pequeña charla (parte 2)
21	159		bank, post, politi
22	167	Verbos que terminan en -s	hvem sier hva om seg selv?
23	173	burde, sin	transport
24	181		Amor y sentimientos
25	185		økonomi
26	191	så	Estilo de vida y dieta
Listado de palabras	197		
Clave de los ejercicios	211		
Verbos irregulares	223		
Gramática en pocas palabras	224		
Pronunciación	226		
Índice de vocabulario	227		
Índice de gramática	228		

¡Enhorabuena!

Has decidido aprender noruego:

¡una gran idea!

Material de apoyo

Encontrarás textos del libro como archivos de audio, explicaciones sobre pronunciación en vídeo, ejercicios adicionales, un entrenador de vocabulario, tests y mucho más – la mayor parte sin coste alguno en www.skapago.eu/nils.

Personas para ayudarte

Puede ser difícil para ti aprender un nuevo idioma por tu cuenta. Personalmente, creo que deberías recibir el apoyo de un profesor. Ahora me acusarás de ser parcial y sólo querer venderte nuestros cursos, dado que Skapago es una escuela de idiomas en línea. Soy el primero en admitir que otras escuelas también tienen excelentes profesores, por lo que siéntete libre de explorar otras alternativas.

Nuestros profesores hablarán contigo a través de Skype y el uso de videoconferencia, de manera que puedas sumarte a nuestras clases individuales desde cualquier parte del mundo. Ellos han creado juntos este libro y tú puedes solicitar una lección de demostración gratuita aquí: www.skapago.eu

Erro~~x~~res

No creerás la cantidad de veces que hemos leído de principio a fin este libro antes de atrevernos a publicarlo. No obstante, no podemos garantizar que el libro no contenga errores. Si encuentras alguno, por favor envíanos un correo electrónico a: nils@skapago.eu. ¡Nils te enviará un mensaje personal de agradecimiento!

¿El mejor libro para aprender noruego de todos los tiempos?

Cuando comenzamos a trabajar en este libro, nuestra ambición era hacer el mejor libro de texto de noruego de todos los tiempos, pero bueno, vamos a mantener los pies en el suelo. ¡Haznos saber lo que opinas! ¿Hay algún ejercicio que no te gusta, explicaciones que no entiendes, textos que son aburridos o imágenes que encuentras desagradables? Si tienes comentarios o ideas para mejorarlo, o si simplemente quieres saludar a Nils – no lo dudes y envía un correo electrónico a: nils@skapago.eu

¡Empecemos!

Voy a presentarte ahora el primer texto en noruego. Es mucho más difícil de lo que cabría esperar, y la meta no es bajo ningún concepto que te aprendas las palabras del texto. Todo lo que quiero es darte una primera impresión de cómo suena y qué aspecto tiene el noruego. Escúchalo (para los archivos de audio ve a www.skapago.eu/nils) varias veces y sigue el texto a la vez, leyéndolo en voz alta. Luego, intenta adivinar tanto como puedas sin mirar la traducción al español.

Después, siéntete libre de usar la traducción española. El texto sirve de prólogo de la historia que se desarrollará durante el libro.

Ernas drøm

En mann kommer langs veien.
En turist? Nei.
Erna kjenner mannen. Han smiler.
Det er mannen fra stasjonen.
Hun smiler også.

Mannen går forbi.
Hun roper etter ham. Men han hører ikke.
Han forsvinner.

Adressen. Hun må skrive adressen!
Hvor er adressen?

Nå ser hun tre personer:
En gutt – han spiser sjokolade.
Ei dame – hun gir ei bok til en mann.
Erna tenker:
Nei, ikke spis sjokoladen!
Ikke gi ham boka!

Erna våkner. Hun må le.
Men hun tenker: Hva med adressen?

El sueño de Erna

Un hombre se acerca por el camino.
¿Un turista? No.
Erna conoce al hombre. Él está sonriendo.
Es el hombre de la estación.
Ella sonríe también.

El hombre pasa de largo.
Ella le llama en voz alta. Pero él no la oye.
Él desaparece.

La dirección. ¡Debe escribir la dirección!
¿Dónde está la dirección?

Ahora ve a tres personas:
Un muchacho – él come chocolate.
Una mujer – ella da un libro a un hombre.
Erna piensa:
¡No, no te comas el chocolate!
¡No le des el libro!

Erna se despierta. Le da la risa.
Pero ella piensa: ¿Qué pasa con la dirección?

¿Cuánto has entendido del texto?

 Nada de nada

No te preocupes.
¡En el capítulo 1 empezaremos desde cero! Nunca hemos tenido ningún estudiante que no haya sido capaz de aprender noruego. Asegúrate de que no te estás exigiendo demasiado a ti mismo, por lo que tómate un descanso cuando sea que lo necesites.

 Un poco

El noruego no es tan complicado como inicialmente podías haber pensado, ¿verdad?

 La mayor parte

Probablemente has aprendido antes un idioma similar, o tu lengua materna es el alemán, el neerlandés, el sueco o el danés. ¡Estupendo! Aprender noruego será fácil para ti.

Antes de continuar

Algunas cosas que puedes notar cuando comparas la versión noruega y la versión española del texto:

Tres divertidas letras: Æ, Ø, Å

Están al final del alfabeto (así que no mires bajo la A si necesitas un número de teléfono de Ålesund). La sección de Pronunciación, al final del libro, indica cómo debes pronunciarlas.

Palabras similares

El noruego y el español contienen un buen número de palabras similares, ya que, a través del cristianismo, el comercio y la divulgación de conocimientos científicos, se fueron introduciendo en el noruego términos cuyo origen proviene del latín y del griego.

La pronunciación del noruego

... puede sonarte un poco rara. En las listas de vocabulario, a partir del capítulo 1, indicaremos pronunciaciones inusuales, y podrás encontrar un resumen al final del libro. También te proveemos de vídeos de pronunciación. Para más información, visita www.skapago.eu/nils.

¿Preparado para el capítulo 1?

Vas a conocer a

• **Erna**, una mujer noruega de 84 años

• **Lise** (48), su hija

• **Susanne** (8), la hija de Lise, así como al resto de la familia de Lise

• muchas **otras personas** de diferentes regiones de Noruega

... y, por supuesto, ¡a **Nils**!

Pero quién es exáctamente Nils, lo tendrás que averiguar por ti mismo.

¡Descubre la historia de Nils y disfruta aprendiendo noruego!

1

Lise:	Erna, hva gjør du?
Erna:	Jeg lager en gave til Susanne.
	Hun har bursdag.
Lise:	Hva er det?
Erna:	Det er en nisse.
Lise:	Jeg forstår ikke. En nisse?
Erna:	Ja. Susanne trenger en liten venn.
	Derfor lager jeg en nisse.

Erna sitter og arbeider. Nå er hun nesten ferdig.

hva [va]	qué
gjør [jør]	*aquí:* (tú) haces
du	tú
jeg [jæj]	yo
lager	*aquí:* (yo) hago
en	un, uno
en gave	un regalo
til	para
hun	ella
har	tiene
en bursdag	un cumpleaños
er	es
det [de]	ello, eso
nisse	
forstår [får-]	*aquí:* (yo) entiendo
ikke	no
ja	sí
trenger	*aquí:* (yo) necesito
liten	pequeño/a
en venn	un amigo
derfor [dærfår]	por lo tanto, por esto/ello
sitter	está sentada
og [å]	y
arbeider	*aquí:* (yo) trabajo
nå	ahora
nesten	casi
ferdig [æ]	acabado/a, listo/a

Cómo aprender nuevas palabras

- no estudies más de 5-7 palabras nuevas por día
- escribe las palabras en fichas: por un lado en español, y por el otro lado en noruego
- repasa a diario
- mira la palabra española e intenta acordarte de la palabra en noruego
- separa del resto las palabras que te resulten difíciles y repásalas más a menudo

Erna sitter og arbeider.

Verbos y pronombres

¡Es hora de un poco de gramática!

- Un *verbo* es una palabra que te dice qué hace alguien: ***comer, dormir, trabajar, volar, amar***...
- Un *pronombre* es una palabra que reemplaza a una persona o cosa: ***yo, tú, él, ella***...
- Cuando combinamos pronombres y verbos, se permiten básicamente sólo ciertas terminaciones, p. ej.: ***yo bebo – él bebe***

¡Pero en noruego, las cosas son más fáciles! Sólo tenemos una forma para cada verbo y cada tiempo verbal. Así que, independientemente de quién hace qué, siempre utilizamos la misma forma para el verbo. Por tanto, será el pronombre el que nos indique quién realiza la acción, y no la terminación del verbo. Por ello, toda oración deberá tener un sujeto explícito.

En el tiempo presente, esta forma por lo general termina en una -r.

Algunas observaciones acerca de los pronombres:

- Anteriormente, en Noruega se empleaba la forma cortés **De** (*usted*, *ustedes*). Sin embargo, en la actualidad todo el mundo se tutea, a diferencia del uso que todavía se hace en español de estas fórmulas de cortesía.
- También hay un pronombre para cosas, pero aprenderás más sobre ello en el capítulo 3.

jeg	yo
du	tú
han	él
hun	ella
vi	nosotros/as
dere	vosotros/as
de	ellos/as

Orden de las palabras

En las oraciones principales noruegas, el verbo es siempre la *segunda pieza de información*. Esta es la regla más importante en cuanto a la estructura de la oración en noruego. Así que, si recordar tantas reglas gramaticales te resulta demasiado complicado, ¡prueba a recordar esto!

Jeg forstår ikke.

Jeg forstår ikke.	No entiendo.
Kan du gjenta?	¿Puedes repetir eso?
Jeg snakker bare litt norsk.	Yo hablo sólo un poco de noruego.
Hva betyr ... på spansk?	¿Qué significa ... en español?

1 Rellena los espacios en blanco.

Erna _____ en gave til Susanne. Susanne ____ bursdag. Det ____ en nisse.
Lise forstår _____ . Erna sitter _____ arbeider. Hun er nesten _____ .

2 Forma oraciones. Usa todas las palabras.

a) Lise   ikke   forstår
b) Erna   nesten   ferdig   er
c) venn   trenger   Susanne   en   liten
d) lager   Erna   bursdag   Susanne   har   gave   en   og

3 Cambia las siguientes oraciones de manera que comiencen por "Nå…"
Esto alterará el orden de las palabras.

Ejemplo: Erna er nesten ferdig. → Nå …
Nå er Erna nesten ferdig.

a) Hun lager en gave til Susanne. → Nå …
b) Susanne har bursdag. → Nå …
c) Susanne trenger en liten venn. → Nå …
d) Erna arbeider. → Nå …
e) Erna er nesten ferdig. → Nå …

2

Susanne våkner. Er det onsdag i dag? Nei, det er torsdag allerede! Og hva betyr det?

Selvfølgelig! Hun har bursdag. Nå er hun åtte år gammel. Lise kommer.

Lise: God morgen, Susanne. Gratulerer med dagen!
Susanne: God morgen. Tusen takk!
Lise: Vi spiser frokost nå. Skolen begynner snart.

Susanne står opp. Hun spiser frokost: et egg, et rundstykke og ei brødskive med ost. Hun drikker en kopp varm sjokolade.

«Gratulerer med dagen!»

å våkne	despertarse
onsdag	miércoles
i dag	hoy
nei	no
torsdag [å]	jueves
allerede	ya
å bety	significar
selvfølgelig [sellfølgelli]	por supuesto, evidente, obvio
åtte	ocho
et år	un año
åtte år	ocho años
gammel	viejo/a
å komme [å]	venir
god [go]	bueno
en morgen [mårn]	una mañana
god morgen	buenos días, buena mañana
gratulerer med dagen	feliz cumpleaños
tusen	mil
takk	gracias
tusen takk	mil gracias
vi	nosotros
å spise	comer
(en) frokost [-kåst]	(un) desayuno
skolen	la escuela, el colegio
å begynne [bejy-]	empezar, comenzar
snart	pronto
å stå opp	levantarse
et egg	un huevo
et rundstykke [runns-]	un panecillo
ei brødskive [brø-]	una rebanada de pan
med [me]	con
(en) ost	queso
å drikke	beber
en kopp [å]	una taza
varm	caliente
(en) sjokolade	chocolate
en kopp sjokolade	una taza de chocolate

Géneros

en  kopp → masculino

ei  brødskive → femenino

et  rundstykke → neutro

Como puedes ver, en noruego las tazas son masculinas, las rebanadas de pan son femeninas y los panecillos son neutro. ¿Suena raro? Bueno, lo es. Pero eso es sólo la forma en la que este idioma funciona. Así, en noruego encontramos tres géneros, que son los mismos que en español, más un género neutro, y que hacen que tengamos tres maneras de decir *un/a*:

        en (para personas / cosas masculinas)
        ei (para personas / cosas femeninas)
        et (para personas / cosas neutras)

Esto significa: no puedes decir **et kopp** – es simplemente incorrecto. Tiene que ser **en kopp**, porque taza es masculino.

¿Cómo puedes saber que una taza tiene género masculino y no femenino o neutro? Desgraciadamente, no puedes. Tienes que aprender el género de cada una de las palabras de memoria. ¡Lo siento! Quizá conoces este concepto de otras lenguas, como por ejemplo el alemán.

Por si esto no es lo suficientemente confuso, aquí tienes otra cuestión: Las palabras femeninas en noruego (¡y sólo las femeninas!) pueden ser también masculinas. Siendo así, tú puedes decir **en brødskive** en lugar de **ei brødskive**, pero no puedes decir ~~ei kopp~~ en vez de **en kopp**.
¿Por qué es esto así? Mi consejo es que es mejor no preguntar. Pero si realmente estás muy, muy interesado en saberlo, deberás leer sobre la historia de la lengua noruega.

Los números del 1 al 10

0	null
1	en
2	to
3	tre
4	fire
5	fem
6	seks
7	sju (*también puedes decir*: syv)
8	åtte
9	ni
10	ti

Así practicas los números

Intenta contar el mayor número de veces (y lo más rápido) que puedas!

En cuanto no puedas avanzar contando, mira otra vez la lista y empieza desde cero.

Hola y adiós

god morgen	buenos días
god kveld [kvell]	buenas tardes
hei	hola
god natt	buenas noches
ha det [ha de]	adiós
ha det bra	que te vaya bien

et rundstykke	un panecillo	**et egg**	un huevo
et brød [-ø]	un pan	**(en) kaffe**	café
(en) ost	queso	**(en) te**	té
et eple	una manzana	**(ei) frokostblanding**	cereales
(et) smør	matequilla	**(ei) melk**	leche
en salami	un salchichón, (un) salami	**(en) juice**	(un) zumo
(en) honning [å]	miel	**(et) syltetøy**	mermelada, confitura

1 Escribe el artículo que corresponda a cada palabra (*en*, *ei* o *et*).

a) ___ gave

b) ___ egg

c) ___ brødskive

d) ___ rundstykke

e) ___ kopp

2 Responde las preguntas.

a) Er det onsdag i dag?

b) Er Susanne ni år gammel?

c) Hva spiser Susanne?

3 ¿Qué comes tú para desayunar?

4 Une los números con la palabra para nombrarlos.

0	en
1	fire
2	åtte
3	tre
4	ni
5	fem
6	sju
7	to
8	null
9	seks

5 Usa los pronombres personales.

Un ejemplo (et eksempel): Erna og Susanne snakker. → De snakker.

Du og jeg arbeider. →

Martin har bursdag. →

Du, Erna og Susanne våkner. →

Lise sitter. →

Erna, Susanne og Martin spiser. →

Du og Lise kommer ikke. →

Susanne og jeg står opp. →

Erna:	Gratulerer med dagen, Susanne! Du må få en klem.	
Susanne:	Takk. Får jeg en gave også?	
Erna:	Ja, selvfølgelig. Her er den.	
Susanne:	Hva er det?	
Erna:	Vil du ikke åpne den først?	
Susanne:	Er det en smarttelefon?	
Erna:	Jeg forstår ikke. Hva er en «smarttelefon»?	
Susanne:	Det er en telefon. Du kan ikke bare ringe, men også sende e-post, gå på Internett og ta bilder.	
Erna:	Te-post? Hva betyr te-post?	
Susanne:	E-post, bestemor. Elektro-nisk post.	
Erna:	Men det koster mye, ikke sant?	

«Det er en nisse, Susanne.»

å måtte, *presente*: må	tener que
å få	tener, recibir, obtener
en klem	un abrazo
også [åså]	también
her [æ]	aquí
den	lo/la; él/ella (*sólo sustantivos masculinos y femeninos, véase la explicación gramatical*)
å ville, *presente*: vil	querer
å åpne	abrir
først	primero
en telefon	un teléfono
en smarttelefon	un Smartphone
å kunne, *presente*: kan	poder
bare	sólo, solamente
å ringe	llamar
men	pero
å sende [senne]	enviar
(en) e-post [å]	correo electrónico
å gå	ir
på	en, encima, sobre
på Internett	en internet
å gå på Internett	navegar en internet
å ta	coger, tomar
et bilde	una imagen, un cuadro
bilder	imágenes
ei bestemor	una abuela
elektronisk	electrónico
å koste [å]	costar
mye	mucho/a
sant	cierto, verdadero
... ikke sant?	... ¿no es cierto?

Susanne svarer ikke. Hun vil ikke vente.

Erna: Det er en nisse, Susanne. Han heter Nils.
Susanne: Aha.
Erna: Er du ikke glad?
Susanne: Jo.

Men det er ikke sant. Erna føler det. Hun er litt trist.
Susanne er ikke glad. Det kan hun se. Men hvorfor
ikke? Er en telefon så mye bedre?

å svare	contestar, responder
å vente	esperar
å hete	llamarse
Han heter Nils.	Él se llama Nils.
aha	ajá
glad [gla]	alegre, contento
jo	sí *(ante preguntas en negativo)*
å føle	sentir
litt	un poco
trist	triste
å se	ver, mirar
hvorfor [vorfår]	por qué
så	tan; así que, entonces
bedre	mejor

Dos verbos en la misma oración

Hun vil ikke (vente.)

Det kan hun (se.)

Jeg vil (spise.)

Aprendiste sobre verbos en el primer capítulo.
Cuando tienes dos verbos en una oración, el
segundo verbo se presentará en forma de *infinitivo*,
que en español es la forma básica del verbo sin
conjugar. Esta forma la podrás encontrar en el
diccionario sin ninguna terminación determinada,
acabando generalmente en vocal.

Presta atención a que, en español, el infinitivo
acaba siempre en -r (-ar, -er, -ir), mientras que en
noruego encontramos esta terminación en -r en
la forma presente de casi todos los verbos, lo cual
hace que a veces cometamos el error de añadir
una -r al infinitivo por no fijarnos demasiado en
este aspecto.

Preguntas

Tenemos dos clases de preguntas. Empezaremos con las que se contestan con **sí** o **no**.
En estas preguntas, el verbo se coloca en primer lugar.

Får jeg en gave også? → Ja.
Vil du ikke åpne den først? → Jo.

Verbo

ja - jo
Cuando contestas a una pregunta con **sí** y la pregunta contiene la palabra **ikke** (**no**), no
puedes responder con **ja** – debes usar la palabra **jo**.
Por ejemplo: **Vil du ikke spise?**   **Jo, jeg vil spise.**
                ¿No quieres comer?   *Sí, sí quiero comer.*

En preguntas con pronombres interrogativos, encontramos
éstos en primer lugar (bastante lógico, ¿no es cierto?).

Hva er det?

Verbo
Pronombre interrogativo

den/det

Cuando hablamos de personas, usamos **han** para masculino y **hun** para femenino. Por supuesto, podemos hablar de cosas también, pero debes recordar que en noruego *¡incluso las cosas tienen un género!*

Por lo tanto, tenemos dos palabras diferentes para el español *ese/esa*:

* Usamos **den** para hablar de cosas de género femenino y masculino.
    Susanne vil ha en telefon. Den koster mye.

* Usamos **det** para hablar de cosas de género neutro.
    Susanne vil ha et rundstykke. Det koster ikke mye.

A veces no sabemos a qué palabra se está refiriendo en realidad **det**, ya que en español solemos emplear oraciones con sujeto indeterminado o sin sujeto (verbos meteorológicos), como por ejemplo, *llueve* (**det regner**). En ese caso, en noruego empleamos **det**, ya que toda oración en este idioma debe tener un sujeto explícito, lo cual en español podría traducirse como *ello/eso*. Así, diríamos **det er bra**, que en español sería *(eso/ello) está bien*.

Gratulerer med dagen! — ¡Feliz cumpleaños!

Takk! — ¡Gracias!

Tusen takk! — ¡Mil gracias!
Mange takk! — ¡Muchas gracias!
Takk skal du ha! — ¡Gracias tenga usted/ tengas tú!

Gracias

En noruego no hay una simple palabra para decir *por favor*. Esto puede parecer un poco irrespetuoso pero, por otra parte, los noruegos tienen muchas expresiones para decir *gracias*. Además de las que tienes en la caja, es posible que quieras recordar:

Takk for maten! = ¡Gracias por la comida!

(Es cortés decir esto después de una comida en una casa noruega.)

Takk for sist! = ¡Gracias por la última vez!

(Esto es algo que dices cuando ves a alguien de nuevo después de un tiempo. "Un tiempo" puede ser en realidad una semana, un mes o un año...)

1 Responde las preguntas.
a) Hva får Susanne?
b) Hvorfor er Erna trist?
c) Hvorfor er Susanne ikke glad?

2 Responde las preguntas con *ja* o *jo*.
a) Er Erna trist?
b) Får Susanne en gave?
c) Spiser hun ikke frokost?
d) Koster en smarttelefon mye?

3 Completa con *det* o *den*.
a) Koster en smarttelefon mye? – Ja, ____ koster mye.
b) Har du et rundstykke? – Ja, her er ____ .
c) Spiser Susanne ei brødskive? – Ja, hun spiser ____ .
d) ____ er torsdag i dag.
e) Hva er ____ ? – ____ er et egg.

4 Completa con los verbos en su forma correcta (infinitivo o presente).
a) vente: Susanne vil ikke ____ .
b) vente: Susanne ____ ikke.
c) ha: Susanne vil ikke ____ en nisse.
d) spise: Hun ____ et rundstykke med ost.
e) gratulere: Erna ____ .
f) åpne: Susanne ____ en gave.
g) forstå: Erna ____ ikke.
h) spise: Kan jeg ____ et rundstykke?
i) stå: Jeg vil ikke ____ opp.
j) svare: Susanne ____ ikke.
k) koste: En telefon ____ mye.

5 Conecta las palabras de la columna izquierda con las palabras correctas de la columna derecha, de forma que crees oraciones con sentido.

Susanne åpner	ikke sant.
Jeg forstår	ei brødskive.
Hun spiser	år gammel.
Det er	en gave.
En telefon	bare litt norsk.
Susanne er åtte	koster mye.
Kan du	ikke.
Gratulerer	med dagen.
Erna drikker	en kopp kaffe.
Jeg snakker	gjenta?

4

Susanne ser på Nils. Hun er skuffet. Hva skal hun gjøre med en nisse? Hun vil så gjerne ha en smarttelefon.

Hun ser ut av vinduet. Hva skal hun gjøre nå? Leke med nissen?

Hun tar Nils i hånda.

«Hei» sier hun.

Nils svarer ikke.

«Jeg heter Susanne. Jeg kommer fra Norge. Hva heter du?»

Nils svarer ikke.

«Hvor kommer du fra? Kommer du fra skogen?»

Nils sier ingenting.

«Hvor gammel er du?»

Nils svarer ikke.

«Du er kjedelig.»

Nå vil hun ikke leke med Nils lenger.

Hvor skal hun sette nissen? Ikke på senga, i hvert fall. På bordet og på kommoden er det ikke plass. Men kanskje i et skap eller på en stol? Ja, Nils kan sitte på en stol. Eller ved vinduet? Nei, han kan sitte ved siden av døra.

Han kan sitte ved siden av døra.

skuffet	decepcionado
å skulle, *presente:* skal	ir a
å gjøre [jø-]	hacer
gjerne [jær-]	con gusto, de buena gana
å ha	tener
hun vil gjerne ha	ella querría tener
ut	fuera
av [a]	de
et vindu	una ventana
å leke	jugar
ei hånd [hånn]	una mano
hei	hola
å si, *presente:* sier	decir
Hva heter du?	¿Cómo te llamas (tú)?
fra	de
Norge [å]	Noruega
hvor [vor]	dónde, donde
hvor kommer du fra?	¿de dónde vienes/eres?
en skog	un bosque
ingenting	nada
hvor gammel	*lit.* cómo de viejo/a; qué edad
kjedelig [-li]	aburrido/a
ikke ... lenger	ya no
å sette	poner, colocar
ei seng	una cama
hvert [vært]	cada
i	en
i hvert fall	*lit.* en cada caso; por lo menos, en todo caso
et bord [bor]	una mesa
en kommode	una cómoda
(en) plass	lugar, sitio
kanskje	quizá, quizás
et skap	un armario
eller	o
en stol	una silla
ved [ve]	junto a
ved siden av	al lado de
ei dør	una puerta

Orden de las palabras

El noruego es un idioma sencillo en lo que se refiere a las terminaciones (¿no me crees? Ve a una librería cercana y abre un libro de gramática rusa, alemana o francesa). Sin embargo, en noruego la estructura de las oraciones es algo realmente importante. Es por esto que hablaremos de ello una y otra vez. Imagina la oración en noruego como si fuese un *tren*. En cada vagón sólo ciertas piezas de información han reservado asiento. El primer vagón es bastante accesible a casi todo el mundo. No obstante, el segundo vagón está siempre reservado para el *verbo*.

A menudo, en una oración hay muchos otros elementos, pero no todas las frases tienen por qué tener todos ellos. Algunas oraciones sólo tienen lo que llamamos un *sujeto* (una persona o cosa haciendo algo) y un *verbo* (la acción que está siendo realizada). Esto es lo mínimo que toda oración en noruego debe tener. Puede funcionar sin otros elementos – en ese caso, los otros vagones simplemente permanecen vacíos.

Muy frecuentemente el sujeto es el primer elemento dentro de la oración, pero no necesariamente. Si no lo es, debe situarse en el tercer vagón (después del verbo), ¡porque el verbo debe estar en el segundo vagón! Ésta es probablemente la parte más confusa para ti si el español es tu lengua materna.

Míralo desde otra perspectiva: Si sólo tienes un sujeto y un verbo en la oración, el sujeto debe ir primero. ¿Por qué? Bueno, de otra manera el verbo iría primero, y el verbo DEBE siempre ir en segundo lugar.

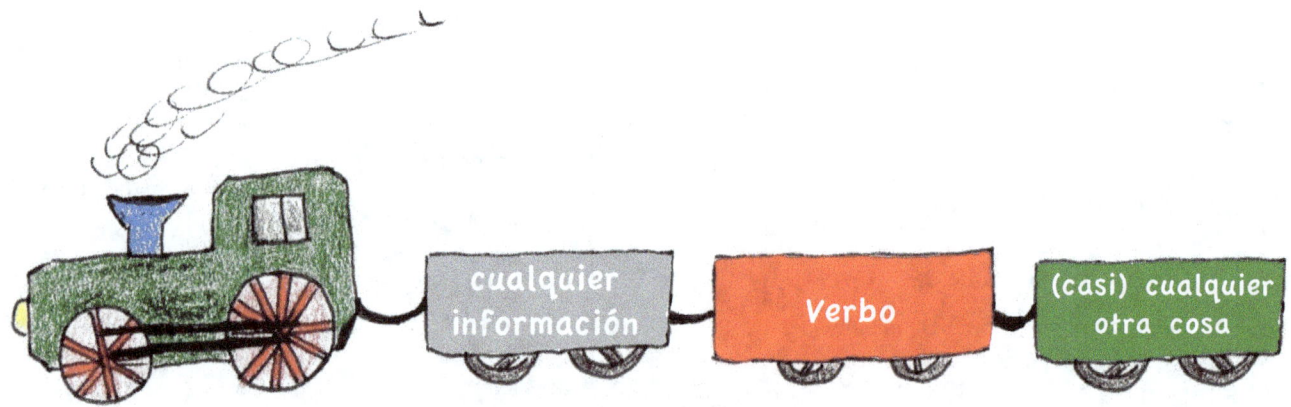

cualquier información | Verbo | (casi) cualquier otra cosa

Ahora mismo no voy a molestarte demasiado con los vagones que van después del verbo. Por esto es por lo que sólo he puesto un vagón después del verbo. Todos esos otros vagones son bastante importantes también, pero ahora mismo no quiero confundirte con ellos.

Una cosa más: la primera pieza de información puede, en efecto, ser extremadamente larga. Por ejemplo:

På bordet og på kommoden er det ikke plass.
På bordet og på kommoden → primer vagón (información adicional sobre un lugar, que responde a la pregunta "¿dónde?")
er → verbo, en el segundo vagón
det → sujeto

Conectando oraciones
Con **og** podemos unir oraciones. Cuando el sujeto es el mismo, no tenemos que repetirlo:

Erna sitter. Erna arbeider.
→ Erna sitter og (Erna) arbeider.

Para resumir: si piensas que esto es extremadamente difícil, todo lo que necesitas recordar por ahora es:

El verbo es la segunda pieza de información que recibes.

et vindu

vinduet

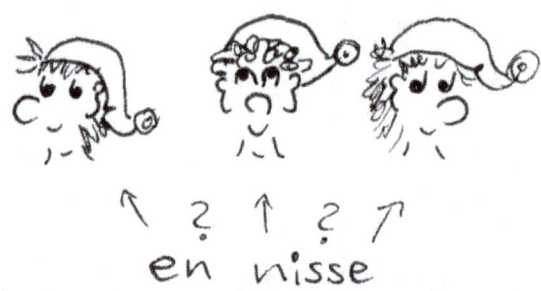

en nisse

nissen

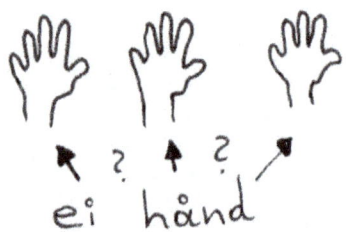

ei hånd

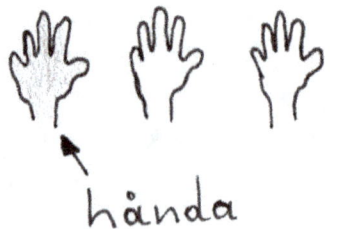

hånda

Artículo determinado

En noruego no tenemos una simple palabra para **el/la**. En su lugar, ponemos el **el/la** al final de la palabra a la que pertenece, como puedes ver en el siguiente ejemplo:

una ventana → et vindu
la ventana → vinduet

Así, encontramos que el artículo determinado o definido, en noruego, se coloca a modo de sufijo tras el sustantivo al que hace referencia. Básicamente, la diferencia en el uso de artículos indeterminados o indefinidos, y determinados, se muestra en la imagen: si nos referimos a cualquier ventana, decimos **et vindu** (*una ventana*). Si estamos hablando de una ventana concreta (por ejemplo, la única que hay en una habitación, o una ventana que hemos mencionado antes), decimos **vinduet** (*la ventana*). En este sentido, el noruego es similar al español.

Siguiente paso: ten en cuenta que en noruego tenemos *tres géneros* (mira el capítulo 2). Esto significa que no sólo tenemos tres traducciones para **un/una**, sino que también tenemos tres traducciones para **el/la**. De nuevo, el género está vinculado a la palabra, por lo que:

- los sustantivos de género neutro acaban en **-et**
- los sustantivos de género masculino acaban en **-en**
- los sustantivos de género femenino acaban en **-a**

Para hacerte la vida un poco más sencilla, puedes tratar los sustantivos femeninos de la misma manera que los masculinos, y ponerles **-en** como terminación (pero nunca al revés).

¡Cuidado! Para las palabras de género neutro, la terminación es **-et**, pero no pronunciamos la **-t**. Tampoco la pronunciamos al final de la palabra **det**. ¡Pero la **t** se pronuncia en cualquier otro lado en noruego!

Pronombre impersonal "det"

Esta sección es en realidad de un nivel bastante avanzado. Si has tenido suficiente gramática por ahora, puedes *saltártela*. Echemos un segundo vistazo a la oración:

> På bordet og på kommoden er det ikke plass.
> En la mesa y en la cómoda no hay espacio.

He dicho que el sujeto es la pequeña palabra **det** en esta oración.

Cuando no sabemos quién hace algo en una oración, simplemente usamos **det**. ¿Recuerdas **det regner**? ¿Quién o qué en realidad está lloviendo? Bien, está lloviendo. No sabemos quién realiza la acción, así que decimos **det**, ya que toda oración en noruego debe tener un sujeto explícito, es decir, el sujeto debe aparecer siempre en la oración y no puede ser omitido de ninguna manera.

Esto mismo es aplicable en la oración **På bordet og på kommoden er det ikke plass**.
På bordet og på kommoden *no* es el sujeto, ya que nos dice *dónde* está ocurriendo algo, pero no *quién* lo hace. ¿Quién hace algo aquí? No lo sabemos, así que det. ¿Qué hace **det** aquí? Simplemente existe, así que **det er** (hay).
Suena casi un poco filosófico, ¿eh?
Bueno, dije que esto sería un asunto complicado. Pero no te preocupes, después de más ejemplos, esto te acabará resultando natural.

Muebles

Aprende las palabras nuevas y encuentra la imagen que corresponda a cada una:

en TV [teve]	una televisión
et skrivebord [-r]	un escritorio
ei lampe	una lámpara
ei bokhylle	una estantería
en komfyr	una cocina (fuego), fogones
en ovn [å]	un horno
en vask	un fregadero, un lavabo
en kaffemaskin	una cafetera
et kjøleskap	una nevera
ei dør	una puerta
en datamaskin	un ordenador

Cómo presentarse e iniciar una pequeña charla

La gente en Noruega no es demasiado formal, así que puedes decir "hei" a casi todo el mundo, exceptuando al Rey: "God dag, Deres Majestet." :-)

Hei!	¡Hola!
Jeg heter ...	Yo me llamo...
Hva heter du?	¿Cómo te llamas tú?
Hva gjør du?	¿Qué haces (tú)? / ¿A qué te dedicas?

(esto puede ser tanto una pregunta sobre qué estás haciendo ahora mismo, como sobre tu profesión, dependiendo de las circunstancias)

Jeg er elektriker.	Yo soy electricista.
Hyggelig å hilse på deg. [-li]	Encantado de conocerte.
	(la primera vez que conoces a alguien)
Hyggelig å treffe/møte deg.	Encantado de verte.
	(para gente a la que ya conoces)
Jeg kommer fra ...	Yo soy de … / Yo vengo de…
Hvordan går det?	¿Cómo te va?
Takk, det går bra.	Gracias, me va bien.
Takk, ikke så verst. [æ]	Gracias, ni tan mal.
Det går dårlig.	Me va mal.
Hva med deg? [dæj]	¿Y a ti?

God helg!	¡Buen fin de semana!
I like måte! [lige måde]	¡Igualmente!

(Pero no se usa sólo antes de los fines de semana, sino que también puedes usarlo si alguien te desea algo, como un buen día.)

Hvor kommer du fra?	¿De dónde eres? / ¿De dónde vienes?
Hvor bor du?	¿Dónde vives?
Hvor gammel er du?	¿Qué edad tienes?

(Bueno, mejor ten cuidado con esta pregunta...)

Pronombres interrogativos

Hvor?	¿Dónde?
Hva?	¿Qué?
Hvem?	¿Quién?
Hvorfor?	¿Por qué?
Når?	¿Cuándo?
Hvor gammel ...?	¿Cómo de viejo...?; ¿Qué edad ...?
Hvordan?	¿Cómo?

Ten en cuenta que *cómo* se traduce como hvordan, pero en combinaciones como *cómo de viejo, cuánto, cómo de a menudo*... utilizamos hvor: hvor gammel, hvor mye, hvor ofte...

1 No has entendido las palabras que aparecen como "XXX". ¿Qué preguntarías?

Eksempel: Jeg heter XXX. → Hva heter du?

a) Jeg kommer fra XXX.

b) Hun heter XXX.

c) Hun vil spise XXX.

d) Nils sier XXX.

e) Jeg sitter ved XXX.

f) Jeg er XXX år gammel.

g) Vi kommer fra XXX.

h) De heter XXX.

2 Cambia las palabras a su forma determinada (artículo determinado).

Eksempel: en nisse → nissen

a) et skap

b) en telefon

c) ei brødskive

d) en kommode

e) ei dør

f) en gave

g) en venn

h) et egg

i) et bord

j) en kopp

k) en stol

l) et rundstykke

m) ei hånd

n) ei seng

o) et vindu

3 ¿Artículo indeterminado o determinado? ¡Elige la opción correcta!

Nils er en nisse/nissen. Susanne er ikke glad i en nisse/nissen. Hun vil gjerne ha en telefon/telefonen. Men en telefon/telefonen koster mye.

Susanne ser ut av et vindu/vinduet. Hun tar Nils i ei hånd/hånda.

Susanne har ei seng/senga. Kan Nils sitte på ei seng/senga? Nei. Han kan sitte ved siden av ei dør/døra.

4 Reescribe las oraciones empezando por las palabras indicadas. ¡Vigila el orden de las palabras!

a) Jeg vil ikke sitte ved bordet. → Ved bordet ...

b) På bordet er det ikke plass. → Det ...

c) Jeg vil ikke spise et egg. → Et egg ...

d) Ved vinduet sitter Erna. → Erna ...

e) Hun vil ikke leke med Nils nå. → Nå ...

f) Hun har bursdag i dag. → I dag ...

5 Encuentra la respuesta apropiada para cada pregunta.

Hva heter du?	Takk, ikke så verst. Hva med deg?
Hvor gammel er du?	Jeg er elektriker.
Hvor bor du?	Ha det bra!
Hvordan går det?	I Bergen.
Hva gjør du?	Jeg heter Truls.
Jeg må gå.	Jeg er fra Oslo.
Hvor kommer du fra?	Hyggelig å treffe deg! Jeg er Nils.
God helg!	Jeg er 36 år.
Hei, jeg heter Irene.	I like måte!

5

Dagen etter bursdagen er Susanne i stua med familien:
Mora heter Lise og er 48 år gammel. Faren heter Lars og
er 52 år gammel. Broren til Susanne heter Per og er 16 år
gammel. Og selvfølgelig Susanne – hun er åtte år gammel.
Erna er ikke der. Hun bor ikke sammen med dem.

«Susanne, hvor er Nils?», spør Lise.

«Jeg vet ikke.»

«Vil du ikke lete etter ham?»

«Nei, egentlig ikke. Jeg er ikke glad i ham.»

«Det er synd. Jeg liker Nils.»

«Du kan gjerne ha Nils. Jeg vil heller ha en smarttelefon.»

«Susanne, du må ikke være frekk.
En smarttelefon er veldig dyr. Erna har
ikke penger til den. Det er hyggelig av
henne å gi deg en nisse. Men han kan
være på kjøkkenet sammen med meg.
Jeg liker Nils.»

Susanne går og henter Nils. Hun gir
ham til mora.

«Bra. Nå vil jeg se på TV med
dere. Per, vil du se på TV med oss?»

«Vil du ikke lete etter ham?»

etter	después
ei stue	un salón
en familie	una familia
ei mor	una madre
en far	un padre
en bror	un hermano
der [æ]	allí, ahí
å bo	vivir
sammen	juntos/as
dem	ellos/as
å spørre, *presente:* **spør**	preguntar, *aquí:* (él) pregunta
å vite, *presente:* **vet**	saber, *aquí:* (yo) sé
å lete etter	buscar
ham	lo, le (a él)
egentlig [-li]	en realidad
synd [synn]	pena, lástima; pecado
det er synd	es una pena/lástima
å like	gustar(le)
heller	*aquí:* más bien, mejor
å være, *presente:* **er [ær]**	ser, *presente:* es
frekk	insolente, impertinente
veldig [-di]	muy
dyr	caro/a
penger	dinero
hyggelig [-li]	agradable
henne	la, le (a ella)
å gi [ji]	dar
deg [dæj]	te (a ti)
et kjøkken	una cocina
meg [mæj]	me (a mí)
å hente	recoger
bra	bien, bueno
(en) TV	(una) televisión
å se på TV	ver la televisión
dere	vosotros/as
oss [å]	nos (a nosotros)

Números

		forma alternativa	Comentarios / Pronunciación
0	null		
1	en/ei/ett		en = masculino, ei = femenino, ett = neutro
2	to		
3	tre		
4	fire		
5	fem		
6	seks		
7	sju	syv	
8	åtte		
9	ni		
10	ti		
11	elleve		[ellve]
12	tolv		[tåll]
13	tretten		
14	fjorten		
15	femten		
16	seksten		[sæjsten]
17	sytten		[søtten]
18	atten		Recuerda: **atten** = 18, **åtti** = 80
19	nitten		
20	tjue	tyve	
21	tjueen	enogtyve	
22	tjueto	toogtyve	
30	tretti	tredve	
31	trettien	enogtredve	
40	førti	førr	
50	femti		
60	seksti		
70	sytti		[søtti]
80	åtti		
90	nitti		
100	(ett) hundre		
101	(ett) hundreogen		**og** viene después de **hundre**...
143	(ett) hundreogførtitre		
200	tohundre		
1000	(ett) tusen		
1015	(ett) tusenogfemten		...incluso cuando no hay **hundre**.
5130	femtusenetthundreogtretti		Aquí no podemos decir sólo **hundre** para *cien*. Debe ser **ett hundre** cuando tenemos números mayores de 1000.
1 000 000	en million		

Algunos números tienen dos formas: 7, 20, 30, 40.

Muchos libros de texto llaman a estas formas "formas antiguas", pero muchos jóvenes noruegos las usan, así que prefiero llamarlas "formas alternativas". Puedes usar cualquiera de las dos formas – ambas son correctas y las escucharás a menudo.

Hay dos posibilidades cuando cuentas a partir de veinte:

- contar como lo harías en español de forma "normal": **tjueen** (*veintiuno*)
- contar como lo harías en alemán, de forma "alternativa", invirtiendo el orden de los elementos: **enogtyve** (*uno y veinte*)

Pronombres personales – Objetos

He hablado sobre la estructura de la oración en el capítulo 4 y sobre *sujetos*. Dije que los sujetos son las personas (o cosas) que están haciendo algo. Toda oración debe tener un sujeto. Las oraciones pueden tener también uno (o más) *objetos*. Un objeto es una persona (o cosa) que no está haciendo nada en particular pero es, de alguna manera, la "víctima" de la acción que está siendo realizada por el sujeto.

Esto puede sonar un poco confuso, pero considera lo mucho que ayuda evitando malentendidos:

Él la ama es claramente diferente a *Ella le ama*.

Imagina la siguiente frase:

Susanne henter Nils.

Obviamente Susanne está haciendo algo (ella recoge a Nils), mientras que Nils permanece pasivo (él es recogido) – así que Susanne es el sujeto y Nils es el objeto.

Podemos usar pronombres (consulta el capítulo 1) para el sujeto y para el objeto. Pero la forma del pronombre a menudo cambia cuando el pronombre representa un objeto. Mira:

Han liker henne.

Hun liker ham.

SUJETO	OBJETO
jeg	meg
du	deg
han	ham (han)
hun	henne
den	den
det	det
vi	oss
dere	dere
de	dem
	seg

Han ser seg.   Han ser ham.

- Presta atención a la diferencia entre **seg** y **ham/henne/dem**:
  ham/henne/dem = a otra(s) persona(s)
  seg = a sí mismo

  Han ser ham. – *Él le mira* (a él, a otra persona).
  Han ser seg. – *Él se mira* (a sí mismo, p. ej. en el espejo)

- En lugar de **ham** también puedes usar **han**.

Indicar pertenencia

broren til Susanne

Usa la palabra **til** para aclarar que éste es el hermano de Susanne. Bien, en realidad él no le pertenece realmente a ella, pero sabes a qué me refiero.
No olvides que la palabra anterior a **til** tiene que estar en su *forma determinada*. No puedes decir ~~bror til Susanne~~.

Puedes usar esta construcción tanto para personas como para cosas (p. ej. **bordet til Susanne** también puede decirse).

å like – å være glad i

Estas dos expresiones no tienen el mismo significado cuando nos referimos a personas, dado que la primera se traduciría como *gustar*, mientras que la segunda implicaría una relación algo más profunda, de cariño (*querer*).

Jeg liker Nils.	=	Me gusta Nils.
Jeg er glad i Nils.	=	Quiero a Nils.

Sin embargo, cuando se emplean con objetos o acciones (verbos), significan lo mismo (*gustar*):
Jeg liker appelsiner. / Jeg er glad i appelsiner.
= Me gustan las naranjas.

Jeg liker å bo i Oslo. / Jeg er glad i å bo i Oslo.
= Me gusta vivir en Oslo.

Familie (Familia)

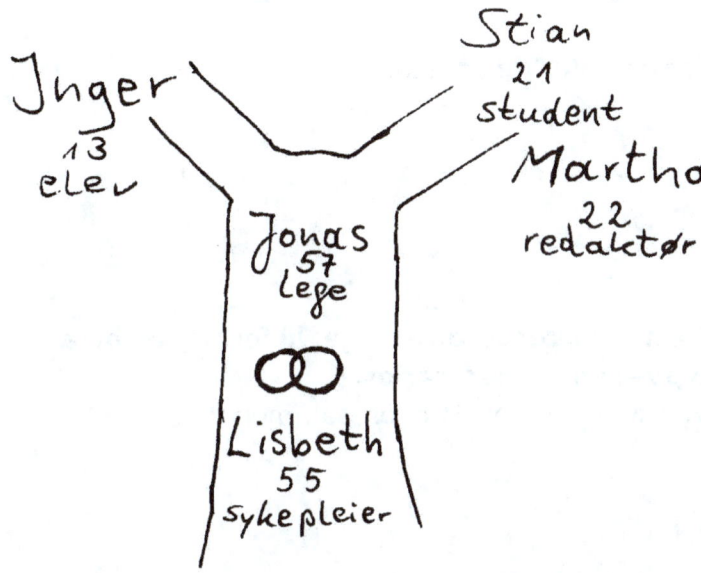

en lege	un/a médico/a
en sykepleier	un/a enfermero/a
en student	un/a estudiante
en elev	un/a alumno/a
en redaktør	un/a editor/a
min	mi
ei søster	una hermana
å studere	estudiar
økonomi	economía
en kjæreste	un/a novio/a
som [å]	como; que, el cual, quien
å gifte [ji-] seg [sæj]	casarse
mine	mis
(beste-)foreldre [å]	abuelos
en pensjonist	un/a jubilado/a
en gutt	un chico, un muchacho
ei jente	una chica, una muchacha
ei dame	una mujer, una señora
en mann	un hombre
ei kone	una mujer, una esposa
en mann	*aquí:* un marido, un esposo
et søsken	hermanos/as
en sønn	un hijo
ei datter	una hija

Jeg heter Stian og kommer fra Trondheim.

Nå bor jeg i Oslo, men min familie bor i Trondheim. Min familie, det er Jonas, min far, Lisbeth, min mor, og Inger, min søster.

Min far er lege, og min mor er sykepleier. Jeg studerer økonomi. Min kjæreste, Martha, arbeider som redaktør. Vi vil gifte oss snart. Mine besteforeldre arbeider ikke – de er pensjonister.

Algunas observaciones sobre el vocabulario de familia: Cuando hablamos de personas, usamos **min** (*mi*) para una persona y **mine** (*mis*) para dos o más personas: **min far** y **mine besteforeldre**. Aprenderás más sobre estas palabras en el capítulo 10.
El noruego tiene palabras extrañas para los abuelos. La madre de tu madre se llama **mormor**, el padre de tu madre **farmor**, y así sucesivamente.

Recuerda:
Stian er en gutt.
Inger er ei jente.
Lisbeth er ei dame.
Jonas er en mann.

Responde las siguientes preguntas:
Hva gjør Stian?
Hvor bor han?
Hva heter kona til Jonas?
Hvor bor familien til Stian?
Hva gjør foreldrene til Stian?
Hvem er Martha?
Hva gjør en pensjonist?
Hvor gammel er Jonas?
Hvem er Ingers bror?
Hvor gammel er Lisbeth?
Er faren til Stian sykepleier?
Hvem er søsknene i familien?

1 Lee los números.

18	80	17	27	14	93	22	46	64	98	12	16	23
836	5322	8818	312	4067	9900	2147	1987	1818	1511	951	777	787

2 Completa con la forma correcta de los pronombres personales de objeto.

a) Her kommer Per. Ser du …?

b) Jeg er her. Ser du …?

c) Vet du hvor Per og Susanne er? Jeg kan ikke se …

d) Nina! Anders! Hyggelig å treffe …!

e) Her er et rundstykke. Vil du spise …?

3 Completa los huecos con el pronombre adecuado. De nuevo, recuerda escoger la forma correcta. Aquí, tanto los pronombres de objeto como de sujeto pueden ser necesarios.

a) Maria er glad: Martin kommer til … i dag. … kommer kl. 07. Maria vil spise frokost sammen med …

b) Jeg vet ikke hvor Runar og Karina er. Skal jeg ringe …?

c) Liker du Karina? Jeg liker ikke …, men … liker Marthe.

d) Jan og jeg spiser frokost med Runar og Karina. … spiser med …

4 Escribe el miembro de la familia correspondiente del sexo opuesto.

Eksempel: hermano → hermana

a) bror   b) mor   c) far   d) datter

e) bestemor   f) mormor   g) kone

5 ¿Qué te gusta o no te gusta (hacer)? Usa *liker* y *er glad i*.

Eksempel: Jeg er glad i Norge. Jeg liker ikke å vente.

6 Describe la familia de Susanne.

Susanne er … til Per.

Per er … til Susanne.

Per er … til Lise.

Susanne er … til Lars.

Erna er … til Per.

Lise er … til Susanne.

Lars er … til Susanne.

Lars er … til Lise.

Lise er … til Lars.

6

Klokka er seks. Nils hører noe. Hva er det? Å ja. Det er Lars, faren til Susanne. Han lager kaffe. Så spiser familien frokost. Lars spiser brød med smør og syltetøy. Susanne spiser frokostblanding med melk. Per og Lise spiser brød med ost og skinke.

«Mamma! Nils beveger seg!» roper Susanne.

Nils er skremt. Han sitter helt rolig nå.

«Susanne, nå tuller du.»

«Nei, jeg ser det!»

Per flirer. Så dum hun er! tenker han.

«Susanne, nå er det nok. Nå spiser du opp, pusser tennene, vasker deg, og så går du på skolen. Jeg vil ikke høre en dum historie», sier faren.

En dum historie? Nils er sjokkert.

Han lever ikke? Hvorfor tenker Lars, Lise og Per det? Det er bare i Susannes fantasi, tror de. Men det stemmer ikke. Selvfølgelig lever han. Han kan snakke,

«Mamma! Nils beveger seg!»

han kan gå, han kan bevege seg, han kan tenke, han kan glede seg – men nå er han redd. Han slutter å bevege seg og sitter helt stille. Endelig er familien ferdig med frokosten. Nå kan han slappe av og bevege seg igjen.

ei klokke [å]	un reloj
Klokka er seks.	Son las seis.
å høre	oír, escuchar
noe	algo
(ei) skinke	(un) jamón
mamma	mamá
å bevege seg	moverse
å rope	llamar (a voces), gritar
skremt	asustado
helt	completamente, por completo, del todo
rolig [-li]	tranquilo
å tulle	decir/hacer tonterías
å flire	reír(se) de manera tonta o despectiva
dum [o]	tonto/a, estúpido/a
å tenke	pensar
nok [å]	bastante, suficiente
å pusse	limpiar
tennene	dientes
å vaske	lavar, limpiar
en historie	una historia
sjokkert	conmocionado, escandalizado
å leve	vivir
(en) fantasi	una fantasía, (una) imaginación
å tro	creer
å stemme	estar de acuerdo, encajar/ser exacto; votar
det stemmer ikke	esto no cuadra; esto no es así
å snakke	hablar
å glede seg	alegrarse
redd	asustado, miedoso
å slutte	acabar(se), terminar(se)
stille	quieto, silencioso
endelig [-li]	finalmente, por/al fin
å slappe av	relajarse, descansar
igjen [ijen]	nuevamente, de nuevo, otra vez

Verbos reflexivos

A veces, una única persona puede ser el sujeto y el objeto al mismo tiempo. Por ejemplo, te puedes lavar *a ti mismo*. Llamamos a estos verbos, con los que esto es posible, *verbos reflexivos*. Algunos de ellos *deben* tener un objeto – y si no hay ningún otro objeto disponible, entonces se referirán de nuevo al sujeto:

p. ej., **å glede: Jeg gleder meg, du gleder deg ...**

Indicar pertenencia (Parte 2)

En lugar de **broren til Susanne** también puedes decir **Susannes bror**.

Observa que en la segunda versión, **bror** está en su *forma indeterminada*. La segunda versión suena un poco más elegante, pero en noruego hablado, la primera es más común. Si el nombre acaba en -s, -x, o -z, escribimos: **Lars' far**.

Dos verbos en una oración – de nuevo

En el capítulo 3 te dije dónde poner los verbos cuando hay dos en una misma frase. ¿Lo recuerdas? Si no, míralo de nuevo. Hoy me gustaría hablar de un aspecto diferente. ¿Has notado que siempre hay esta pequeña **å** delante de los infinitivos en las listas de palabras? Como en **å gjøre**, **å arbeide**...

Recuerda, dije:
* el segundo verbo en una oración es un infinitivo
* el infinitivo empieza con una **å**

Así que si consideras estas dos declaraciones y miras la siguiente oración:

> Han slutter å bevege seg.

...puedes ver que esta regla se aplica.

¿Pero qué hay de la siguiente oración?

> Han kan snakke.

Obviamente **snakke** es un infinitivo, pero no tiene **å**. ¿Por qué?

La respuesta se encuentra en el verbo **kan**. **Kan** es un *verbo modal*. ¿Qué es un verbo modal? Bien, si preguntas a dos lingüistas por una definición, entonces recibirás tres respuestas diferentes. Pienso que la mejor opción es que los verbos modales explican qué queremos/podemos/debemos hacer. En otras palabras, nos cuentan algo sobre nuestra relación con la acción en una oración. Mira los siguientes ejemplos (acción = ir a casa):

Jeg vil gå hjem.	→ relación: deseo
Jeg må gå hjem.	→ relación: obligación
Jeg kan gå hjem.	→ relación: capacidad
Jeg skal gå hjem.	→ rrelación: decisión
Jeg bør gå hjem.	→ relación: consejo

En noruego, los siguientes verbos son verbos modales:
å ville (jeg vil)
å måtte (jeg må)
å kunne (jeg kan)
å skulle (jeg skal)
å burde (jeg bør)

...y en algunas situaciones (aprenderás sobre éstas más tarde)
å få (jeg får)

Así que, de nuevo – si no estás entusiasmado con todas estas explicaciones, todo lo que tienes que hacer es aprender de memoria estos cinco verbos modales. Debes recordar que no hay **å** en una oración donde el verbo modal es el verbo principal.

Tiempo pasado (Opcional)

El tiempo pasado no aparecerá en los textos de las lecciones hasta el capítulo 12. Esto significa que no tienes por qué aprenderlo ahora si crees que sería demasiado para ti. Pero si ya quieres contar a tus amigos noruegos *qué hiciste ayer*, entonces aquí tienes cómo hacerlo:

Vamos a ocuparnos del *pasado simple* (en noruego: *preteritum*). Afortunadamente, en el *preteritum* también tenemos una única forma para cada verbo:

jeg gikk, du gikk, han gikk, vi gikk, dere gikk, de gikk

Esas eran las buenas noticias – ahora a por las malas noticias. ¿Cómo averiguas cuál es la forma de *preteritum* del verbo en cuestión? El verbo puede ser *irregular* – entonces no puedes averiguarla en absoluto, tienes que saberla. Aquí hay una lista de verbos irregulares que ya has aprendido:

jeg gjør	→ jeg gjorde
jeg går	→ jeg gikk
jeg (for)står	→ jeg (for)sto
jeg sitter	→ jeg satt
jeg får	→ jeg fikk
jeg tar	→ jeg tok
jeg ser	→ jeg så
jeg sier	→ jeg sa

(¡estate atento a la diferencia entre **jeg så/jeg sa**!)

jeg setter	→ jeg satte
jeg må	→ jeg måtte
jeg er	→ jeg var
jeg gir	→ jeg ga
jeg spør	→ jeg spurte

Si el verbo es *regular*, hay *cuatro posibles terminaciones,* y puede ser un poco complicado determinar cuál es la correcta:

terminación –et:	å våkne	→ jeg våknet
	å arbeide	→ jeg arbeidet

(la mayoría de los verbos con dos consonantes/terminación del infinitivo en -te/-de)

terminación –te:	å spise	→ jeg spiste

(la mayoría de los verbos con una única consonante)

terminación –de:	å leve	→ jeg levde

(la mayoría de los verbos cuyo infinitivo termina en -ve, -eie)

terminación –dde:	å bo	→ jeg bodde

(la mayoría de verbos que terminan en una vocal)

Puede ser una buena idea aprenderse el *preteritum* de cada uno de los verbos – incluso de los regulares. En las listas de palabras, incluiremos la forma de *preteritum*.

También hay una regla escrita que merece la pena recordar. Tratamos de evitar escribir tres consonantes seguidas en noruego, así que cuando – originalmente – tenemos una doble consonante, y añadimos una tercera consonante, quitamos una de las consonantes dobles:

jeg begynner → jeg begynte

(Observa que este verbo es un mal ejemplo para las reglas anteriores: tiene dos consonantes, pero a la vez acaba en **-te**.)
Una última observación: unos pocos verbos regulares pueden pertenecer a dos grupos diferentes, lo que los hace un poco más fáciles para ti, dado que el riesgo de cometer un error es automáticamente menor. Un notable ejemplo es **å lage**: puedes decir lagde o laget.

Klokka = La hora

15.00   Klokka er tre.

15.55   Klokka er **fem på** fire.
15.50   Klokka er **ti på** fire.
15.45   Klokka er **kvart på** fire.

15.05   Klokka er **fem over** tre.
15.10   Klokka er **ti over** tre.
15.15   Klokka er **kvart over** tre.

15.40   Klokka er **ti over** halv fire.
15.35   Klokka er **fem over** halv fire.

15.20   Klokka er **ti på** halv fire.
15.25   Klokka er **fem på** halv fire.

15.30   Klokka er halv fire.

En noruego usamos la hora militar en ciertos casos y lugares como la estación de tren, etc. En este caso la hora se lee así:

18.37 atten trettisju

Recuerda que contamos hasta 24 (para evitar malentendidos entre a.m. y p.m.). En el lenguaje de cada día, es la norma dar o quitar cinco minutos y contar sólo sobre veinte (tienes que descifrar cuándo el locutor se está refiriendo a la tarde o a la mañana según el contexto). Así, por ejemplo, cuando son las 17.04 decimos "cinco y cinco".

Preguntamos por la hora:

Hva er klokka?

o: Hvor mye er klokka?

La respuesta: Klokka er ...

Cuando dices que algo sucede *a las ocho en punto*, sólo dices **klokka åtte**:

Skolen begynner klokka åtte.

El colegio empieza a las ocho.

Ukedager = Días de la semana

mandag	lunes	i dag	hoy
tirsdag	martes	i går	ayer
onsdag	miércoles	i morgen [mårn]	mañana
torsdag [å]	jueves		
fredag	viernes	på mandag	el lunes
lørdag	sábado	på mandager	cada lunes
søndag	domingo		

1 Completa con el pronombre correcto.

a) Jeg vasker ...
b) Vi vasker ...
c) Dere vasker ...
d) Du vasker ...
e) Han vasker ...
f) De vasker ...
g) Hun vasker ...

2 Hva er klokka?

08.00 12.00 06.00 19.00 21.00 14.00 15.30 07.30 10.30 22.30 21.15 09.15
03.10 15.50 09.45 08.55 16.50 05.05 17.25 13.40 13.00 06.40 11.35 23.25

3 Når gjør du hva? ¿Cuándo haces qué?

Hay unas pocas palabras nuevas en este ejercicio. Escríbelas aparte y apréndetelas.

Kl. 06.30 ...	spiser jeg frokost.
Kl. 11.30 ...	begynner skolen.
Kl. 20.00 ...	står jeg opp.
Kl. 08.00 ...	spiser jeg kveldsmat.
Kl. 06.45 ...	spiser jeg lunsj.
Kl. 16.00 ...	legger jeg meg.
Kl. 22.30 ...	spiser jeg middag.

4 Completa cada hueco con la palabra adecuada.

Per sier:

Jeg ... Per. Jeg kommer ... Norge. Jeg er 16 ... gammel og bor i Oslo. Jeg ... på skolen. Skolen ... kl. 8, mandag til fredag. Jeg liker skolen, men jeg er ... glad i engelsk. Jeg har ... søster. Hun heter Susanne. Hun ... bare åtte år gammel. Egentlig liker jeg ..., men hun er ofte frekk.

5 Encuentra una forma alternativa de decir las siguientes expresiones.

Eksempel: Susannes bror → broren til Susanne

a) Lises far

b) familien til Susanne

c) Ernas telefon

d) kommoden til Erna

e) Lars' skap

f) Susannes kopp

g) døra til Per

h) Kristines brød

i) kjøkkenet til Lise

6 ¿Infinitivo con o sin *å*?

a) Jeg må (å) vaske opp.

b) Hun slutter (å) flire.

c) Nils kan ikke (å) høre noe.

d) Vil du endelig (å) være stille?

e) Når vil du (å) stå opp?

f) Lars begynner (å) arbeide kl. 08.00.

7 Hva gjør du på mandag? Hva gjør du på tirsdag? ...

8 Tiempo pasado (ejercicio opcional). Escribe las siguientes frases empleando el pretérito.

Klokka er seks. Nils hører noe. Hva er det? Å ja. Det er Lars, faren til Susanne. Han lager kaffe. Så spiser familien frokost. Lars spiser brød med smør og syltetøy, Susanne spiser frokostblanding med melk. Per og Lise spiser brød med ost og skinke.

Nils slutter å bevege seg og sitter helt stille. Endelig er familien ferdig med frokosten. Nå kan han slappe av og bevege seg igjen.

Etter frokost, rundt klokka sju, går Susanne og Per til skolen. Lise og Lars går på jobb. Da er det helt stille i huset. Nå kan Nils gjøre hva han vil. Han ser seg rundt på kjøkkenet. På bordet ser han kopper, glass og tallerkener. Nils vil hjelpe litt. Han vil rydde bordet. Han hopper opp på bordet og tar en kopp. Så hopper han til oppvaskmaskinen, med koppen i hånda. Da hører han plutselig et skrik: «Stopp! Er du gal? Hva driver du med?»

Nils er redd. Han ser mot døra. Men han kan ikke se noen der.

«Ta koppen ut av oppvaskmaskinen», sier personen. Hvem sier det? Da – plutselig – ser Nils en bevegelse. En liten, brun bamse står ved siden av kjøkkenbenken og ser opp mot oppvaskmaskinen. «Hei», sier Nils. Han er veldig usikker. «Hvem er du?»

Bamsen svarer ikke – han gjentar bare: «Ta koppen ut av oppvaskmaskinen, og sett den tilbake på bordet.» «Men hvorfor?» sier Nils. «Det bor mennesker her. De tenker: Du lever ikke, og du kan ikke bevege deg. Men du kan det. De må ikke vite det.» «Hvorfor ikke?» «Sett koppen tilbake, så forklarer jeg det til deg.»

Nils tar koppen og setter den tilbake på bordet.

«Er du gal? Hva driver du med?»

Bamsen smiler. «Unnskyld. Jeg er veldig direkte, men jeg vil ikke skremme deg. Jeg heter Emil.» «Hyggelig å treffe deg. Jeg heter Nils.» «Hvor kommer du fra, Nils?» «Jeg vet ikke.»

«Du vet ikke? Det må du finne ut. Er du veldig ung?» «Ja, det tror jeg.» «Ok, da vet du ikke mye. Jeg skjønner. Kom til stua. Jeg vil forklare deg noe.»

rundt	alrededor
en jobb [å]	un trabajo, un empleo
på jobb	en el trabajo
da	entonces; cuando; puesto que
et hus	una casa
å se seg rundt	mirar alrededor
et glass	un vaso
en tallerken	un plato
å hjelpe [je-]	ayudar
å rydde	preparar, asear, ordenar
å hoppe [å]	saltar
en oppvask-maskin	un lavavajillas
plutselig [-li]	de repente, de pronto
et skrik	un grito
stopp [å]	parada
gal	loco/a, equivocado/a
å drive	accionar, impulsar, dirigir
å drive med	dedicarse a, ocuparse de
mot	contra/en contra de, hacia, en dirección a
noen	alguien, alguno(s)
en person [æ]	una persona
hvem [vem]	quién, quien
en bevegelse	un movimiento
brun	marrón, moreno/a
en bamse	un osito (de peluche)
en kjøkkenbenk	una encimera
usikker	inseguro, dudoso
å gjenta [jen-]	repetir
tilbake	de vuelta, de regreso
et menneske	un ser humano
å forklare [får-]	explicar
å smile	sonreír
unnskyld [-yll]	perdón
direkte	directo/a, exacto/a
å skremme	asustar
å treffe	encontrar(se), conocer
å finne	encontrar, hallar
å finne ut	descubrir, darse cuenta
ung [o]	joven
å skjønne	entender, comprender

De uno a varios

to, tre, mange ... kopper

to, tre, mange ... dører

to, tre, mange ... vinduer

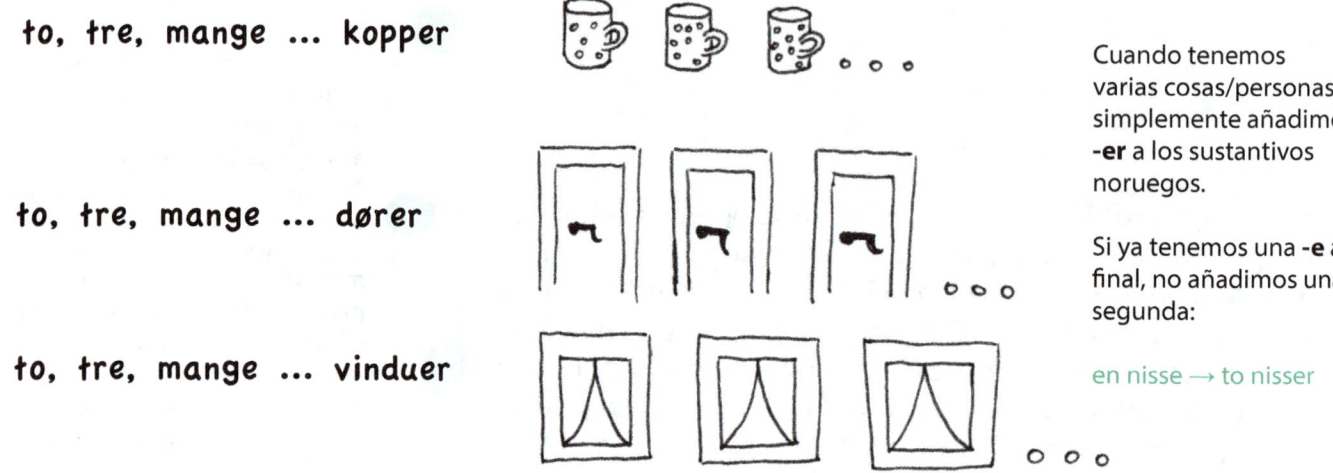

Cuando tenemos varias cosas/personas, simplemente añadimos **-er** a los sustantivos noruegos.

Si ya tenemos una **-e** al final, no añadimos una segunda:

en nisse → to nisser

¡Pero recuerda! Las palabras neutras que son cortas (p. ej. que sólo tienen una sílaba) no cambian:

et glass

to glass

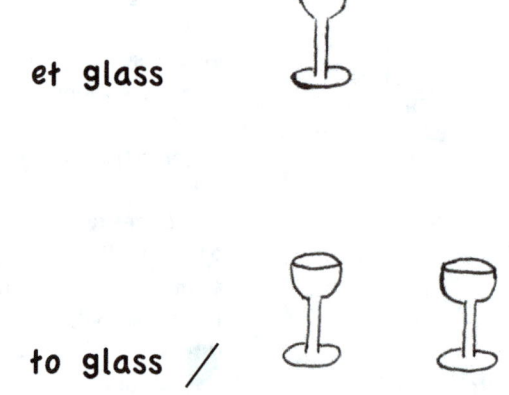

Desgraciadamente hay algunas palabras que tienen un plural irregular. Desde este capítulo en adelante, iremos añadiendo la forma plural a las palabras irregulares en las listas de palabras. Las siguientes palabras que ya conoces (o *deberías* conocer – has hecho los deberes, ¿no?) tienen un plural irregular:

ei hånd → to hender
ei mor → to mødre
en bror → to brødre
en far → to fedre
ei søster → to søstre
ei datter → to døtre
en mann → to menn

noe/noen

Ten en cuenta la **-n**:
noe = algo
noe**n** = alguien

Diciéndole a alguien qué hacer

Una manera directa de decir a alguien qué hacer es usar una forma que llamamos *imperativo*. Cogemos el infinitivo y quitamos la **-e** (si es que hay una). Si hay una **-mm** o **-rr** al final, también quitamos una **m / r**.

å ta →	Ta koppen.
å sette →	Sett den på bordet.
å komme →	Kom til stua.
å spørre →	Spør meg.

Si prefieres ser un poco más cordial, puedes hacer una pregunta con **kan** + *infinitivo*.

Kan du ta koppen?
Kan du sette den på bordet?
Kan du komme til stua?

En el capítulo 13 aprenderás a ser aún más educado.

På kjøkkenet
En la cocina

Jeg trenger: Necesito:

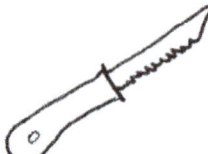 

en kniv   **en gaffel**   **ei skje**
un cuchillo   un tenedor   una cuchara

Kan du vaske opp?   ¿Podrías lavar los platos?
Kan du dekke bordet?   ¿Podrías poner la mesa?
Kan du rydde bordet?   ¿Podrías despejar la mesa?
Kan du skjære opp brødet?   ¿Podrías cortar el pan?
Kan du gi meg vannet?   ¿Podrías pasarme el agua?

Vi koker suppe.
å koke [å] = cocer
ei suppe = una sopa

Vi steker fisk.
å steke = freír
fisk = pescado

Vi baker kaker.
å bake = hornear
ei kake = una tarta

Generalmente:
Vi lager mat.
Preparamos comida.

Rutina diaria

Esto es un ejemplo de cómo es un típico día entre semana. Lee el texto, aprende las palabras nuevas e intenta escribir tu propia rutina diaria usando las frases de debajo.

Jeg står opp klokka 7. Så spiser jeg frokost og dusjer. Kl. 8 går jeg ut av huset og tar bussen til byen. Jeg er på kontoret kl. 9. Der arbeider jeg til kl. 11. Da spiser vi lunsj.

Fra kl. 11.30 til kl. 17 arbeider jeg igjen. Etterpå tar jeg bussen hjem og spiser middag. Kl. 19 spiller jeg tennis med en venn. Så ser jeg på TV og spiser kveldsmat. Kl. 23 legger jeg meg og sover.

Hvordan er din dag?

Jeg står opp kl. ...	Me levanto a las...
Så ...	Entonces...
Etterpå ...	Después...
Kl. ...	A las (hora)...
Da ...	Entonces...
Fra ... til ...	Desde las... hasta las... / de... a...

å dusje	ducharse
en buss	un autobús
en by	una ciudad
et kontor	una oficina
etterpå	después, luego, a continuación
å spille	jugar, tocar (un instrumento), practicar (un deporte)
tennis	tenis
å sove [å]	dormir
din	tu, (el) tuyo, (la) tuya

59

1 Transforma de uno a muchos.

Eksempel: et vindu → mange vinduer

ei seng →   et bord →   en kommode →   en stol →   et egg →

et rundstykke →   et år →   en kopp →   ei brødskive →   en gave →

en telefon →   et bilde →   et skap →   et rom →   ei dør →

et kjøkken →   en historie →   ei stue →

Hay también algunas formas irregulares. ¿Las recuerdas?

ei hånd →   ei mor →   en bror →   en far →   ei søster →

2 Familias: encuentra una palabra adecuada para cada hueco.

Hvert menneske har en ... og ei mor. Vi har to bestefedre og to ...: en ..., ei farmor, en morfar og ei ....
Noen har også søstre og ....

    Susanne har bare en ... Han heter Per. ... heter Lars, og ... heter Lise. ... heter Erna. Hun er mora til Lise – derfor er hun ... til Susanne. Susanne er ... til Lise og Lars, og Per er ... til Lise og Lars.

3 Hva trenger du?

¿Qué necesitas para hacer las siguientes cosas? Utiliza *for å* = para.

Eksempel: å skjære brød → Jeg trenger en kniv for å skjære brød.

å dekke bordet →   å vaske opp →   å drikke kaffe →   å spise suppe →   å spise fisk →

4 Cambia las oraciones del y al imperativo.

Eksempel: Du må gjøre noe! → Gjør noe!

Gå!

Svar nå!

Du må ringe meg i dag!

Spør Erik!

Du må spise frokost!

Vent på meg!

Du må komme til meg!

Sitt og ta litt mat!

Du må sitte og arbeide!

Gjør noe!

8

«Sånn. Nå vil jeg fortelle deg noe», sier Emil og hopper opp i sofaen.

«Du vet jo allerede en viktig ting: Folk må ikke skjønne at du lever. Det betyr: Du må ikke bevege deg når noen kan se deg. Du må heller ikke si noe, og du må alltid komme tilbake til samme sted.»

«Ja, jeg skjønner. Men Emil, vi lever jo. Hvorfor må vi skjule det for menneskene?»

«Det kan være farlig for dem. Ikke for barn, men for voksne. Mange barn tenker at vi lever. Men voksne tenker ikke det. De blir overrasket eller sjokkert når de ser noe rart – ja, de kan til og med dø av skrekk.»

«Og de tenker: Det er rart at vi lever?»

«Å. Og de tenker: Det er rart at vi lever?»

«Ja. Faktisk. *Det* er rart, ikke sant?»

«Absolutt.»

«Derfor sier vi ikke at vi lever, og vi viser det ikke. Det er en viktig avtale mellom alle bamser, nisser og dukker. Én ting til: Vet du hva en eske er?» spør Emil.

«Nei», sier Nils.

«En eske er en stor beholder. Når et menneske kommer med

sånn	así
å fortelle [å]	contar, relatar
en sofa	un sofá
viktig [-i]	importante
en ting, mange ting	una cosa, muchas cosas
folk [å] (plural)	gente
at	que
når	cuándo, cuando
heller ikke	tampoco
alltid [-ti]	siempre
samme	(el) mismo
et sted, mange steder	un lugar, muchos lugares
jo	*aquí: confirmando* ("pero claro que estamos vivos")
å skjule noe (for)	esconder/ocultar algo (de)
farlig [-li]	peligroso/a
et barn, mange barn, barna	un niño, muchos niños, los niños
en voksen [å], mange voksne	un adulto, muchos adultos
å bli	hacerse, volverse; ser; quedar(se)
overrasket [å]	sorprendido/a
rar	raro/a, extraño/a
noe rart	algo raro/extraño
til og med	hasta, aun, incluso
å dø	morir
(en) skrekk	(un) miedo, terror
faktisk	realmente, efectivamente
absolutt	absoluto/a, total; absolutamente
å vise	mostrar
en avtale	un acuerdo
mellom	entre
alle	todos/as
en dukke	una muñeca
til	*aquí:* más
én ting til	una cosa más
en eske	una caja
stor	grande
en beholder [-håller]	un recipiente

en eske, må du prøve å gjemme deg så fort som mulig. Store esker betyr nemlig at folk rydder opp. Og da legger de deg kanskje i en eske, og du må bo i en bod eller i en kjeller, eller for eksempel i et mørkt skap. Det er dumt, ikke sant?»

«Ja, selvfølgelig.»

«Så du må alltid passe på det. Ellers kan du egentlig ikke gjøre så mye galt. Hva vil du gjøre i dag? Vil du kanskje se deg litt rundt i leiligheten?»

å prøve	probar, intentar
å gjemme [je-] (seg)	esconder(se)
fort	rápido, deprisa
mulig [-li]	posible, factible
så fort som mulig	tan rápido como sea posible
nemlig [-li]	a saber, es decir, o sea
å rydde opp	ordenar, arreglar
å legge	poner, acostar
en bod	un trastero
en kjeller	un sótano
for eksempel	por ejemplo
mørk	oscuro/a
å passe på	cuidar, vigilar, tener cuidado
ellers	si no, de lo contrario, por lo demás
galt	mal, incorrecto/a
en leilighet [leilihet]	un apartamento

Adjetivos

Los adjetivos son palabras que explican cómo son las cosas o personas (p. ej. **verde**, **grande**, **caro**, **oscuro**, **posible**...).

Los adjetivos varían:
- de acuerdo al *género* de la palabra que están describiendo
- de acuerdo al *número* de cosas (singular o plural, p. ej. una o varias)

```
en stor kopp
ei stor brødskive
et stort rundstykke
mange store kopper/brødskiver/rundstykker
```

Hay una excepción: los adjetivos que acaban en **-ig** (**mulig, farlig, viktig**...) no llevan una **-t** final:

```
et hyggelig rom
```

Artículo determinado (Plural)

En el capítulo 4 has aprendido que tenemos tres versiones diferentes del español *el/la*: de acuerdo al género del sustantivo, éste puede tener tres terminaciones: **-en**, **-a** y **-et**. Ahora es el momento de aprender la cuarta (y afortunadamente última) versión de los artículos determinados, que es la forma plural (*unos/unas*). De nuevo, se trata de un sufijo: **-ene**. Buenas noticias: en el plural no hay diferencia de género – siempre usamos la misma terminación.

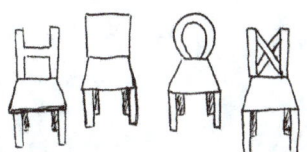

Her er det mange stoler.

Stolene der er oransje.

kopp**ene**	las tazas
brødskiv**ene**	las rebanadas de pan
rundstykk**ene**	los panecillos

Orden de las palabras (de nuevo)

cualquier información — verbo — (sujeto) — complemento oracional — verbo — objeto — cualquier cosa

¿Recuerdas que había *un detalle muy importante* sobre la estructura en la oración? ¿Recuerdas cuál era?
Estás en lo cierto: el verbo va en segundo lugar.
Está bien. Pero, para ser exactos, si tenemos *dos verbos* – ¿Qué pasa con el segundo verbo? Antes de darte una respuesta, voy a mostrarte dos nuevos vagones de nuestra "oración-tren".

El primero es el *objeto*. Bien, en realidad, ya hemos hablado de los objetos, ¿no? Aprendiste sobre las palabras **meg**, **deg**, etcétera en el capítulo 5. Las colocamos después del segundo verbo (si es que hay dos).

Pero hay aún dos vagones entre los verbos. Uno de ellos contiene el *sujeto*. Pero en muchas oraciones (mejor dicho, en la mayoría de las oraciones) el sujeto viene ya delante del verbo, en el vagón gris. Esto significa que el vagón del sujeto (justo después del primer verbo) está a menudo vacío. El único momento en el que está ocupado es cuando empezamos una

oración con otra cosa diferente al sujeto. Detrás del vagón del sujeto tenemos otro vagón reservado al *complemento oracional*. Ahora, ¿qué es esto? Te daré algunos ejemplos: **ikke**, **gjerne** y **egentlig**. Los complementos oracionales dan en cierto modo un significado diferente a toda la oración. Fíjate en **ikke**: cambia totalmente el significado de la oración, ¿no?

Jeg er fra Norge.
Jeg er ikke fra Norge.

Gjerne y **egentlig** no cambian necesariamente el significado por completo, pero aun así, de alguna manera, modifican el significado de ésta o, podemos decir, le dan otro "tono" al significado. Estas palabras se colocan *entre los verbos*.

Ellers kan du egentlig ikke gjøre så mye galt.
De nuevo, recuerda: *sólo necesitamos* un sujeto y el primer verbo en una oración. Los otros elementos no son necesarios, así que pueden o no estar ahí. Si no están, sus vagones simplemente permanecen vacíos.

63

over
over bordet   sobre la mesa

Hvor er ...?
¿Dónde está ...?

i/på
Básicamente usamos **i** cuando algo está dentro de otra cosa (p. ej. **i skapet**), y **på** cuando algo está sobre otra cosa (**på bordet**). Pero, desafortunadamente, esto no es siempre 100% cierto. Mira los siguientes ejemplos:

på rommet	en la habitación
på kjøkkenet	en la cocina
på kino	en el cine
på restaurant	en el restaurante
	Pero:
i stua	en el salón

Cuando hablamos de lugares, usamos **i** para ciudades y países, y **på** para islas y lugares pequeños:

i Norge, i Oslo
på Grønland, på Finnsnes

ved
ved vinduet   junto a la ventana
ved døra   junto a la puerta

bak/ved
bak bordet   detrás de la mesa
ved bordet   junto a la mesa (no *sobre* la mesa)

foran
foran bordet   delante de / en frente de la mesa

under
under bordet   debajo de la mesa

1 Finn den riktige artikkelen og bruk ordet *stor* (big) i den rette formen.
Encuentra el artículo indeterminado correcto y añade la palabra *stor* (grande) en su forma correcta.

Eksempel: vindu → et stort vindu

seng →   rom →   dør →   rundstykke →   kopp →   brødskive →
gave →   telefon →   bilde →   kjøkken →   stue →   bord →
kommode →   stol →   egg →   skap →

2 Finn så mange meningsfylte kombinasjoner som mulig.
Prueba a formar combinaciones que tengan sentido. Encuentra tantas como sea posible:

en	stor	far
ei	ung	skog
et	hyggelig	rom
	mørk	person
	viktig	kjeller
		leilighet
		eske
		vindu

3 Svar på spørsmålene.
Responde las preguntas.

a) Hvor er Emil?
b) Hva må Nils alltid gjøre?
c) Hvorfor er esker farlige?

4 Lag setninger med alle ordene. Pass på ordstillingen.
Forma oraciones. Usa todas las palabras. Cuida el orden de las palabras.

a) ofte lager mat han
b) for å trenger seng sove jeg ei
c) å begynner jeg arbeide kl. 7.00
d) ikke åpne skal du døra
e) frokostblandingen koster mye ikke
f) vil en leke barnet venn med
g) fra kommer jeg England
h) bor Oslo gjerne jeg i
i) spørre kan meg du
j) i hører noen jeg kjelleren
k) deg tenker på ofte jeg

l) jeg forklare det skal
m) stua må vi rydde i
n) familien hjelpe Nils vil

5 Familiehuset – hvem bor hvor? Finn ut hvem som bor i hvilket rom. Bruk bildet av huset som hjelp og skriv ned hva du allerede vet.
Descubre en qué habitación vive cada miembro de la familia. Es útil emplear el esquema de la casa que tienes a continuación para escribir lo que vas averiguando o puedes adivinar.

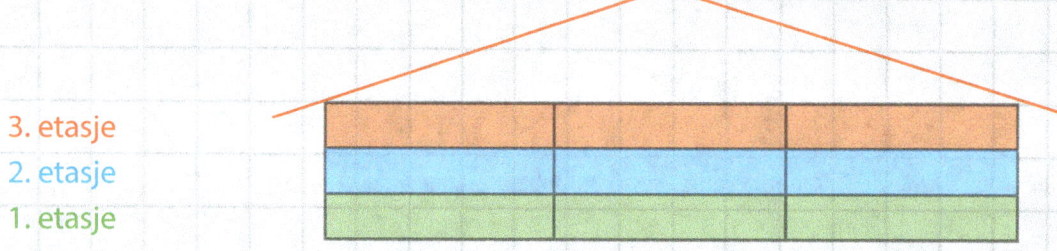

3. etasje
2. etasje
1. etasje

Huset har ni rom, og de er på tre etasjer. Seks mennesker bor i huset.
Ingen bor over dattera (Lise).
Mora og faren til Lise har soverommet ved siden av badet.
Ingen bor i rommet under soverommet til foreldrene.
Lises mormor og morfar bor mellom stua og boden.
Over mora og faren bor Lises bror Per.
Ingen bor mellom stua og kjøkkenet: Der har vi døra.
Under soverommet til besteforeldrene er stua.
Boden er ved siden av rommet til broren.

en etasje	un piso, una planta
ingen	nadie
et soverom	una habitación
et bad	un baño
foreldre	los padres (siempre en plural)
besteforeldre	los abuelos (siempre en plural)

Nils liker leiligheten. Rommene er store og fine. Fra stua og fra kjøkkenet ser man ei trang gate, og fra soverommene ser man en bakgård. Det er mange fine møbler i leiligheten. Skapene i stua er svært gamle, forteller Emil. Men stolene og sofaen er moderne.

Kjøkkenet kjenner Nils allerede. De går videre til badet. Emil forklarer: «Menneskene vasker seg og dusjer. Derfor har de et bad. Dette er en dusj, dette er en vask, og dette er et toalett.»

Gangen er lang. Nils liker gulvene. De er av tre. Men de har tepper i stua.

«Sånn, Nils. Det er alt», sier Emil. «Men nå må vi finne ut: Hvor kommer du fra? Hva husker du?»

«Jeg husker en bursdag. Jeg husker ikke noe mer.»

«En bursdag? Susannes bursdag?»

«Ja. Susannes, ja.»

«Aha. Da vet jeg det. Du kommer fra Erna. Du er en bursdagsgave fra Erna til Susanne.»

«Dette er en dusj, og dette er et toalett.»

«Hvordan vet du det?»

«Jeg vet det av Lise. Hun snakker om deg av og til. Da snakker hun om en nisse, og nissen er en gave fra Erna, sier hun.»

Nils er fornøyd. Nå vet han mer om seg selv.

fin	bonito/a, fino/a
man	se, uno
trang	estrecho/a
ei gate	una calle
et rom, rommet, mange rom, rommene	una habitación, la habitación, muchas habitaciones, las habitaciones
et soverom [såv-]	un dormitorio
en bakgård [-går]	un patio trasero
møbler (plural)	muebles
svært	muy
moderne [modær-]	moderno/a
å kjenne	conocer
videre	más allá, en adelante
et bad	un baño
dette	esto, este
en dusj	una ducha
et toalett	un aseo, un baño
en gang	una vez
lang	largo/a, extenso/a
et gulv	un suelo
av tre	de madera
et teppe	una alfombra, una manta
alt	todo
å huske	recordar, acordarse
mer	más
en bursdagsgave	un regalo de cumpleaños
å snakke om [åm]	hablar sobre/de
av og til	de vez en cuando, a veces
fornøyd [får-]	satisfecho, contento
seg selv [sæj sell]	sí mismo, uno mismo

Adjetivos irregulares

¿Recuerdas que adjetivos como **viktig** o **rolig** no llevan nunca una **-t** final? Bien, desafortunadamente hay algunas excepciones más que deberás conocer. Empecemos con las fáciles.

Invariables
Algunos adjetivos nunca varían:
>en moderne leilighet – et moderne hus
>mange moderne leiligheter / hus

No añadimos -t
La mayoría de los adjetivos que acaban en **-sk**, y muchos que acaban en **-t**, no llevan una **-t** adicional:
>et norsk hus
>et svart bord

(Aun así, llevan una **-e** final: mange norske hus)

Doble -t
Algunos adjetivos llevan una doble **-t** en su forma neutra: son básicamente los adjetivos cortos:
>et nytt hus / et blått hus / et grått hus
>ny = nuevo
>blå = azul
>grå = gris

Blå y **grå** pueden usarse sin añadir una **-e** en plural:
>mange blå hus, mange grå hus (pero: mange nye hus)

Dos últimas consideraciones sobre la forma escrita:
1) Tratamos de evitar tres consonantes. Por ejemplo, para emplear el adjetivo **grønn** escribimos:
>et grønt hus (quitamos una n)

2) Tratamos de evitar una combinación **e-consonante-e** al final:
>en gammel historie – to gamle historier
(en realidad se trata también de un ejemplo para la primera regla, ya que quitamos una m)

man

Cuando no sabemos quién hace algo, decimos **man**.
>Man ser ei trang gate.
En español podríamos traducirlo por *se*, y lo usamos en oraciones impersonales (sin sujeto):
>Se ve una calle estrecha.
>Se dice que él es amable.

Date cuenta de que **man** no tiene por qué ser un hombre, pero sí hace referencia a personas y no cosas. Cualquiera está incluido, tanto hombres como mujeres.

Hablar de uno mismo

Hva driver du med?	¿A qué te dedicas?
Har du (fast) jobb?	¿Tienes trabajo (estable)?
Jeg studerer medisin.	Estudio medicina.
Jeg leter etter en jobb.	Estoy buscando trabajo.
Jeg er pensjonist.	Soy jubilado.
Jeg går på skolen.	Voy al colegio.

Jeg er lærer.	Soy profesor.
Hege er elektriker.	Hege es electricista.
Mario er kokk.	Mario es cocinero.

Puedes decir tu nacionalidad así:

Jeg er spansk.	Soy español.
Hege er norsk.	Hege es noruega.
Mario er italiensk.	Mario es italiano.

Por supuesto, también puedes decir:
Jeg kommer fra Spania/Norge/Italia ...

Algunos detalles más acerca de ti:

Edad:	**Jeg er ... år gammel.**
Lugar de residencia:	**Jeg bor i ...**
Gustos y preferencias:	**Jeg liker ...**

En travel dag
Un día ajetreado

Jeg ...

... gjør papirarbeid.

... har en idé.

... leter etter
* en binders
* ei saks

... ringer en kunde.

... gjør notater.

... lager kaffe.

... skriver en rapport.

... sender en e-post.

Hva gjør du?

en idé	una idea
(et) arbeid	(un) trabajo, (un) empleo
(et) papirarbeid	(un) papeleo
en binders	un clip
ei saks	una(s) tijera(s)
å ringe	telefonear
en kunde	un/a cliente/a
å gjøre notater	tomar notas
en rapport	un informe
en e-post [å]	un correo electrónico

Farger
Colores

Los colores son buenos ejemplos de adjetivos de todo tipo – tanto regulares como irregulares.
Intenta adivinar los colores antes de mirar su traducción al español.

gul	rød	blå	grønn	svart	hvit	grå	oransje	brun
amarillo	rojo	azul	verde	negro	blanco	gris	naranja	marrón

Los siguientes colores son irregulares:
* **Oransje** nunca varía.
* **Svart** nunca recibe una **-t** (pero **hvit**, sí).
* Para **blå**, **grå** y **grønn** revisa el texto anterior sobre los adjetivos.

1 Encuentra el número que coincide con cada color.

svart – brun – gul – hvit – blå – grå – grønn – rød – oransje

2 Realiza el ejercicio 1 de nuevo, pero esta vez cubre las palabras.

3 ¿De qué color son estas cosas? Usa el artículo determinado.
Eksempel: Vinduet er grått.

4 Describe dónde se encuentran los diferentes objetos en la imagen. Refiérete siempre a otro objeto.
Eksempel: Telefonen er på bordet.

5 Escoge la palabra correcta: *¿å kjenne* o *å vite*? Encuentra la forma verbal adecuada.
a) Emil ... Nils.
b) Nils ... ikke Oslo.
c) Emil ... mye.
d) Nils ... hvor han kommer fra.

6 Describe tu casa.

Det er natt. Nils sover i senga. Det er egentlig ikke hans seng – det er ei lita pute på Lises stol på kjøkkenet. Men han bruker puta hennes som seng.

Plutselig våkner han. Rommet er mørkt. Han ser nesten ingenting. Men han har veldig vondt i magen. Og han er kvalm, så kvalm. Hva skal han gjøre?

Han hopper ut av senga. Smertene blir ikke bedre av det – nei, de blir bare verre.

Kanskje kan Emil hjelpe? Ja, selvfølgelig. Han må finne Emil. Men Nils må også være forsiktig. Menneskene må ikke våkne. Han husker historien med kaffekoppen og oppvaskmaskinen.

Han går til stua. Der ser han ingen. Men han hører noe. Noen ligger på sofaen og sover. Er det Emil? Nils går litt nærmere. Ja, han kjenner ham igjen. «Emil!» roper han. Bamsen våkner med en gang. «Nils! Hva gjør du midt på

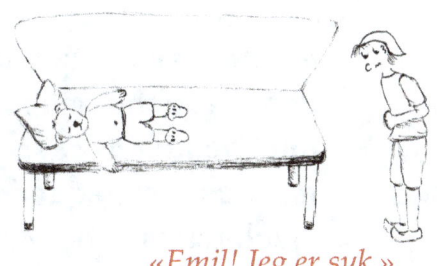

«Emil! Jeg er syk.»

natta?» «Jeg er syk. Jeg føler meg kvalm. Og så har jeg forferdelig vondt i magen.» «Har du vondt i brystet ditt også?» «Nei, det har jeg ikke.» «Det er bra. Smerter i brystet kan være veldig farlige.» «Kan du hjelpe meg?» «Jeg er verken lege eller sykepleier. Men jeg skal prøve så godt jeg kan. Ta av deg skjorta di.»

Nils gjør det. Da begynner Emil å trykke på magen. «Gjør det vondt?» «Ja, men ikke mer enn før.» «Aha. Kanskje bør jeg lytte

ei natt, netter	una noche, noches
hans	su, sus *(de él)*
liten/lita/lite	pequeño/a
ei pute	una almohada
å bruke som [såm]	utilizar/usar como
hennes	su, sus *(de ella)*
å ha vondt	tener dolor
en mage	un estómago
vondt i magen	dolor en el estómago
kvalm	mareado
en smerte [æ]	un dolor
verre [æ]	peor
forsiktig [å]	cauteloso/a
svak	débil
å ligge	estar tumbado
nærmere	más cercano, más cerca
med en gang	inmediatamente
midt på natta	en medio de la noche
syk	enfermo/a
forferdelig [fårfærdeli]	horrible, espantoso/a
et bryst	un pecho
din/di/ditt/dine	tu (el/la tuyo/a)/tus (los/as tuyos/as)
verken ... eller [vær-]	ni ... ni
å ta av	*aquí:* apagar
ei skjorte	una camisa
å trykke	apretar
(mer) enn	(más) que
før	antes
å burde, *Presente:* bør	deber, *Presente:* debe
å lytte på	escuchar

73

på lungene dine. Det gjør alle leger.» Emil legger øret på brystet hans. «Nei, det er ikke noe galt her, tror jeg.» Han kjenner på magen igjen. «Men det er noe rart her. Jeg tror du har noe i magen din. Kanskje et lite stykke papir.»

«Papir? Hva er papir?» «Menneskene skriver på papir. Bøker er av papir også.» «Men hvorfor skriver noen i magen min?» «Jeg vet ikke, men papirlappen gjør sikkert veldig vondt.»

«Så hva skal jeg gjøre?» «Snu deg et par ganger. Da blir det sikkert bedre snart.»

«Er det nok?» «Ja. Jeg kan ikke gjøre noe mer uansett.»

Nils setter seg ned på sofaen og snur seg. Én gang, to ganger, tre ganger, fire ganger. Han føler seg fortsatt kvalm, men smertene er bedre. Kanskje blir han snart frisk igjen?

en lunge [o]	un pulmón
et øre	un oído, una oreja
å kjenne på	tocar, sentir *(de tacto)*
et stykke	un trozo
(et) papir	(un) papel
et stykke papir	un trozo de papel
å skrive	escribir
ei bok, bøker	un libro, libros
av papir	de papel
en papirlapp	un papelito; una nota
sikkert	seguro, cierto
å snu	dar(le) la vuelta
én gang	una vez
et par	un par, aquí: algunos
et par ganger	un par de veces
uansett	en todo caso, de cualquier manera, sea como sea
ned [ne]	abajo
fortsatt [å]	todavía
frisk	sano/a, fresco/a

Liten
Pequeño

Liten es un adjetivo completamente irregular. Desafortunadamente tienes que aprenderte sus formas de memoria.

en liten gutt	un pequeño muchacho
ei lita jente	una pequeña muchacha
et lite hus	una pequeña casa
mange små gutter/jenter/hus	muchos/as pequeños/as muchachos/muchachas/casas

Mange – mye

Cuando hablamos de cosas que podemos contar (cosas contables), usamos **mange**.
Cuando hablamos de cosas que no podemos contar (cosas incontables), usamos **mye**.

Verken – eller

verken A eller B   ni A ni B

Perteneciendo a alguien

Por supuesto que tenemos estas pequeñas palabras como *mi*, *tu*, etcétera en noruego también (se llaman *adjetivos posesivos*, por cierto). Pero recuerdas que también tenemos géneros, ¿correcto? Esto significa que si algo me pertenece, emplearé palabras diferentes dependiendo del género de esta cosa, o si estoy hablando de varias cosas:

```
min kopp
min brødskive
mitt rundstykke
mine kopper/brødskiver/rundstykker
```

Hay una segunda forma de decir exactamente lo mismo, y también deberías acostumbrarte a verla:

```
leiligheten min
brødskiva mi
huset mitt
leilighetene/brødskivene/husene mine
```

Presta atención a dos cosas:

1. Cuando colocamos el adjetivo posesivo primero, usamos la *forma indeterminada* (**mitt hus**). Cuando lo ponemos detrás, usamos la *forma determinada* (**huset mitt**). Ninguna otra combinación es posible (así que nunca digas, p. ej.: ~~mitt huset~~ o ~~hus mitt~~).

2. Escribí **min brødskive**, pero **brødskiva mi**. La **-n** que falta no es una errata. Usamos la forma femenina de los adjetivos posesivos sólo cuando ponemos el adjetivo posesivo después. De otra manera tendremos que usar la forma masculina para palabras femeninas.
   ¿Te estás preguntando si la gente en Noruega tiene problemas con la identidad de género? Bueno...

En la siguiente página obtendrás una idea más completa sobre esto:

min sønn   sønnen min
min datter   dattera mi
mitt barn   barnet mitt
mine sønner   sønnene mine

din sønn   sønnen din
din datter   dattera di
ditt barn   barnet ditt
dine sønner   sønnene dine

hans sønn   sønnen hans
hans datter   dattera hans
hans barn   barnet hans
hans sønner   sønnene hans

hennes sønn   sønnen hennes
hennes datter   dattera hennes
hennes barn   barnet hennes
hennes sønner   sønnene hennes

vår sønn	sønnen vår
vår datter	dattera vår
vårt barn	barnet vårt
våre sønner	sønnene våre

deres sønn	sønnen deres
deres datter	dattera deres
deres barn	barnet deres
deres sønner	sønnene deres

deres sønn	sønnen deres
deres datter	dattera deres
deres barn	barnet deres
deres sønner	sønnene deres

Kroppen
El cuerpo

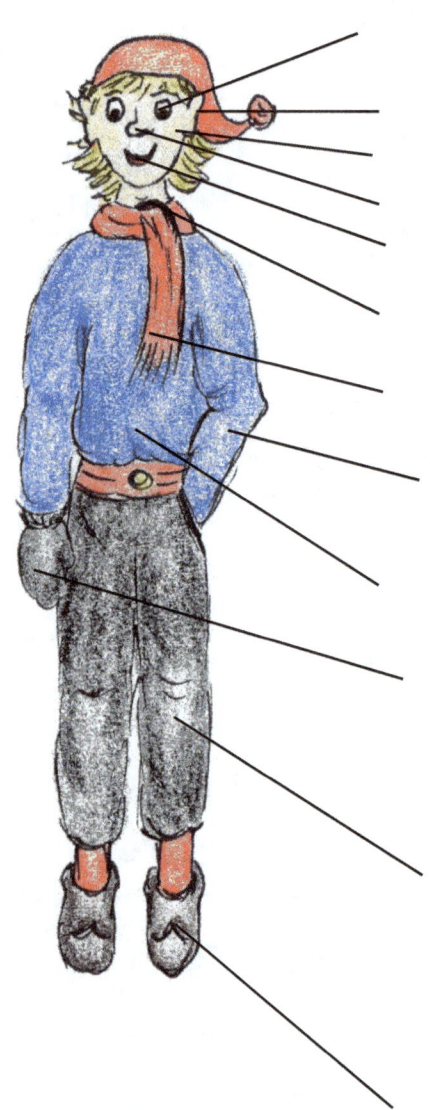

Cubre las traducciones al español e intenta marcar
correctamente las partes del cuerpo de Nils.

et hode	una cabeza
et kne, knær	una rodilla, rodillas
et øre	un oído, una oreja
en hals	un cuello, una garganta
en arm	un brazo
et bryst	un pecho
ei nese	una nariz
en munn	una boca
ei hånd, hender	una mano, manos
en mage	un estómago
en fot, føtter	un pie, pies
et øye, øyer/øyne	un ojo, ojos/los ojos

Hos legen
En el médico

Antes de mirar las traducciones al español, intenta imaginar qué diría el doctor y qué diría el paciente.

Det gjør vondt her.	Me duele aquí.
Jeg har vondt i magen.	Tengo dolor en el estómago.
Jeg har diaré.	Tengo diarrea.
Kan du ta av skjorta?	¿Podrías quitarte la camisa?
Pust inn / pust ut.	Inhala / exhala.
Jeg må kaste opp.	Voy a vomitar / tengo que vomitar.
Du må ta legemidler.	Tienes que tomar una medicina.
Kan jeg kjøpe det på apoteket uten resept?	¿Puedo comprar esto en la farmacia sin receta médica?
Temperaturen din er høy.	Tienes la temperatura alta.
Du må holde senga.	Debes guardar cama.
Må du hoste ofte?	¿Toses frecuentemente?

1 Responde las preguntas.

a) Hvor sover Nils?

b) Hvorfor våkner han?

c) Hvor er Emil?

d) Hva gjør Emil?

e) Hvorfor har Nils vondt?

f) Hva skal Nils gjøre?

2 Combina los elementos para formar oraciones que tengan sentido. Intenta formas tantas como sea posible. Cuida el orden de las palabras.

Nils	våkner	med Emil	vondt
Emil	han	ikke	i sofaen
Derfor	må	snakke	i magen
Smertene	har	verre	i brystet
Han	blir	seg	
	snur	et par ganger	
	sover		

3 Completa con el pronombre apropiado en forma de objeto (*meg, deg ...*).

Nils sier til Emil: «Kan du hjelpe ...?»

Emil sier: «Ja, jeg kan hjelpe ...»

Emil hjelper Nils. Han hjelper ...

Vi er syke. Kan legen hjelpe ...?

Ja – legen sier: «Jeg kan hjelpe ...»

Susanne er syk. Kan Emil hjelpe ...?

Susanne og Per er syke. Kan legen hjelpe ...?

4 Opcional: Escribe el texto del capítulo 10 en tiempo pasado.

(Sólo si ya has estudiado el tiempo pasado, por supuesto)

5 ¿*Mange* o *mye*? Recuerda poner los sustantivos en plural cuando uses *mange*.

Eksempel: Har vi nok melk til å bake ei kake? Nei, vi har ikke så mye melk.

Forstår dere litt fransk? – Ja, vi forstår _____ _____.

Kjenner du alle menneskene her? – Nei, ikke så _____ _____.

Vil du ha mer mat? – Ja, _____ _____, takk!

Har du venner i Amerika? – Ja, jeg har _____ _____ der.

Er det noen som vil spise rundstykker? – Ja, jeg vil spise _____ _____.

Har du brødre? – Ja, jeg har _____ _____.

Trenger du fem personer for å hjelpe deg? – Nei, ikke så _____ _____.

Har du kjøpt sju kilogram smør? – Nei, ikke så _____ _____.

6 Coloca en su forma adecuada los adjetivos posesivos.

a) min/mi/mitt/mine
For å jobbe trenger jeg ...
_____ kunder, kundene _____,
_____ saks, saksa _____,
_____ binders, bindersen _____,
_____ idéer, idéene _____,
_____ rom, rommet _____.

c) vår/vårt/våre
Vi liker ...
_____ arbeid, arbeidet _____,
_____ mor, mora _____,
_____ jobber, jobbene _____,
_____ bror, broren _____,
_____ barn, barnet _____.

b) din/di/ditt/dine
For å jobbe trenger du ...
_____ kaffe, kaffen _____,
_____ e-poster, e-postene _____,
_____ skrivebord, skrivebordet _____,
i _____ stue, i stua _____,
_____ rapport, rapporten _____.

7 Emplea un adjetivo posesivo.

Eksempel: telefon (du) → din telefon/telefonen din

a) kjøkken (vi)
b) brødre (jeg)
c) kniv (hun)
d) gafler (han)
e) skje (de)
f) tallerkener (du)
g) glass (dere)

h) mat (jeg)
i) bord (han)
j) restaurant (de)
k) kake (du)
l) syltetøy (vi)
m) kaffe (dere)
n) skinke (hun)

¿Has repasado tu vocabulario hoy?

La repetición de palabras nuevas es una de las actividades más importantes del aprendizaje de idiomas. ¿Por qué? Hagamos algunos cálculos.

Un hablante nativo medio utiliza entre 10.000 y 15.000 palabras activamente, y muchas más pasivamente (p. ej. entiende esas palabras, pero no sabe usarlas). Si consigues aprender una palabra nueva cada día, te llevará más de 30 años aprender un idioma como un hablante nativo. Si te las arreglas para aprender diez palabras nuevas cada día, estarás ahí después de tres años.

10000

¿Es esto realista? Probablemente no. Ante todo, no vas a hacer esto todos los días. Puede que estés demasiado ocupado o simplemente lo olvides. Segundo, mi cálculo implica que tienes que recordar todas estas palabras. Ahora que ya has tenido bastante experiencia con el aprendizaje del noruego – ¿con qué frecuencia tienes que repetir una palabra, de media, para recordarla para siempre? Probablemente 3-5 veces. Esto significa que para mantener el ritmo de aprender 10 palabras nuevas al día, tendrías que repetir 30-50 palabras cada día, 365 días al año.

Así que esta es una de las simples razones de por qué las personas no son capaces de aprender un idioma como hablantes nativos en tres años.

4000

Pero tengo buenas noticias para ti. La cosa es – no tienes realmente que saber tantas palabras como un hablante nativo para hablar con fluidez, mucho menos para moverte. 500 palabras serán suficientes para el nivel de turismo, 2000 si quisieras tener un conocimiento elemental decente – pero aún, si quieres hablar un idioma realmente bien, necesitarás alrededor de 4000 palabras. Así que, ¿cómo puedes alcanzar esta meta?

Sólo puedes llegar hasta ahí con un trabajo constante, así que crea el hábito de aprender palabras nuevas todos los días. Escoge una meta que sea realista para ti, p. ej. 3-5 palabras nuevas al día, no más. La mayoría de las personas (yo incluido) encuentran bastante difícil trabajar en esto todos los días. Es tan fácil tomarse un descanso…

2000

500

y entonces, de repente, te encuentras no habiendo trabajado con tus nuevas palabras durante una semana o más. Hay un par de cosas que puedes hacer para hacerlo más fácil: puedes usar nuestro entrenador de vocabulario (www.skapago.eu/nils). También puedes pedirle a tu pareja/hijo/compañero de piso que te recuerde cada día repetir tus palabras. Además, te recomiendo encarecidamente que encuentres un momento que esté reservado para esta actividad. Podría ser diez minutos antes de desayunar, o la primera cosa que hacer al llegar a casa, o la última cosa que hacer antes de irte a la cama – lo que sea que te funcione mejor a ti, pero asegúrate de que se convierte en un hábito como lavarse los dientes. Mejora tu eficiencia no dejando que nadie te interrumpa durante esos diez minutos (cuando tu jefe te llame al móvil, no contestes, devuélvele la llamada – haz una excepción sólo cuando haya un fuego en tu casa).

¿Cómo puedes hacer que esto funcione de manera efectiva? Una buena idea es escribir las palabras nuevas en tarjetas: en noruego por un lado, y en tu lengua materna por el otro. Asegúrate de incluir los artículos indefinidos para los sustantivos y los tiempos pasados para los verbos, así como cualquier forma irregular. Escribe 3-5 tarjetas nuevas todos los días. Mézclalas y trata de repetirlas. Cuando repitas, no mires el lado en noruego. Eso es demasiado fácil, ¿no crees? No sólo quieres entender, sino que también quieres aprender las palabras en noruego activamente. Así que mira el otro lado, intenta descubrir la solución, escríbela, y después da la vuelta a la tarjeta para comprobar si tenías razón. Si no, pon la tarjeta a un lado. Repite estas tarjetas difíciles tantas veces como necesites para recordarlas. Entonces, repite las tarjetas de ayer, usando el mismo sistema. Una vez por semana, coge todas las tarjetas de la semana previa, y una vez a la semana, coge cualquier conjunto de tarjetas antiguas.

Y una última cosa: siempre que esto empiece a frustrarte, déjalo por ese día y continúa el siguiente. No seas demasiado estricto contigo mismo. Después de todo, el aprendizaje de un idioma debería ser divertido, ¿no es cierto?

3 años
8 meses
3 semanas
5 días

11

Erna kjøper mye i dag. Hun trenger mye mat fordi alle skal komme på besøk i morgen og spise middag hos henne. Hun vil lage fiskesuppe, karbonader med poteter og grønnsaker – og vaniljepudding til dessert. Nå er hun i butikken.

Trenger hun noe mer? Kanskje noe av den billige osten på tilbud? Eller det gode brødet fra bakeriet i byen?

Hva slags grønnsaker skal hun kjøpe?

Hun tenker på gulrøtter, løk og selvfølgelig poteter. Er det bedre med store eller med små poteter? Erna tenker litt. Så tar hun en liten pose med de små potetene. Hvilken kaffe skal hun kjøpe? Og så må hun kjøpe litt såpe, toalettpapir og en ny oppvaskbørste. Den gamle oppvaskbørsten er nemlig ødelagt.

Nå har hun alt. Hun vil betale.

«Vil du ha en pose?» spør kassereren.

«Ja, takk.»

Erna kjøper mye i dag.

å kjøpe	comprar
(en) mat	(una) comida
fordi [å]	porque
et besøk	una visita
å komme [å] på besøk	venir de visita
(en) middag	(un) almuerzo, (una) comida *(en Noruega por lo general entre 15.00-18.00)*
hos	en *(en casa de alguien)*
ei suppe	una sopa
en fisk	un pescado
ei fiskesuppe	una sopa de pescado
en karbonade	*albóndigas noruegas tradicionales*
en potet	una patata
grønnsaker *(plural)*	verduras
en pudding	un pudín
vanilje	vainilla
en dessert [dessær]	un postre
en butikk	una tienda
billig [-li]	barato/a
et tilbud	una oferta
på tilbud	en oferta
et bakeri	una panadería
en slags	un tipo (de), una especie (de)
ei gulrot, gulrøtter	una zanahoria, zanahorias
(en) løk	una cebolla
best	mejor
en pose	una bolsa
hvilken, hvilket, hvilke	qué, cuál, cuáles
(ei) såpe	(un) jabón
toalettpapir	papel higiénico
ny	nuevo/a
en børste	un cepillo
en oppvaskbørste [åpp-]	un cepillo (para fregar)
ødelagt	roto/a, estropeado/a
å betale	pagar
en kasserer, mange kasserere	un/a cajero/a, muchos/as cajeros/as

«Medlemskort?»

«Hva sier du?»

«Har du medlemskort?»

«Nei, jeg er ikke medlem.»

«Betaler du med kort?»

«Ja, vær så snill.»

«Sånn, da setter du kortet inn i kortleseren, og så må du slå koden.»

Erna venter litt.

«Kvitteringen?» spør kassereren.

«Nei, takk.»

Erna legger alt i en pose og går.

«Ha det bra, og god helg!» sier kassereren.

«Takk, i like måte!» svarer Erna.

Da hun kommer ut av butikken, ser hun en ung mann. Han står på fortauet og kommer rett bort til henne. Så spør den unge mannen: «Unnskyld, jeg leter etter jernbanestasjonen. Hvor er den?»

et kort [å]	una tarjeta, un carné
et medlem, medlemmet, mange medlemmer	un/a miembro, el/la miembro, muchos/as miembros
et medlemskort	un carné de miembro
hva sier du?	¿Qué dices? (¿Qué has dicho?)
vær så snill	por favor (*literalmente:* sé tan amable)
inn	dentro
en kortleser, mange kortlesere	un lector de tarjeta, muchos lectores de tarjeta
å slå	golpear, *aquí:* introducir, marcar
en kode	un código
å slå koden	introducir/marcar el código
en kvittering	un recibo
å stå	estar (de pie)
et fortau	una acera
rett	recto/a, directo/a
bort	lejos, fuera (*como en inglés: away*)
en stasjon	una estación
en jernbane [jæ-]	un ferrocarril
en jernbanestasjon	una estación de ferrocarril

Escoge: hvilken

Hvilken significa *cuál*. Desgraciadamente, tenemos que tener en cuenta los géneros y el número:

Hvilken kaffe skal hun kjøpe?   masculino

Hvilken dør skal hun åpne?   feminino

Hvilket hus liker du?   neutro

Hvilke poteter skal hun kjøpe?   plural

Adjetivos – Forma definida

En el capítulo 8 aprendiste sobre *adjetivos*. Te dije que su terminación depende del género y el número. Bien, en realidad, te estaba escondiendo la horrible verdad, pero ha llegado el momento de contártela: en los adjetivos también distinguimos entre la *forma indefinida* y la *definida*.

Antes de continuar, vamos a repasar qué significa esto en referencia a los sustantivos: la diferencia entre la forma indefinida y la definida se basa en si estamos hablando sobre "cualquier" persona (o cosa) o sobre una persona (o cosa) concreta. Así que, por ejemplo:

en kopp	→ cualquier taza		→ forma indefinida
koppen	→ una taza que conocemos / de la que hemos hablado antes	→ forma definida

Ahora imaginemos una taza que es *grande*. En la forma indefinida, decimos:

en stor kopp

Pero ahora digamos que no es *cualquier* taza, sino *cierta* taza: la gran taza. En este caso decimos:

den store koppen

y para los otros géneros:

den store brødskiva

det store rundstykket

y para el plural:

de store koppene/brødskivene/rundstykkene

Presta atención a dos cosas:
1) La terminación para la forma definida siempre es **-e**. ¡Sencillo!
2) En la forma definida, el adjetivo no quiere estar solo con el sustantivo. ¿Ves que siempre está junto a **den** (para sustantivos masculinos y femeninos), **det** (para nombres neutros) y **de** (para plurales)? En realidad, si has hecho tus deberes hasta ahora, ya conoces estas palabras – pero en otro contexto (busca en el capítulo 3 si no estás seguro).
Podemos decir que estas palabras serían la traducción del español *el/la*. Pero eso no sería 100% correcto, dado que traducimos *la taza* como **koppen** (y no como **den koppen**), ¿verdad? Si no quieres pasar el examen de traductor, puedes encontrar esta discusión demasiado profunda, pero el punto es éste: siempre que usamos un adjetivo en su forma definida, también tenemos que usar el artículo determinado apropiado (**den**, **det**, **de**).

¿Recuerdas el adjetivo **liten**? (¡vuelve al capítulo 10 para repetir las formas!)
Su forma definida es **lille** (**den lille gutten**, **den lille jenta**, **det lille huset**), y para el plural es **små** (**de små guttene**, **de små jentene**...).

Una vez más, compara:

koppen   <->   den store koppen

... mientras que ~~store koppen~~ es incorrecto.

Si no te gusta la forma definida, aún tengo buenas noticias para ti. Cada vez que el adjetivo venga después de la palabra que está describiendo, estará en su forma indefinida. Por ejemplo:

Den store kjelleren er mørk.

Det store rommet er mørkt.

De store rommene er mørke.

Futuro

Las cosas que van a pasar pueden ser expresadas de varias maneras:

> Alle skal komme på besøk.
> Erna vil lage fiskesuppe.

Hay una diferencia de significado entre **skal** y **vil**: cuando definitivamente vas a hacer algo, entonces usas **skal**. Si no estás 100% seguro aún, usas **vil**. Recuerda los siguientes ejemplos:

> Jeg skal gå på kino kl. 20.00.   → Ya he comprado mi entrada.
> Jeg vil gå på kino kl. 20.00.   → No he comprado aún mi entrada.

Nota que tanto **skal** como **vil**, ambos, tienen un segundo significado, no necesariamente relacionado con el futuro.

> Hva skal hun kjøpe?   = ¿Qué debería comprar ella? (consejo)
> Hun vil betale.   = Ella quiere pagar. (un deseo)

Una última cosa sobre **vil**: siempre que algo va a pasar sin que podamos cambiarlo, empleamos **vil**. Usamos **Skal** sólo para cosas que hemos decidido nosotros mismos.

> Det vil regne i morgen.   = Lloverá mañana.

(No tenemos influencia en el tiempo, así que no usamos **skal**.)

Slags

La palabra **slags** puede resultar confusa dado que acaba en **-s**, pero no es una forma plural. Además, el artículo cambia de acuerdo a la palabra *posterior* a **slags** (extraño, ¿no?). Tanto para singular como para plural empleamos la misma forma. Decimos:

en slags potet	un tipo de patata
en slags ost	un tipo de queso
et slags brød	un tipo de pan
mange slags ost/poteter	muchos tipos de quesos/patatas

Si no te gusta **en slags**, también puedes usar **en type**:

mange typer ost/poteter

Comida

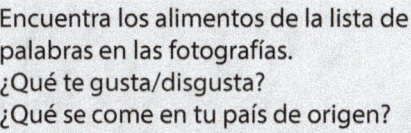

Encuentra los alimentos de la lista de
palabras en las fotografías.
¿Qué te gusta/disgusta?
¿Qué se come en tu país de origen?

en melon	un melón
en appelsin	una naranja
frukt	fruta
en paprika	un pimiento
en salat	una lechuga, una ensalada
en sopp [å]	una seta, un hongo
en agurk	un pepino
en banan	un plátano, una banana
(mange) druer	(muchas) uvas
(en) laks	(un) salmón
(et) kjøtt	(una) carne
(et) svinekjøtt	(una) carne de cerdo
ei reke	una gamba
(en) kylling	(un) pollo
(ei) skinke	(un) jamón
ei kake	una tarta
en tomat	un tomate
(et) pålegg	*todo lo que viene en el pan*
(en) pasta	(una) pasta
ei pære	una pera
et eple	una manzana

	I Norge:	I hjemlandet ditt:
Når spiser vi frokost?	ca. kl. 7	
Når spiser vi lunsj?	ca. kl. 11	
Når spiser vi middag?	ca. kl. 16	
Når spiser vi kveldsmat?	ca. kl. 20	

Dónde comprar qué

¿Qué artículos puedes comprar/qué recados puedes realizar en qué tienda? Relaciónalos con la tienda adecuada. ¿A qué hora están las tiendas abiertas? ¿Cómo puedes pagar?

Eksempel: Bensinstasjonen er døgnåpen. Bakeriet er åpent fra kl. 8 til 16 mandag til fredag og fra kl. 9 til 12 på lørdager. På apoteket kan man betale kontant eller med kort.

brød
bensin
et tidsskrift
sko
ei avis
melk
kosmetikk
legemidler
mat
klær
ei kake
en billett
ost

en matbutikk	un supermercado
et apotek	una farmacia
et legemiddel, legemidler	un medicamento, medicamentos
en klesbutikk	una tienda de ropa
klær (*plural*)	ropa
(en) kosmetikk	un cosmético
en kiosk	un quiosco
en billett	un billete, una entrada
ei avis	un periódico
et tidsskrift	una revista
en skobutikk	una zapatería
en sko, mange sko	un zapato, muchos zapatos
en bensinstasjon	una gasolinera
(en) bensin	gasolina
å betale kontant/med kort	pagar en efectivo/con tarjeta
å kjøpe på kreditt	comprar a crédito
døgnåpen	abierto 24 horas
åpningstider	horario de apertura

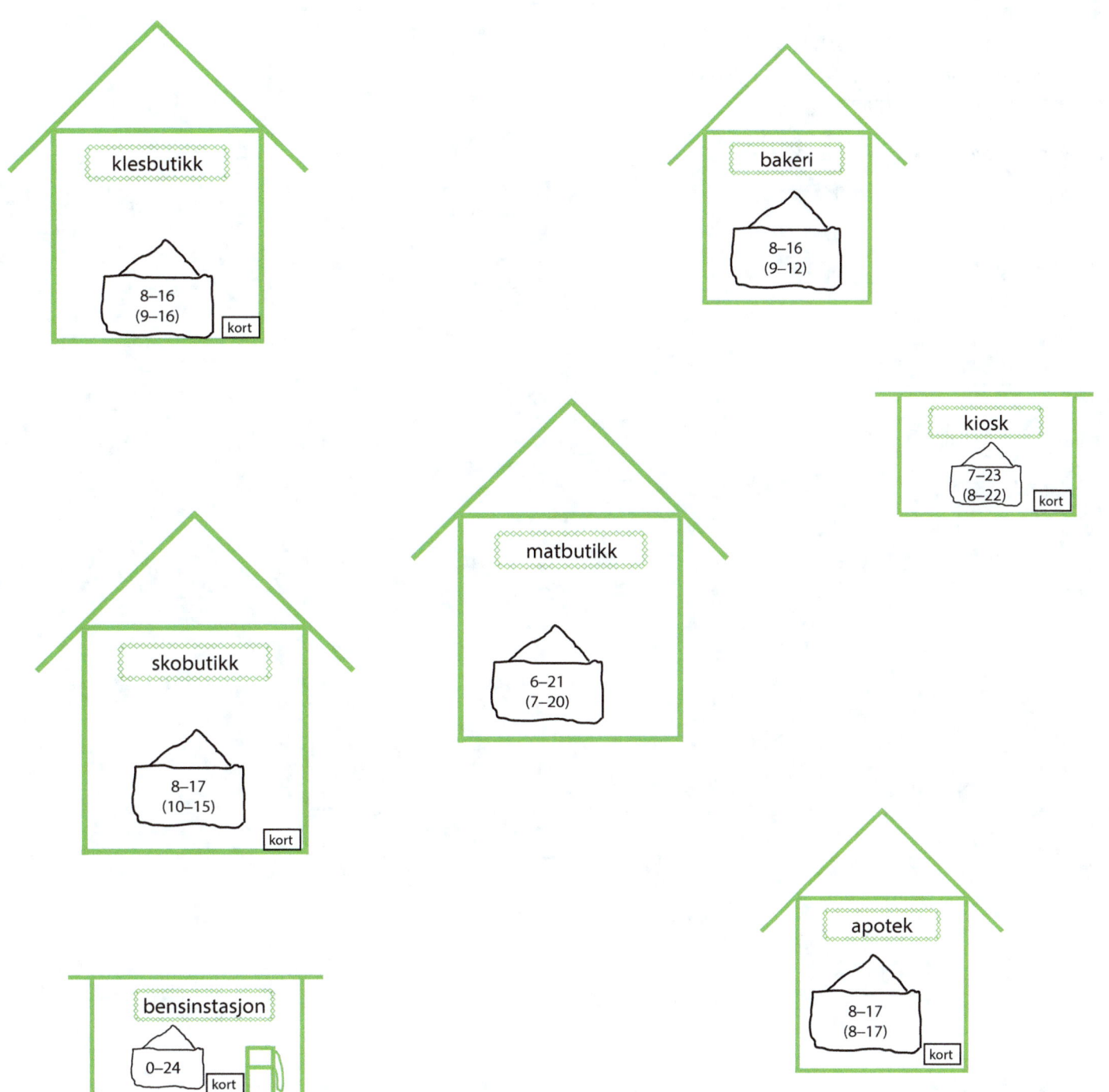

klesbutikk

8–16
(9–16)

kort

bakeri

8–16
(9–12)

kiosk

7–23
(8–22)

kort

matbutikk

6–21
(7–20)

skobutikk

8–17
(10–15)

kort

apotek

8–17
(8–17)

kort

bensinstasjon

0–24

kort

93

Países

Asocia los idiomas (a la derecha) con los países correspondientes (a la izquierda).

Eksempel: I Norge snakker man norsk.

Norge	engelsk
Hellas	svensk
Brasil	fransk/tysk/italiensk
Canada	portugisisk
Tyrkia	polsk
Sveits	russisk
Storbritannia	italiensk/latin
Østerrike	spansk
Russland	islandsk
Argentina	tyrkisk
Polen	tysk
Island	gresk
Vatikanstaten	fransk/engelsk
Sverige	norsk

1 Cambia a la forma definida.

Eksempel: en dyr leilighet → den dyre leiligheten

a) et brunt skap

b) en varm kopp

c) et stort brød

d) ei rød dør

e) røde senger

f) store vinduer

g) en rar person

h) et rolig hus

i) en mørk skog

2 Pon los adjetivos en la forma adecuada.

god	Brødet er ...
billig	Rundstykkene er ...
liten	Jeg vil ha en ... leilighet.
stor	Huset er ...
god	Jeg vil kjøpe fem ... rundstykker.
fin	Vi trenger mange ... poteter.
dyr	Dette huset er ...
billig	Dette er et ... hus.

3 Banderas, países y colores.

¿Qué colores tienen estas banderas?

Encuentra el país apropiado, usa la forma definida (es "la" bandera italiana)

y recuerda poner el adjetivo en la forma correcta.

et flagg = una bandera

Eksempel: Det norske flagget er rødt, hvitt og blått.

irsk – svensk – gresk – italiensk – tysk – sørafrikansk – østerriksk

4 Describe tu casa: su localización, cómo es, cuántas habitaciones tiene, qué tipo de muebles, qué tiendas hay cerca y si vives con alguien.

5 Hva liker du å spise? Hva spiser du til frokost/lunsj/middag?

6 Completa con *hvilken/hvilket/hvilke*.

a) _____ hus bor du i?
b) _____ telefon ringer?
c) _____ bilder liker du?
d) _____ oppvaskmaskin er god?
e) _____ jobb vil du ha?
f) _____ smerter er farlige?
g) _____ butikk er billig?
h) _____ bord vil du kjøpe?

12

Erna er forvirret. En turist spør etter jernbanestasjonen. Det er egentlig ikke noe uvanlig med det. Men hun har følelsen av å være i en gammel film igjen. En ung mann – blid, høflig – spør etter veien. Han bærer en koffert. Slik var det den gang også. Nøyaktig her. For så mange år siden.

«Vet du ikke hvor den er?» spør den høflige unge mannen.

Erna våkner av dagdrømmen. «Jo, det vet jeg. Du går ned denne gata, og så går du til høyre ved det første krysset. Ser du disse små, grønne husene der borte? Der må du gå til høyre. Etter omtrent 100 meter går du til venstre, rett ved et lite hotell. Deretter går du rett fram til du ser stasjonen.»

«Tusen takk!» Den unge mannen smiler og går. Han smiler ... nøyaktig som en annen ung mann smilte, og på nøyaktig det samme stedet, for mange, mange år siden. Den andre unge mannen hadde også en koffert med seg. Bare klærne – han hadde selvfølgelig andre klær på seg. Men ansiktet, ansiktet! Det var så kjent. Og språket – dette språket. Det var nøyaktig den samme uttalen ...

«Vet du ikke hvor den er?»

å forvirre, forvirret [å]	confundir, desconcertar
forvirret [å]	confundido, desconcertado
en turist	un/a turista
uvanlig [-li]	raro/a, inusual
en følelse	un sentimiento
en film	una película
blid [bli]	amable, risueño/a
høflig [-li]	cortés, educado/a
en vei	un camino
å spørre etter veien, spurte	preguntar por el camino (la dirección), preguntó
å bære, bar	llevar, sostener; llevó, sostuvo
tung [o]	pesado
en koffert	una maleta
slik	así
var (pret. → å være)	fue
den gang	entonces, por aquel entonces
nøyaktig [-ti]	exacto, preciso; exactamente, justamente
for ... siden	desde hace ...
en drøm, drømmer	un sueño, sueños
en dagdrøm	un sueño despierto
denne	este, esta
til høyre	a la derecha
et kryss	un beso
borte	fuera, ausente, desaparecido
omtrent	alrededor, cerca de, aproximadamente
til venstre	a la izquierda
et hotell	un hotel
deretter [dær-]	después, luego, a continuación
rett fram	todo recto
en annen	otro
ei anna	otra
et annet	otro
den/det/de andre	el/la/los/las otro/a(s)
et ansikt	una cara, un rostro
kjent	conocido/a
et språk	una lengua, un idioma

97

Den gang bodde Erna ikke her ennå, men hun dro ofte til byen. Da møtte hun den unge mannen – han sto her på dette fortauet, spurte etter veien, hadde en koffert i hånda ...

Alt etterpå er så trist. Hun kan aldri glemme det, men hun kan heller ikke snakke om det. Hun føler at hun må snakke om det. Men det er så vanskelig. Så utrolig vanskelig.

Minnene kommer tilbake, som en stor bølge. Erna kan ikke gå hjem nå. Nei, hun må ordne tankene først.

en uttale	una pronunciación
ennå	todavía, aún
å dra, dro	*aquí:* viajar, viajó
ofte [å]	a menudo, frecuentemente
aldri	nunca
å glemme, glemte	olvidar, olvidó
vanskelig [-li]	difícil, complicado/a
utrolig [-li]	increíble
et minne	un recuerdo, una memoria
en bølge	una ola, una onda
hjem [jem]	a casa
å ordne, ordnet [å]	organizar, disponer; organizó, dispuso
en tanke	un pensamiento

denne – dette – disse

Estas tres palabras son el equivalente a *este/esta/estos/estas* en español. Entonces, ¿por qué tanto alboroto sobre ellas? Bien, lo sabes, ¿no es cierto? Es eso de los géneros de nuevo:

```
denne koppen
denne brødskiva
dette rundstykket
disse koppene/brødskivene/rundstykkene
```

¿Vale? Masculino + femenino, neutro, plural – la distribución habitual. Con toda tu experiencia en la gramática noruega, empieza a hacerse aburrido, ¿no?
¡Sólo un apunte rápido! Date cuenta de que siempre usas la *forma definida* de un sustantivo (y un adjetivo, si quieres usar uno) después de **denne/dette/disse**. ¿Por qué? ¡Muy lógico! Cuando dices **este/esta/estos/estas**, nunca estás hablando sólo de *alguna* persona/cosa, así que debe ser definido.

Cuando queremos decir *esto es...*, decimos **dette er...** (usamos la forma neutra, aún cuando el género no se corresponde con el sustantivo que le sigue):
        Dette er en dusj.

Ir y estar

Estas palabras tienen una cosa en común: siempre que nos estamos moviendo, usamos las formas de la izquierda (normalmente sin terminación en -**e**). Cuando no nos estamos moviendo, usamos las formas de la derecha.

Han går opp.

... ned
... inn
... ut
... hjem
... dit
... hit
... bort

Han er oppe.

... nede
... inne
... ute
... hjemme
... der
... her
... borte

Tiempo pasado

¡Tiempo de mirar atrás! Sabías que algún día llegaría – este es el momento de aprender sobre el tiempo pasado, si no lo has hecho aún. Así que, por favor, vuelve al capítulo 6. ¡Nos vemos aquí de nuevo en un minuto!

Aquí están todos los verbos que has aprendido por ahora, divididos en los grupos de *preteritum* a los que pertenecen:

-et

à arbeide	à ordne
à dekke	à passe på
à dusje	à pusse
à gifte	à puste
à glede	à rydde
à hente	à slappe av
à hete	à slutte
à hoppe	à snakke
à hoste	à trykke
à huske	à tulle
à kaste	à vaske
à koste	à vente
à lage	à våkne
à lytte	à åpne

-dde

à bety
à bo
à snu
à tro

-te

å bake	å rope
å begynne	å sende
å betale	å skjule
å bevege	å skjære
å bruke	å skjønne
å flire	å skremme
å forklare	å smile
å føle	å spille
å gjemme	å spise
å glemme	å steke
å hilse	å stemme
å høre	å studere
å kjenne	å svare
å kjøpe	å tenke
å koke	å trenge
å leke	å trykke
å like	å vise
å ringe	

-de

å dø
å lage
å leve
å prøve

Desafortunadamente, hay algunos verbos irregulares *(uregelmessige verb)* que ya has visto y necesitas aprender de memoria también:

Infinitiv	Presens	Preteritum
å bære	bærer	bar
å bli	blir	ble
å burde	bør	burde
å dra	drar	dro/drog
å drikke	drikker	drakk
å drive	driver	drev
å få	får	fikk
å finne	finner	fant
å forstå	forstår	forsto
å fortelle	forteller	fortalte
å gå	går	gikk
å gi	gir	gav/ga
å gjenta	gjentar	gjentok
å gjøre	gjør	gjorde
å ha	har	hadde
å hjelpe	hjelper	hjalp
å komme	kommer	kom
å kunne	kan	kunne
å ligge	ligger	lå
å måtte	må	måtte
å se	ser	så
å sette	setter	satte
å sitte	sitter	satt
å skrive	skriver	skrev
å skulle	skal	skulle
å slå	slår	slo
å sove	sover	sov
å spørre	spør	spurte
å stå (opp)	står	sto/stod
å ta	tar	tok
å treffe	treffer	traff
å være	er	var
å ville	vil	ville
å vite	vet	visste

Dando indicaciones (y recibiéndolas)

Unnskyld, hvordan kommer jeg til … / hvor ligger … / hvor er … ?

… skolen (3)?
Du går til venstre ved det første krysset (2). Ved det andre krysset (7) ser du skolen til høyre (3).

… parkeringsplassen (5)?
Du går til venstre ved det første krysset (2). Så går du rett fram. I rundkjøringen tar du første utkjørsel (4). Så ligger parkerings-plassen til høyre.

Ahora es tu turno:
- Hvor ligger restauranten (9)?
- Hvordan kommer man fra parkerings-plassen til parken (10)?
- Hvordan kommer man fra restauran-ten (9) til kinoen (8)?

en parkeringsplass	un aparcamiento
en rundkjøring [runn-]	una rotonda
en utkjørsel	una salida (carretera, autopista)
en restaurant [-rang]	un restaurante
en bar	un bar
en kino	un cine

1 Svar på spørsmålene. (Responde las preguntas.)

a) Hvor er Erna?

b) Hva vet du om turisten?

c) Hvorfor er Erna forvirret?

d) Hva slags minner har Erna?

e) Hvorfor kan hun ikke gå hjem?

2 Completa con *denne/dette/disse*.

Hva skal Erna kjøpe? Kanskje ... gulrøttene? Eller ... potetene?

... oppvaskbørsten er for dyr. Men hun skal i hvert fall kjøpe ... osten. Er ... brødet godt?

3 Hvordan var dagen din?

¿Recuerdas la rutina diaria que estableciste en el capítulo 7? Pon el texto en tiempo pasado.
Después escribe tu rutina del día de ayer – de nuevo en tiempo pasado.

4 Practica el *preteritum*.

Si no has aprendido aún el pretérito, deberías hacer también los ejercicios opcionales del capítulo 6 (núm. 8) y del capítulo 10 (núm. 4).

5 Escoge la forma correcta.

a) Er butikken (der/dit)?

b) Hvor er bakeriet? – Du må gå (nede/ned) denne gata.

c) Apoteket ligger (her/hit).

d) Kommer du (hjem/hjemme)?

e) Skal han vente (der/dit)?

f) Det er to senger her, men jeg vil ikke sove (oppe/opp).

g) Vi må sende (ut/ute) mange e-poster i dag.

h) Vil du gå (ut/ute) med oss på lørdag?

i) Må vi sitte (inn/inne) i dag?

j) I dag arbeider Stian (hjem/hjemme).

k) Kommer du (her/hit)?

l) Bakeriet er (der/dit) (borte/bort).

13

Erna sitter på en rolig kafé. Hun har nettopp drukket to kopper kaffe, og kaffen var sterk. Nå føler hun seg litt bedre.

«Vil du ha noe å spise også?»

Erna er litt usikker. Skal hun bestille noe? Hun kan ikke bare drikke kaffe. Hun har ikke spist ennå. «Ja, takk. Kan jeg få menyen?» «Ja, et øyeblikk.»

Servitøren kommer tilbake. Menyen er ikke særlig fristende. Hamburger, pizza, kjøttkaker, kylling. Har de ikke salater eller fisk? Jo, der: Dagens fisk med ris og grønnsaker. «Jeg tar dagens fisk», sier Erna til servitøren.

Hun venter på maten og ser ut av vinduet. Det snør nå, og det blåser ganske kraftig. Hun tenker på den unge mannen. Og så tenker hun på Susannes bursdag. Susanne likte ikke gaven. Det var en dum idé å gi henne nissen. Og det var en dum idé med papirlappen også. Hvorfor la hun

Og så tenker hun på Susannes bursdag.

lappen i nissen? Susanne vil aldri finne denne lappen! Men Erna vil absolutt gjøre noe med denne saken. Hun har aldri snakket om den. Hun har alltid ventet.

Det vil si – én person vet det. Hun må vite det. De har aldri snakket om det, men det med hytta var jo Heges idé.

en kafé	una cafetería, un café
nettopp [å]	justo, exactamente, efectivamente
å drikke, drakk, drukket [o]	beber, bebió, ha bebido
sterk [ær]	fuerte, potente
å bestille, bestilte	pedir, encargar; pidió, encargó
en meny	un menú
et øyeblikk	un instante, un momento
en servitør	un/a camarero/a
særlig [-li]	especial, particular; especialmente
fristende [-enne]	tentador/a
ei kjøttkake	una albóndiga, una hamburguesa
(en) fisk	(un) pescado
dagens fisk	el pescado del día
(en) ris	(un) arroz
å snø, snødde	nevar, nevó
å blåse, blåste	hacer/soplar viento, hizo/sopló viento
ganske	bastante
kraftig [-ti]	fuerte, vigoroso/a
en sak	un asunto, una cuestión
Det vil si ...	Eso significa/quiere decir ...
ei hytte	una cabaña

Hun har aldri stilt spørsmål. Men hun vet sikkert alt. Kanskje bør hun besøke Hege? Hun klarer det sikkert med Heges hjelp. Men Hege bor i Tromsø nå.

Papirlappen var en typisk Erna-idé: Man kan ikke både holde noe hemmelig og samtidig fortelle om det. Enten må hun snakke om teksten på lappen med familien eller holde det skjult for resten av livet.

Servitøren kommer med maten. «Vær så god!»

Erna begynner å spise, men maten smaker ikke.

Nå har hun levd med denne hemmeligheten i så lang tid. Og hun er gammel. 84 år. Hun føler seg frisk, men det er på tide å fortelle sannheten til familien. Eller er det allerede for sent?

«Kan jeg få regningen?»

«Så klart. Vil du betale kontant?»

«Nei, med kort.»

«Det blir 243 kroner.»

Erna slår koden, bekrefter og tar kvitteringen.

«Takk skal du ha. Ha en fin dag!» sier servitøren.

«Takk, i like måte. Ha det bra!» svarer Erna.

Erna går ut av kaféen. Det har snødd i mange timer, og det er vanskelig å gå. Hun må være forsiktig.

å stille, stilte spørsmål	hacer, hizo preguntas; preguntar, preguntó
å besøke, besøkte	visitar, visitó
å klare, klarte	conseguir, consiguió
Tromsø	*Ciudad del norte de Noruega*
typisk	típico/a
både – og	tanto – como
å holde, holdt, har holdt [hålle]	sostener, sostuvo, ha sostenido
hemmelig [-li]	secreto/a
samtidig [-di]	simultáneo; simultáneamente, al mismo tiempo, a la vez
å fortelle om, fortalte om [får-]	contar (sobre), contó (sobre)
enten – eller	o – o
en tekst	un texto
skjult	oculto/a, escondido/a, latente
en rest	un resto, un retazo
resten av	el resto de
et liv	una vida
vær så god	por favor
å smake, smakte	saber, supo; probar, probó
en hemmelighet	un secreto
en tid	un tiempo, una hora
v	es la hora/el momento de …
en sannhet	una verdad
sent, for sent	tarde, demasiado tarde
en regning [ræj-]	un cálculo, una factura, una cuenta
så klart	por supuesto
det blir …	Eso hacen …
å bekrefte, bekreftet	confirmar, confirmó
ha en fin dag	que tengas un buen día
en time	una hora

Tiempo y hora

Klokka er 14.30.

14.20	→ for ti minutter (*minutos*) siden
14.40	→ om ti minutter
fra kl. 14.20 til kl. 14.30	→ i ti minutter

Considera esto junto con lo que has aprendido acerca del *preteritum* y lo que vas a aprender sobre el *perfektum*:

Jeg har ventet på deg i ti minutter. → Empecé a esperar a las 14:20 y aún sigo esperando.
Jeg ventet på deg i ti minutter.   → Empecé a esperarte, digamos, a las 14:15, y llegaste a las 14:25.

Siendo educado

Como te dije anteriormente, no hay ninguna palabra para decir **por favor** en noruego. Al mismo tiempo, hay muchas maneras de decir **gracias** (mira el capítulo 3). Cuando pides algo, hay varias formas de ser educado sin usar la palabra **por favor**:
*   haciendo una pregunta:
    Kan jeg få menyen?
    en lugar de ~~Jeg vil få menyen~~.
*   usando **kunne** (pretérito de **kan**):
    Kunne jeg få menyen? Kunne du hjelpe meg?
    Esto es más cortés que sólo emplear **kan**.
*   usando **gjerne**:
    Jeg vil gjerne ha en kopp kaffe.
    en lugar de ~~Jeg vil ha en kopp kaffe~~.
*   usando **vennligst** o **vær så snill**:
    Vennligst legg igjen en beskjed etter pipetonen. (Por favor, deja un mensaje después de la señal.)
    Vær så snill og hjelp meg.
    Esto es casi lo mismo que **por favor**, pero sólo lo usamos en situaciones formales o en el noruego escrito.
*   diciendo **takk** justo después de pedir algo:
    Jeg vil gjerne ha et glass vann, takk.

Los noruegos tienen una expresión para decir **de nada/no hay de qué**:
    Vær så god!
Así que siempre que los noruegos te digan que es más fácil ser cortés en inglés, tú deberías discrepar. ¡Hay muchas maneras de ser educado!

Perfektum

¿Recuerdas el *preteritum*? Hay también algo similar al *pretérito perfecto compuesto*, en noruego, que llamamos *perfektum*. Va a resultar bastante fácil, dado que ya conoces el *preteritum*. Básicamente lo que haces es combinar **har** + *perfektum*. Ahora todo lo que tienes que saber es la forma de *perfektum* de cada verbo. Primero, malas noticias: si el verbo es irregular, tienes que aprendértelo de memoria. Lo siento. Las formas están en la siguiente página.

Sin embargo, si el verbo es regular, entonces es muy, muy simple obtener el *perfektum* desde el *preteritum*. Todo lo que tienes que hacer es coger la forma de *preteritum* y quitar la **-e** final. ¿Y cuando no hay **-e** final, como en **våknet**? Bueno, entonces no tienes que cambiar nada en absoluto. ¡Eso es todo al respecto!

terminación –et: å våkne → jeg har våknet
terminación –t: å spise → jeg har spist
terminación –d: å leve → jeg har levd
terminación –dd: å bo → jeg har bodd

¿Por qué necesitamos, en realidad, el *perfektum* si ya tenemos el *preteritum*? La regla principal aquí es: si las cosas que sucedieron tienen alguna relación con el presente, entonces usamos el *perfektum*.

Mira algunos ejemplos del texto:
    Erna har drukket to kopper kaffe.
    → Nå føler hun seg litt bedre.
Aquí usamos el *perfektum* porque que Erna bebiese café en el pasado tiene un efecto en el presente (ella se siente mejor ahora).

    Hun har ikke spist ennå.
La relación con el presente no está en el texto, pero obviamente está ahí: a Erna le gustaría pedir algo de comida, así que el hecho de que no haya comido aún describe su situación actual.
Esta "relación con el presente" puede también significar que una acción que comenzó en el pasado aún continúa:
    Hun har alltid ventet.
... y aún está esperando.

Compara esto con las situaciones en las que usamos el *preteritum*:
    Susanne likte ikke gaven.
Esto sucedió en su cumpleaños, pero no tiene efecto en el presente.

Por supuesto, a veces (en realidad, bastante a menudo), puede haber bastante debate sobre si hay o no alguna relevancia en el presente. Por ejemplo, fíjate en la siguiente oración:
    Det var en dum idé å gi henne nissen.
Si Erna está sólo exponiendo un hecho, entonces el *preteritum* es una buena elección (no tiene relevancia en el presente). Pero Erna puede preguntarse a sí misma si debería darle a Susanne otro regalo, entonces, el *perfektum* sería una mejor elección.
Pero no hay necesidad de convertir esto en una ciencia. A menudo escucharás a noruegos haciendo la elección "incorrecta", así que no nos dejemos llevar demasiado, ¿vale?

La única cosa que en realidad deberías recordar es la siguiente:

Ida og Per har vært gift i tre år.
Perfektum – ellos aún están casados.

Ida og Per var gift i tre år.
Preteritum – el matrimonio ha terminado.

Para resumir, usamos...

Preteritum
- cosas que ya han terminado
- cuando decimos a qué hora ha pasado algo

Perfektum
- cosas que aún están pasando
- cosas que tienen una relación con el presente

Verbos irregulares

å bære	har båret	å kunne	har kunnet
å bli	har blitt	å ligge	har ligget
å burde	har burdet	å måtte	har måttet
å dra	har dradd/dratt	å se	har sett
å drikke	har drukket	å sette	har satt
å drive	har drevet	å sitte	har sittet
å få	har fått	å skrive	har skrevet
å finne	har funnet	å skulle	har skullet
å forstå	har forstått	å slå	har slått
å fortelle	har fortalt	å sove	har sovet
å gå	har gått	å spørre	har spurt
å gi	har gitt	å stå (opp)	har stått (opp)
å gjenta	har gjentatt	å ta	har tatt
å gjøre	har gjort	å treffe	har truffet
å ha	har hatt	å være	har vært
å hjelpe	har hjulpet	å ville	har villet
å komme	har kommet	å vite	har visst

Comiendo fuera

Muy a menudo, no hay camarero en los restaurantes noruegos: vas al mostrador y pides allí tu comida. En este caso, no es común dejar propina. De lo contrario, dar propina no es obligatorio, pero puedes redondear un poco al alza si el servicio ha sido bueno.

En las universidades y otras grandes empresas, hay una cafetería (**kafeteria**), en la que normalmente se sirve comida caliente también. Pero para el almuerzo, muchos noruegos prefieren un tentempié traído de casa (llamado **matpakke**), p. ej. un sándwich o una ensalada.

Puede que hayas notado que los precios en los restaurantes pueden ser extremadamente altos. Pero antes de las 18:00, muchos restaurantes tienen ofertas especiales, así que puede ser útil considerar una cena temprana.

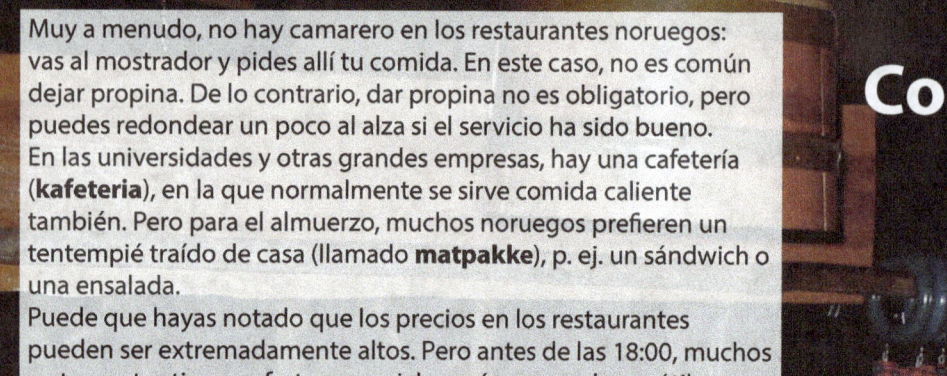

Observa las siguientes frases y encuentra una respuesta adecuada:

Har du et ledig bord for fire personer?	Ja. Kan vi få menyen?
Kan vi sitte her?	Selvfølgelig. Det er mulig.
Vil dere spise?	Jeg tar et glass øl, takk.
Kan du anbefale noe?	Nei, dessverre.
Hva vil du drikke?	Ja, det kan du. Hvordan vil du betale?
Har dere italiensk rødvin?	Ja, selvfølgelig.
Er det mulig å få dagens suppe uten kjøtt?	Ja, men den står ikke på menyen.
Er det svinekjøtt i denne retten?	Ja, her ved vinduet.
Har dere vegetariansk mat også?	Nei, bare kylling.
Kan jeg få regningen?	Ja, dagens fisk, for eksempel.

ledig [-di]	libre, disponible
å anbefale, anbefalte	recomendar
(en) rødvin	vino tinto
en rett	un plato
vegetariansk	vegetariano/a
en regning [ræj-]	una cuenta
(et) øl	cerveza
en øl	una cerveza
dessverre [-ærre]	desgraciadamente

1 Responde las preguntas.

a) Hvor er Erna?

b) Liker hun menyen?

c) Hva bestiller hun?

d) Hva vil hun klare med Heges hjelp?

e) Har hun snakket om hemmeligheten med Hege?

f) Hvorfor er det på tide å snakke om hemmeligheten?

g) Hvordan betaler Erna?

h) Hvorfor må hun gå forsiktig?

2 Relaciona comidas que tengan sentido. Usa un diccionario para buscar las palabras que no entiendas. Hay varias posibilidades dependiendo de tus gustos.

potetsalat	med	potetmos
råkost	med	grønnsaker og potet
kokt laks	med	ertestuing, brun saus og potet
kjøttkaker	med	fiskegrateng
stekte pølser	med	kylling
svinekotelett	med	kald roastbeef
ris og salat	med	potet og agurksalat

3 Escribe las siguientes oraciones en *perfektum*.

a) Per våkner.

b) Maria kommer til kaféen.

c) Hun spiser sjokolade.

d) Hun begynner ikke å arbeide.

e) Stefan åpner vinduet.

f) Han sender en e-post.

g) Susanne får en gave.

h) Hun går på Internett.

i) Jeg tar bussen kl. 6.40.

j) Jeg venter i en time.

k) De ser ikke det grønne huset.

l) Jeg gjør mye i dag.

m) Martha bor i Bergen.

n) Hun sier ikke mye.

o) Jeg spør etter veien.

p) Jeg ser det på TV.

q) Jeg hører deg.

r) Stefan slutter å arbeide.

s) Han snakker med meg.

t) Barnet prøver å gjemme seg.

u) Nils føler seg bedre.

v) Jeg lytter på radio.

w) Pål skriver ei bok.

x) Det snør i to timer.

y) Erna kjøper mat.

z) Familien kommer på besøk.

æ) Hun betaler 345 kroner.

ø) Jeg drar til Oslo.

å) Mannen står på fortauet.

4 Tor no es un hombre muy educado. ¿Cómo podría decir las siguientes frases de una forma más educada?

a) Du må hjelpe meg.

b) Kom til meg.

c) Jeg vil ha en kopp kaffe.

d) Gi meg menyen.

e) Nå betaler jeg.

5 Elimina las expresiones subrayadas y transfórmalas en expresiones con *i/om/for ... siden* y *timer/dager ...*

Det er onsdag. Klokka er 17.00.

a) <u>Kl. 19.00</u> skal jeg treffe en venn.

b) <u>Kl. 16.00</u> var jeg ferdig på jobben.

c) <u>På fredag</u> skal jeg reise til Oslo.

d) <u>På lørdag, søndag og mandag</u> skal jeg være i Oslo.

e) <u>På mandag</u> var jeg i Bergen.

f) <u>Fra kl. 20.00 til kl. 22.00</u> skal jeg snakke med Tor.

g) <u>Kl. 23.00</u> skal jeg legge meg.

6 Intenta decir las siguientes oraciones una vez más, empleando tus propias palabras. No utilices las palabras subrayadas.

Eksempel: Maten er ikke særlig <u>god</u>.

→ *Maten er ikke særlig fristende.*

a) Dagens suppe er ikke <u>veldig</u> dyr. →

b) Det er <u>helt</u> rolig i huset. →

c) Den unge mannen <u>stiller mange spørsmål</u>. →

d) Erna har <u>skjult</u> papirlappen i Nils. →

e) Det <u>stemmer</u> ikke. →

f) Jeg har <u>levd</u> i Oslo i 20 år. →

g) <u>Vær så snill</u> å gi meg menyen. →

h) Det <u>blir</u> 340 kroner. →

i) Han <u>bærer</u> en eske. →

j) Maten koster <u>rundt</u> 200 kroner. →

k) <u>Deretter</u> skal jeg legge meg. →

l) Erna er <u>norsk</u>. →

7 ¿Qué partes del cuerpo hacen qué? (Busca las palabras que no conozcas.)

Eksempel: ei hånd (hender) – å gripe

→ *Med hendene kan man gripe.*

et øye (øyne)	å se
en fot (føtter)	å gå
en nese	å nikke
en finger	å spise og å drikke
en munn	å føle
ei tunge	å tenke
et øre	å smake
et hode	å puste
en hjerne	å lukte
en lunge	å bite
en tann (tenner)	å høre
en hud, en finger	å gripe

14

Natten har vært tung. Nils har følt seg veldig syk. Men nå er han mye bedre. Magen har sluttet å gjøre vondt, og han er ikke kvalm lenger.

Det er ganske sent. Nils hører verken Lars eller barna, de har gått på skolen og på jobb. Bare Lise er hjemme. Hun er på badet, og man hører dusjen. Etterpå pusser hun tennene. Så kommer hun ut av badet. Hun bærer ei bøtte med vann. På kjøkkenet begynner hun å vaske gulvet. Så går hun tilbake til badet med bøtta, tømmer den i doen og tar støvsugeren ut av et skap. Støvsugeren bråker forferdelig. Nils klarer nesten ikke å vente til hun er ferdig. Endelig slår Lise av støvsugeren.

Hva skjer nå? Lise kommer tilbake og begynner å rydde. Å nei, tenker Nils. Kommer hun med en eske? Han er nervøs. Men Lise tar bare ei bok fra bordet og setter den inn til de andre bøkene i hylla. Så tar hun koppene, knivene, gaflene, skjeene, tallerkenene og glassene og setter dem i oppvaskmaskinen. Etter det

Lise kommer tilbake og begynner å rydde.

støvsuger hun i stua og i gangen. Det tar lang tid.

Så kommer hun tilbake og ser på Nils.

Med et fast grep tar Lise ham, går inn i stua, setter seg på sofaen sammen med Nils og slår på TV-en.

hjemme [je-]	en casa
ei bøtte	un cubo
å tømme, tømte	vaciar, vació
en do	un retrete, un excusado
en støvsuger	un(a) aspirador(a)
å bråke, bråkte/bråket	hacer ruido, hizo ruido
til	*aquí:* hasta
å skje, skjedde	suceder, ocurrir; sucedió, ocurrió
nervøs [nær-]	nervioso/a
ei hylle	un estante, una estantería
et grep	un agarre
fast	fijo/a, permanente

Comparativos

Comparar cosas no es muy difícil en noruego:

I Trondheim er det kaldere enn i Oslo.

Todo lo que haces es añadir **-ere** a un adjetivo. Por suerte, la nueva forma **kaldere** (llamamos a esta forma el *comparativo*) es la misma para todos los géneros y números:
Den er kaldere/det er kaldere/de er kaldere ...

Siempre que hay una regla, hay una excepción. A algunos adjetivos no se les puede añadir **-ere**. En su lugar, utilizan la palabra **mer** para comparar:
Min leilighet er mer moderne enn din leilighet.

Este es el caso de
* adjetivos largos, normalmente propios de otros idiomas, como **moderne**, **interessant**
* adjetivos largos que acaban en **-sk**: **politisk**, **skandinavisk**
* adjetivos derivados de un verbo: **skuffet** (viene de **å skuffe**)
* ...y adjetivos acabados en **-s**, pero éstos son muy raros. Así que olvida este caso

A veces usamos el comparativo sin realmente comparar nada:
en eldre mann
Podríamos decir **en gammel mann**, pero queremos ser más educados. Para entender mejor este concepto, piensa en ello como si estuviésemos comparando algo con lo que es *la media* o *normal*:
en eldre mann → mayor que un hombre de edad media

Superlativos

El *superlativo* es tan fácil como el *comparativo*.
En lugar de **-ere** (comparativo), usamos **-est**:

kald - kaldere - kaldest

Para esos adjetivos que usan **mer** en comparativo, usamos **mest** en superlativo:

moderne - mer moderne - mest moderne

Los adjetivos acabados en **-ig** reciben sólo una **-st** final:

viktig - viktigere - viktigst

Algunos libros de texto noruegos escriben **den kaldeste** en lugar de **kaldest**. Técnicamente esto no es 100% correcto – la razón es únicamente que **den kaldeste** es la forma definida, la cual casi siempre usamos con el superlativo. ¿Por qué? Bueno, puede haber muchos *corredores veloces*, pero sólo uno de

ellos es *el más veloz*, y precisamente porque él ostenta el récord, no es *cualquier* corredor, sino uno bien conocido, por lo que usamos la *forma definida*.
A pesar de todo, este no siempre es el caso. Mira los siguientes ejemplos:
Oslo er den største byen i Norge.
Pero:
Oslo er størst.
En la primera oración, **største** está describiendo **byen**. Sin embargo, en la segunda oración, el adjetivo **størst** viene después de la palabra que está describiendo (en este caso **Oslo**). Y siempre que sea éste el caso, usaremos el adjetivo en la *forma indefinida*, ¿verdad?
(Si has olvidado esto, revisa el capítulo 11.)

Desafortunadamente hay algunos adjetivos irregulares, también. Los tendrás que aprender de memoria. ¡Lo siento! Los encontrarás en la siguiente página.

Adjetivos irregulares

¡Apréndetelos!

få	færre	færrest
bra/god	bedre	best
gammel	eldre	eldst
lang	lengre	lengst
lite(n)	mindre	minst
mange	flere	flest
mye	mer	mest
stor	større	størst
tung	tyngre	tyngst
ung	yngre	yngst
ille/ond/vond	verre	verst

enn/som

Un último apunte sobre comparar cosas. Cuando hay una diferencia, usamos el *comparativo* y **enn**:

Oslo er større enn Bergen.   Oslo es más grande que Bergen.

Cuando no hay diferencia, entonces usamos **like/så** y **som**:
Skien er like stor som Sarpsborg.   Skien es tan grande como Sarpsborg.
Skien er så stor som Sarpsborg.

Tareas del hogar

Hva må hun gjøre?

Hun må ...
... vaske gulvet.
... mate katten.
... leke med barnet.
... ringe tante Hilde.
... stryke klær.
... gå en tur med hunden.
... vaske klær.
... feie trappa.

å mate, matet	alimentar, dar de comer
en katt	un gato
å stryke, strøk, har strøket	planchar
å gå en tur, gikk, har gått	dar un paseo
en hund [hunn]	un perro
å feie, feide [æ]	barrer
ei trapp	una(s) escalera(s)

1 ¿Infinitivo con o sin *å*? Revisa las explicaciones del capítulo 6 si no estás seguro.

a) Kan du (å) snakke fransk?
b) Liker du (å) lage mat?
c) Mia prøver (å) skrive norske tekster.
d) Har du prøvd (å) ringe meg?
e) Skal jeg (å) hjelpe deg med oppvasken?
f) Min far begynner (å) arbeide kl. 7.00.
g) Hva vil du (å) ha til middag?
h) I går måtte vi (å) dra til legen med sønnen vår.
i) Han kan ikke (å) se.
j) Jeg vil (å) reise til Amerika.
k) Er du glad i (å) lage mat?

2 Completa con un verbo modal en su forma correcta.

I dag ... Stefan rydde opp. Det ser ikke bra ut på rommet hans. Telefonen ligger på gulvet, og man kan nesten ikke se ut av vinduene. Først ... han vaske vinduene. Men han ... ikke åpne dem. Det snør ute! Derfor begynner han med gulvet. ... han bare støvsuge, eller ... han også vaske gulvet? Marit, Stefans kone, sier: «Du ... også vaske, ikke bare støvsuge.»

3 ¡Hora de repasar! Escribe el siguiente texto en *preteritum*.

Det er ganske sent. Nils hører dusjen. Lise pusser tennene. Så kommer hun ut av badet. Hun bærer ei bøtte med vann. På kjøkkenet begynner hun å vaske gulvet. Så går hun tilbake til badet med bøtta, tømmer den i doen og tar støvsugeren ut av et skap. Støvsugeren bråker forferdelig. Endelig slår Lise av støvsugeren. Med et fast grep tar Lise Nils, går inn i stua, setter seg på sofaen sammen med Nils og slår på TV-en.

4 ¿Has revisado tu vocabulario? Rellena los espacios en blanco.

Stian ... kl. 5.00. Han hadde veldig ... i magen, og ... var kvalm. ... skulle han gjøre?

Han sto ... Skulle han vente? Han prøvde å ... ei bok. Men ... ble bare verre.

Han måtte snakke ... en lege. Kl. 7.00 ringte han til legekontoret.

Han sa: «Hei, jeg ... Stian Jensen. Jeg føler ... kvalm, og jeg ... veldig vondt i magen.»

«Har du ... i brystet også?»

«Nei, det har jeg ....»

«Det er bra. Kan ... komme kl. 9.30?»

«Ja, ... kan jeg.»

«Takk, ha det ...!»

Nå er Stian ... legen. Legen trykker ... magen og sier:

«Gjør det vondt her?»

«Ja, litt.»

«Kan du ... munnen?»

Stian åpner munnen.

Legen sier: «Temperaturen er normal. Du har spist ... galt. Legg deg i senga og vent ... i morgen, så blir det ...»

Por qué tu noruego es aún malo
(aunque estés leyendo este libro)

Con nuestros nuevos estudiantes en Skapago, casi siempre comenzamos trabajando en la pronunciación. ¿Por qué? Bueno, sinceramente: porque la pronunciación de la mayoría de los estudiantes suele ser bastante mala. Pero eso es normal, porque somos una escuela de idiomas y es por eso que la gente viene a nosotros: para aprender.

Sin embargo, esto no sólo se aplica a los principiantes. También tenemos estudiantes avanzados con un gran entendimiento del vocabulario y la gramática, pero que tienen un acento extranjero muy pronunciado.

Ahora podrías decir que depende de dónde sean los estudiantes y que algunos simplemente tienen un acento muy marcado. Te equivocas. La razón por la que la gente tiene una mala pronunciación es porque no ha trabajado lo suficiente en ello. Así que, ¿por qué no trabajan los estudiantes en la pronunciación? Y, ¿por qué deberían? Déjame responder a la primera cuestión primero.

- Los malentendidos son mucho más frecuentemente debidos a errores de pronunciación que a errores gramaticales.
- Tu comprensión auditiva depende de tu pronunciación. Entrenas tu oído para distinguir entre sonidos que no te son familiares. Por ejemplo, en noruego es muy importante saber la diferencia entre U, Y, e I.
  - Los hablantes nativos se reirán de ti.

Este último tema es más importante de lo que puedes pensar. Científicos han demostrado que los hablantes nativos, inconscientemente, consideran que las personas con un fuerte acento extranjero son menos inteligentes. Sé honesto: ¿nunca has visto "Los Simpson" y te has reído del acento de Apu?

Como estudiante, sientes que los hablantes nativos piensan de esa manera, incluso si no quieren – así que te frustrarás. Sin saberlo, vas a pensar "¡Estos noruegos arrogantes! ¡Estoy harto de ellos!". ¿Y cuál es la consecuencia? Que no quieres ser uno de ellos, no deseas hablar como ellos, o tener el acento correcto.

Así que aquí se crea un círculo vicioso: Tienes mala pronunciación porque en el fondo de tu corazón, no quieres ser noruego. Por eso, los noruegos no te tratan como a uno de ellos. Por eso, piensas que son arrogantes. Por eso, no quieres ser como ellos. Por eso, tienes mala pronunciación.

Así que ahora ya conoces la razón por la que la gente no trabaja en su pronunciación.

De algunos profesores puedes escuchar que el acento extranjero es una cuestión de edad. Estoy totalmente en desacuerdo. No es una cuestión de edad. La manera en que hablamos – nuestra pronunciación – es un componente esencial de nuestra identidad personal. Muchos adultos han formado un vínculo tan fuerte con su primera cultura que tienen miedo de perder su identidad cuando cambian su pronunciación, p. ej. cuando aprenden un segundo idioma. Sólo si entiendes que éstos son miedos infundados, serás capaz de aprender bien un nuevo idioma. ¿Y por qué son estos miedos infundados? Bien, tu "nueva" identidad no reemplazará tu "antigua" identidad, sino que la realzará. Como el filósofo y político checo Tomáš Garrigue Masaryk dijo: "Tantos idiomas conoces, tantas personas eres".

Así que, ya ves, la pronunciación es de lejos un problema más importante que muchos otros que puedas tener con el aprendizaje. Tendrá un impacto en tu autoestima, en tu afecto cultural hacia Noruega, y en tu relación con los hablantes nativos. Pero la buena noticia es: puedes mejorar todo esto simplemente con mejorar tu pronunciación. ¡Así que empecemos ahora mismo! Puedes encontrar consejos en www.skapago.eu/nils, y si tienes preguntas, por favor, envía un correo electrónico a Nils (nils@skapago.eu).

15

hvor er det blitt av ...	¿Qué ha sido de ... ?
kjempe-	muy, verdaderamente *(para enfatizar)*
kjempefin	maravilloso/a, muy bueno/a
en TV-serie	una serie de televisión
en fjernkontroll [fjærnkontråll]	un mando a distancia
å være spent	estar ansioso/a
å finne fram noe	encontrar algo
en boks [å]	una caja, un bote
nok [å]	*aquí:* probablemente
en knapp	un botón
forbauset	asombrado/a, sorprendido/a
en skjerm [æ]	una pantalla
altså	por (lo) tanto, por consiguiente, pues
gøy	divertido/a
å ha det gøy	divertirse, pasarlo bien
å le, ler, lo, har ledd	reír, ríe, rió, ha reído
å kjede seg, kjedet	aburrirse, se aburrió
interessant	interesante
å synes, syntes	opinar, pensar, creer; opinó, pensó, creyó
over [å]	sobre
en reklame	un anuncio
å bytte, byttet	(inter)cambiar, (inter)cambió
en kanal	un canal, un canal de televisión
å bytte kanal	cambiar de canal (de televisión), cambió
bak	detrás
å forsvinne, forsvant, har forsvunnet [får-]	desaparecer, desapareció, ha desaparecido
å lese, leste	leer, leyó
langsomt [å]	aburrido/a
en nyhet	una noticia
kveldsnyhetene [kvell-]	las noticias de la tarde/ noche
Vi ses! = Vi sees!	¡Nos vemos!
halv [hall]	medio/a

«Sånn, Nils, nå skal vi se 'Hotell Augustus'. Det er en kjempefin TV-serie. Hvor er det blitt av fjernkontrollen?»

Nils er spent. Hva kommer til å skje? Hva er en fjernkontroll? Og hva gjør man egentlig med en TV?

Lise finner fram en liten, svart boks – det er nok fjernkontrollen – og trykker på en knapp. Nils er forbauset. Han ser bilder på skjermen! Dette er altså «å se på TV». Lise har det gøy. Hun ler ofte. Men Nils kjeder seg. Historien er ikke interessant, synes han. Han forstår ikke alt. Må han nå vente foran TV-en til historien er over?

«Nå kommer det reklame. Da bytter vi kanal», sier Lise. Hun trykker på en knapp på fjernkontrollen, og bildet forsvinner. Nå

Han vil så gjerne bytte kanal.

ser man en gammel mann. Mannen sitter bak et bord og leser noe. Så ser han opp og sier langsomt: «Det var kveldsnyhetene for i dag – vi ses igjen i morgen klokka halv sju.» Mannen er borte igjen. Nå ser man et stort kjøkken. Ei dame står ved

119

komfyren. Hun legger kjøtt og grønnsaker i ei stor panne. «Hei og velkommen til 'Veras kjøkken'», sier hun.

Da ringer telefonen. Lise står opp fra sofaen og går raskt ut i gangen.

«Hei, det er Lise ... Marit! Takk for sist! Så hyggelig å høre fra deg igjen.»

Nils ser mot gangen. «Veras kjøkken» er også ganske kjedelig. Han vil så gjerne bytte kanal. Vil Lise huske at de har sett på «Veras kjøkken»?

Nils nøler litt – men så tar han sjansen.

Han trykker på fjernkontrollen. «Veras kjøkken» er borte.

ei panne	una sartén
velkommen til ... [å]	bienvenido/a a ...
raskt	rápido/a
å nøle, nølte	vacilar, titubear; vaciló, titubeó
en sjanse	una oportunidad, una ocasión
å ta sjansen	arriesgarse

synes – tro

```
Boka er god, synes jeg.  = Jeg har lest boka.
Boka er god, tror jeg.   = Jeg har ikke lest boka.
```

Usamos **synes** cuando expresamos una opinión. Sin embargo, usamos **tro** cuando queremos decir que no estamos seguros sobre una parte de la información, p. ej. cuando *creemos*, pero *no lo sabemos*.

kommer til å ...

En el capítulo 11 aprendiste algunas maneras de expresar el *futuro*. Aquí hay otra, muy común en el noruego hablado.

Hva kommer til å skje?   ¿Qué va a suceder?

= Hva vil skje?

Usamos esta expresión para decir que algo va a suceder y no podemos cambiarlo.

Vi kommer alle til å dø.

(Vale, es un ejemplo un poco drástico, pero es la verdad, ¿no?)

Adverbios

A lo largo de los últimos capítulos he estado hablando mucho sobre adjetivos. Recordarás que los adjetivos describen cosas o personas. Por ejemplo, los colores son adjetivos típicos. Ahora, observa la siguiente oración:

> Lise går raskt ut i gangen.

Con todo el entrenamiento gramatical que tienes a tus espaldas, deberías haber notado una cosa extraña: ¿por qué hay ahí una **-t** final en la palabra **raskt**?
Tu primera suposición es probablemente que se trata de un adjetivo describiendo una cosa de género neutro – recordarás que a los adjetivos se les añade una **-t** final cuando describen una cosa de género neutro, ¿verdad?
Bien, ¿qué podría ser de género neutro en esta oración? La simple respuesta es: nada de nada. **Lise** es femenino (ninguna duda sobre ello) y **gangen** es masculino.

Para hallar la respuesta a este misterio, te haré una pregunta: ¿Qué cosa (o persona) describe **raskt**?
Definitivamente no **gangen**, pero se podría pensar que se trata de **Lise**. Desgraciadamente, esa respuesta es incorrecta. Échale un segundo vistazo: la oración no está diciendo que Lise *sea* rápida, sino que describe cómo *anda*. Así que, de nuevo, ¿qué cosa o persona describe raskt?

Y la respuesta es: **raskt** describe el verbo **går**. Así que dado que no está describiendo una cosa o persona, no es un adjetivo. Es un *adverbio* (fácil de recordar: los *adverbios* describen verbos y los *adjetivos* describen *objetos* y *sujetos*).

Muy a menudo podemos formar adverbios a partir de adjetivos. **Rask** es un buen ejemplo. Puedo decir:

en rask bil	(adjetivo)
et raskt fly	(adjetivo)

Pero:

Lise går raskt.	(adverbio)

Así que si queremos formar un adverbio a partir de un adjetivo, simplemente usamos la forma neutra de ese adjetivo (que generalmente, pero no siempre, acaba en **-t**).

Un último apunte sobre este tema: no hay adverbios después de **å være**. Por definición, todo lo que explica cómo **es** algo, debe ser un adjetivo. Compara:

Susanne går raskt.	(adverbio)
Susanne er rask.	(adjetivo)

Susanne er rask.   Susanne går raskt.

Medios de comunicación

El uso de los medios de comunicación varía mucho entre generaciones. Algunas de las siguientes frases se aplican a Erna, algunas a Susanne – algunas tal vez a las dos.

Intenta responder las siguientes preguntas:
- Hva gjør Susanne?
- Hva gjør Erna?
- Hva gjør du?

Hun leser avisa hver dag.
Hun sender tekstmeldinger til en venn.
Hun chatter med ei venninne.
Hun lytter på radio.
Hun leser ei bok om kvelden.
Hun er på Facebook.
Hun går på kino.
Hun ser TV-serier på datamaskinen.
Hun lytter på musikk på nettet.

en tekstmelding [-melling]	un mensaje de texto (sms)
å chatte [æ]	chatear (por internet)
ei venninne	una amiga
en radio	una radio
(en) musikk	(una) música
«nettet»= (et) Internett	internet

1 Forma oraciones. Pon el verbo en *preteritum* y añade un adverbio.

Eksempel: han, å gå, rask → Han gikk raskt.

a) turisten, å spørre, høflig

b) hun, å bevege seg, rar

c) Susanne, å snakke, frekk

d) Lise, å gå, rask

e) Fredrik, å arbeide, god

f) de, å gå, lang

2 ¿Adjetivo o adverbio? Usa la forma adecuada.

a) En lærer snakker (høflig) med Susanne. Den (høflig) læreren sier: «Du arbeider (rask), Susanne.» Læreren er (god). Han forklarer (god).

b) Hvorfor snakker denne mannen så (rar)? Han må være (gal).

c) Er klokka 19.00 allerede? Nei, klokka går (gal).

3 Relaciona las palabras que tienen un significado opuesto.

interessant	foran
huske	ned
dyr	gammel
bak	kjedelig
opp	rask
langsom	glemme
ung	billig

4 Conecta las palabras de la columna izquierda con las de la derecha para que formen oraciones con significado.

På kjøkkenet	er av tre.
Gulvet i gangen	teppe til stua.
Vi må kjøpe et nytt	er det to senger.
Oppvaskmaskinen	man bakgården.
På dette soverommet	i det lille skapet ved døra.
Fra vinduet ser	i sofaen i stua?
Vil du sitte	er ødelagt.
Glassene er	har vi en stor komfyr.

5 Hvilket TV-program liker du? Hvorfor?
¿Qué programa de televisión te gusta? ¿Por qué?

6 Completa con *synes* o *tro*.
a) Disse møblene er fine, ... jeg.
b) Telefonen ringer. Hvem er det? – En kunde, ... jeg.
c) Hvor er saksa? – Den ligger på bordet, ... jeg.
d) Han ... det var en dårlig idé.
e) Når sendte han denne e-posten? – I går, ... han.
f) Hva gjør Marthe? – Jeg ... hun er kokk.
g) Er hun en god kokk? – Ja, det ... jeg.

16

Nå ser Nils noe helt annet på TV. De nye bildene er fantastiske. Kameraet står på et høyt fjell. Man ser ned på en lang fjord og noen små øyer. Midt på ei lang øy ligger en ganske stor by. Nils er begeistret. Landet på TV-skjermen er fantastisk. Han ønsker å besøke et slikt land.

Bildet fra det høye fjellet er nå borte. Nils ser – en nisse! Han har aldri sett en annen nisse før. En mann forteller: «I dette landet bor nissene. En nisse er vanligvis ganske snill.» Nils er enig. Han er virkelig snill, tenker han.

Han må bli kjent med dette landet!

Mannen fortsetter: «Men noen nisser er ikke snille. Man må behandle nissene godt. Ellers kan de skade menneskene. Den moderne julenissen er en blanding av Sankt Nikolaus og den norske nissen.»

Da bestemmer Nils seg: Han må bli kjent med dette landet! Men hvor er dette landet? Han må finne Emil. Emil vet så mye – han har sikkert en idé. Lise må ikke se ham – men det glemmer han helt. Heldigvis er hun veldig opptatt med å snakke i telefonen.

fantastisk	fantástico/a
et kamera	una cámara
høy	alto/a
et fjell	una montaña
en fjord [fjor]	*un fiordo*
ei øy	una isla
begeistret [æi]	entusiasmado/a, encantado/a
et land [lann]	*aquí:* un paisaje, una tierra; *también:* un país
å ønske, ønsket	desear, deseó
vanligvis [-livis]	normalmente, generalmente
snill	amable, generoso/a
å være enig [eni]	estar de acuerdo
virkelig [-li]	real, verdadero/a, realmente, de verdad
å fortsette, fortsatte, har fortsatt [fårtsj-]	continuar, continuó, ha continuado
å behandle, behandlet [-hannle]	manejar, manejó
å skade, skadet	dañar, dañó
en julenisse	*una criatura mitológica noruega similar a Papá Noel*
en blanding [blanning]	una mezcla
å bestemme seg, bestemte	decidirse, se decidió
å bli kjent (med)	llegar a conocer, llegó, ha llegado
heldigvis [-divis]	afortunadamente, por suerte
opptatt [å]	ocupado/a

annen

Annen tiene dos significados: *segundo* y *otro*.

    en annen nisse   otro duende

    det andre huset til venstre   la segunda casa a la izquierda

Estas son las formas para **annen**:

    en annen kopp

    ei anna dør

    et annet vindu

    mange andre kopper/dører/vinduer

    den andre koppen/døra ...

¡Pregunta para los amantes de la gramática!

    Nå ser Nils noe helt annet.

¿Por qué usamos la forma neutra **annet** aquí?

Para responder a esta pregunta, debes descubrir qué palabra describe **annet**.
Obviamente ésta es **noe**. Dado que **noe** es neutro, debemos usar **annet**.

noen + sustantivos

Has aprendido que **noe** significa *algo* y **noen** significa *alguien*. **Noen** también puede
significar *algunos/algunas* cuando lo combinamos con sustantivos en plural:

    noen små øyer   algunas pequeñas islas

Aprenderás más sobre **noe** y **noen** en el capítulo 18.

Været (El tiempo)

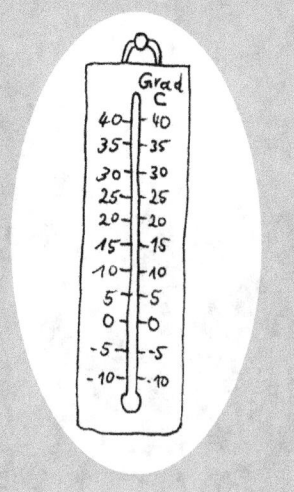

Temperatur = *Temperatura*
Podemos usar grados Celsius y decir, por ejemplo:
Det er 15 grader i dag.
Usamos varias palabras para diferenciar entre
grados Celsius positivos y negativos: **Minusgrader**
o **kuldegrader** y **plussgrader** o **varmegrader**,
p. ej: Trondheim -10°
→ **Det er 10 kuldegrader i Trondheim.**

(en) temperatur	(una) temperatura
en grad	un grado
en kuldegrad = **minusgrad**	un grado negativo / bajo cero
en varmegrad = **plussgrad**	un grado positivo / sobre cero

Vind = *Viento*
Noruega es un país ventoso y hay gran cantidad
de nombres para las diferentes velocidades del
viento. En la lista se muestran de más ligeros a
más fuertes.

en vind [vinn]	un viento
en bris	una brisa
en kuling	un viento fuerte / una galerna moderada
en storm [å]	una tormenta
en orkan	un huracán

Nedbør = *Precipitación*
Noruega es un país húmedo, también. La mayoría
de las expresiones son similares al inglés, pero
estáte atento a **sludd** (combinación de lluvia y
nieve) e **yr** (combinación de lluvia y niebla).

(ei) tåke	niebla
(et) regn [ræjn]	lluvia
en regnbyge	un chaparrón
(en) snø	nieve
sludd	aguanieve
(et) yr	llovizna

Skydekke = *Nubosidad*
Dado que a menudo Noruega es un país húmedo
y ventoso, el cielo noruego está habitualmente
nublado, y es así en diferentes grados. **Overskyet**
significa que todo está gris, **klart** significa que está
todo azul (podrías decir también **sola skinner** = *el
sol brilla*). **Opphold** en realidad significa que ha
parado de llover. Sobre todo, está conectado a un
tiempo relativamente despejado, pero escucharás
muchos eufemismos sobre ello en la previsión del
tiempo de Noruega.

overskyet [å]	nublado, cubierto
delvis skyet	parcialmente nublado
opphold [åpphåll]	*ver explicación*
klart	despejado

Las estaciones

Describe el tiempo típico en Noruega y en tu país natal durante las estaciones:

vår	primavera
sommer	verano
høst	otoño
vinter	invierno

Consejo de gramática: todas las estaciones son masculinas, y usamos las siguientes expresiones:

om våren	en primavera (cada primavera)
i vår	esta primavera
tidlig på våren	a principios de primavera
sent på våren	a finales de primavera

Meses y eventos importantes

¡Qué desastre! Todo en el calendario está mal. ¿Puedes poner los eventos de nuevo en los meses a los que pertenecen?

januar	fellesferie
februar	jul
mars	
april	høstferie
mai	mørketid (bare i Nord-Norge)
juni	
juli	påske
august	17. august – Norges nasjonaldag
september	midnattssol (bare i Nord-Norge)
oktober	
november	sankthans
desember	nyttår

Diciendo la fecha

Para esto, tendrás que aprender los *números ordinales* (p. ej. *primero*, *segundo*, etc.):

Todos los números ordinales en blanco son irregulares, así que tendrás que aprendértelos de memoria. ¡Lo siento! Pero con el resto, todo es más fácil. Todo lo que tienes que hacer es coger el *número cardinal* (p. ej. el número "normal", como **femten**) y añadirle **-ende** [**-enne**] al final. Si el número ya tiene una **-e** final, sólo le añadirás **-nde**, y si acaba en **-en**, sólo añadirás **-de**.

		forma alternativa
1.	første	
2.	andre	
3.	tredje	
4.	fjerde [fjære]	
5.	femte	
6.	sjette	
7.	sjuende	syvende
8.	åttende	
9.	niende	
10.	tiende	
11.	ellevte	
12.	tolvte [tållte]	
13.	trettende	
14.	fjortende	
15.	femtende	
16.	sekstende [sæjs-]	
17.	syttende [søtt-]	
18.	attende	
19.	nittende	
20.	tjuende	tyvende
21.	tjueførste	enogtyvende
22.	tjueandre	toogtyvende
30.	trettiende	tredevte

Puedes ver que hay formas alternativas, como hay en los números cardinales. Escoge aquellas que prefieras. De todas maneras, escucharás ambas formas en Noruega. Después de 40, sólo hay una forma (**førtiende**, **femtiende**...), pero aún puedes emplear diferentes combinaciones:

> førtiandre – toogførtiende

Como también puedes ver, indicamos el número ordinal con un pequeño punto (**20th** en inglés se escribiría como **20.** en noruego). Básicamente usamos el artículo definido con los números ordinales (bastante lógico – generalmente es *el primero* y no *un primero*).

Bien, este era el primer y más difícil paso que tienes que dar para decir la fecha. El resto es sencillo. Por lo que respecta a los meses, ya conoces los nombres – cuando escribimos los meses, usamos abreviaciones de tres letras (p. ej. **jan.** para **januar**), y los años se dicen en números cardinales (p. ej. 2014 **totusenogfjorten**). Los años anteriores al 2000 se dicen en grupos de dos, p. ej. 1981 **nitten åttien**, y alguna gente hace lo mismo con los años posteriores al 2000 (p. ej. 2014 **tjue fjorten**). Así, por ejemplo:

> 05. okt. 2013   den femte oktober totusenogtretten

Si te gustan los desafíos, también puedes decir el mes como un número ordinal. Entonces ponemos una **i** antes del mes:

> 05.10.2013   den femte i tiende totusenogtretten

1 Completa con la forma correcta de *annen*.

a) Jeg vil ikke kjøpe dette huset – jeg vil kjøpe et ... hus.

b) Ser du denne mannen? Nei, ikke denne – den ... mannen.

c) Per vil ha en ... telefon.

d) Den ... telefonen er ganske dyr.

e) Han vil også ha ei ... klokke.

f) Her har de bare én slags sjokolade, men i den ... butikken har de mange ... slags sjokolade.

2 Explica el clima en cada ciudad. Cuida el orden de las palabras.

Eksempel: I Hammerfest skinner sola.

Oslo	regn	Kristiansand	tåke	Bergen	vind
Ålesund	sol	Bodø	sludd	Tromsø	opphold
Kirkenes	snø				

3 Lee las siguientes fechas.

01.08.1998	12.12.1813	14.02.2015	17.09.2011	03.07.2020	05.06.2002	09.04.1714
02.06.2008	06.07.2017	30.02.1917	19.05.2016	15.12.1970	10.01.1934	04.11.2011
12.03.2012	08.03.2018	07.10.1965	31.10.1916	16.05.2011	18.09.1808	20.08.2013
13.01.2010	11.04.2009	21.03.1332	25.11.2019			

4 Responde las preguntas.

a) Når har du bursdag?

b) Når har mora di bursdag?

c) Når har faren din bursdag?

d) Når er det jul?

e) Når er Norges nasjonaldag?

5 Escribe en tiempo futuro. Recuerda que no todas las opciones (*skal, vil* y/o *kommer til å*) son posibles en cada oración.

a) Det – regne i morgen.

b) På torsdag – jeg besøke min tante, men jeg må ringe henne først.

c) – du få denne jobben?

d) Jeg har så mye å gjøre! Jeg – vaske opp, mate hunden og skrive en e-post til bestefaren min.

e) Når – du gå hjem?

f) Hvor – du bo?

g) – du spise lunsj med oss?

h) Martin – betale kontant.

i) Jeg – studere økonomi.

17

«Emil! Endelig fant jeg deg!» roper Nils.

«Hva er det, Nils?»

«Jeg må fortelle deg noe. Jeg ser en film som er helt fantastisk. Den handler om et veldig fint land som jeg har lyst til å se! Du må hjelpe meg. Jeg vet ikke hvor det ligger.»

Emil er litt forvirret. Nils har aldri vært ute av huset, så vidt han vet. Og nå vil han reise til utlandet?

Han tar en titt på skjermen – og så må han le. «Men Nils, dette landet – det er jo Norge! Byen som du ser, heter Tromsø. Vi bor i dette landet.»

«Jaså? Men når jeg ser ut av vinduet her, er det bare ei trang gate – ingen lange fjorder, små øyer, røde hus ...» – «Ja, selvfølgelig, Nils. Vi er jo midt i Oslo. Det er ikke særlig typisk for Norge.»

«Ja, men Emil, jeg må se dette. Jeg vil dra til den lange fjorden, det høye fjellet og de små øyene som vi ser her.»

«Hva er denne Hurtigruten?»

«Tja, Nils, da må du reise en del. Dette som du ser her i filmen, er Nord-Norge. Du kan jo ta fly til Tromsø, eller Hurtigruten, hvis du vil.»

«Fly? Hurtigruten? Hva er det for noe? Kan jeg ikke bare gå?»

Emil puster dypt. Dette her blir komplisert.

å handle om [åm], handlet	tratar de, trataba de
å ha lyst til å ...	tener ganas de *(infinitivo)* ...
ute	(a)fuera
så vidt ...	al grado que; *(så vidt jeg vet ≈ que yo sepa)*
å reise til, reiste	viajar a, viajó
(et) utland [ut-lann]	un país extranjero, el extranjero
en titt	un vistazo
å ta en titt på	echar un vistazo a
Jaså.	Ya veo. / No me digas.
Jaså?	¿De veras? *(irónico)*
Oslo	*capital de Noruega*
Tja!	Pues...
en del	una parte
nord [noor]	el norte
et fly	un avión
ei hurtigrute [hurtirute]	*un barco de transporte de personas y carga que aún viaja a lo largo de la costa oeste de Noruega*
hvis [viss]	si
å puste, pustet	respirar, respiró
dyp	profundo/a, hondo/a
komplisert	complicado/a

133

«Nils, det er mer enn tusen kilometer fra Oslo til Tromsø. Du kan ikke gå. Du kan ta tog til Trondheim og Hurtigruten derfra, eller så kan du ta fly direkte fra Oslo. Det går veldig fort med fly, for det går gjennom lufta. Det tar bare to timer.»

«Gjennom lufta? Nei, det er skummelt. Hva er denne Hurtigruten?»

«Det er en båt som går hver dag. Det tar to dager med Hurtigruten fra Trondheim til Tromsø. Toget fra Oslo tar noen timer. Du kan prøve det. Men vi har et problem.»

«Ja?»

«Du er en nisse, Nils. Du kan ikke bare kjøpe en billett og ta toget. Vi må finne på noe.»

en kilometer	un kilómetro
et tog [tåg]	un tren
Trondheim [Trånnheim]	*una ciudad en Noruega central*
derfra [dær-]	de allí, de ahí
gjennom [jennåm]	por, a través de
(ei) luft	(un) aire
skummel	siniestro/a
en båt	un barco, un bote
hver [vær]	cada
et problem	un problema

som

La palabra **som** introduce una oración subordinada en otra oración. Sustituye al sujeto u objeto que ya ha sido mencionado en la oración previa.

> Jeg ser en film. Filmen er helt fantastisk.
> → Jeg ser en film som er helt fantastisk.

En este ejemplo, **som** sustituye al sujeto en la segunda oración.

> Den handler om et veldig fint land. Jeg har lyst til å se dette landet.
> → Den handler om et veldig fint land som jeg har lyst til å se.

En el segundo ejemplo, **som** sustituye al objeto en la segunda oración.

Q U I Z

Hva vet du om Norge?

1 Hvor mange innbyggere har Norge?
a) 3 millioner mennesker og 10 000 reinsdyr
b) 4 millioner mennesker og 10 000 reinsdyr
c) 5 millioner mennesker og 200 000 reinsdyr

2 Hva er riktig?
a) Oslo har alltid vært Norges hovedstad.
b) Oslo er hovedstaden i dag, men før var det Bergen.
c) Bergen er egentlig hovedstaden, men regjeringen og kongen
   er i Oslo.

3 Hva er et fylke?
a) en del av Norge
b) folk som bor i et land
c) folk som bor i en del av landet

4 Hva heter de fem norske landsdelene?
a) Sør-Norge, Midt-Norge, Nord-Norge, Øst-Norge, Vest-Norge
b) Sørlandet, Midtlandet, Nordland, Østlandet, Vestlandet
c) Sørlandet, Trøndelag, Nord-Norge, Østlandet, Vestlandet

5 Hva gjør kongen hver fredag kl. 11.00?
a) Han snakker på radio.
b) Han kjører på hytta.
c) Han møter regjeringen.

6 Hva er *ikke* en del av Norge?
a) Finnmark
b) Finland
c) Nordland

en innbygger	un/a habitante
en million	un millón
et reinsdyr	un reno
hoved-	principal
en hovedstad	una capital
riktig [-ti]	correcto/a, verdadero/a
en regjering [reje-]	un gobierno
en konge [å]	un rey
et fylke	*una provincia (región administrativa noruega)*
en landsdel	una región
å kjøre, kjørte	conducir, condujo

135

7 Hva stemmer *ikke*?
a) I Tromsø kan det være –25 grader om vinteren.
b) Haakon VII, Norges konge fra 1905 til 1957, var dansk, og kona hans
   var engelsk.
c) I mange norske byer varmer man opp fortauene om vinteren.

8 Hva er riktig?
a) Oslo var den første europeiske byen med trikker.
b) Bergen var den første norske byen med telefon.
c) Hammerfest var den første norske byen med elektrisk gatelys.

9 Hva betyr *Utkant-Norge*?
a) utenfor Norge
b) Norge i unionstiden (1814–1905)
c) regioner i Norge langt fra byene

10 Hva stemmer *ikke*?
a) Vardø ligger like langt øst som Istanbul.
b) Folk som bor i Vardø, må kjøre tre timer til sykehuset.
c) I Vardø kan det være 25 grader om sommeren.

11 Hvilken informasjon om din nabo er offentlig i Norge?
a) hvor mye han tjener
b) hvor han er født
c) hvor han arbeider

12 Hovedgata i Oslo heter *Karl Johans gate*. Men hvem var egentlig Karl Johan?
a) en dansk musiker
b) en svensk konge
c) en norsk kunstner

dansk	danés/danesa
å varme opp	calentar
europeisk	europeo/a
en trikk	un tranvía
elektrisk	eléctrico/a
et gatelys	una farola, (un) alumbrado público
en utkant	*Explicación: véase la clave de los ejercicios*
utenfor	fuera (de)
en region	una región
langt fra	lejos de
et sykehus	un hospital
en informasjon	una información
en nabo	un/a vecino/a
offentlig [å]	público/a
å tjene, tjente	cobrar, cobró
født	nacido/a
en musiker, musikere	un/a músico/a, unos/as músicos/as
en kunstner, kunstnere	un/a artista, unos/as artistas

1 Une las siguientes oraciones. Utiliza *som*.

a) Kari har en bror. Broren heter Stian.
b) De bor i en leilighet. Leiligheten er i Stavanger.
c) Jeg vil spise dette eplet. Eplet ligger på bordet.
d) Er det din sønn? Han venter foran huset.
e) Her er en kunde. Kunden vil kjøpe en billett.
f) Kunden kjøper en billett. Billetten koster 390 kr.
g) Jeg har kjøpt avisa. Du leser avisa hver dag.
h) Han sitter i sofaen. Sofaen står i stua.
i) Han forklarer det. Det er viktig for henne.

2 Svar på spørsmålene.

a) Hvorfor vil Nils snakke med Emil?
b) Hva ser Nils på TV?
c) Hvor bor Nils og Emil?
d) Hvor mange kilometer er det fra Oslo til Tromsø?
e) Hvorfor vil Nils ikke reise med fly?
f) Hvorfor blir det vanskelig for Nils å reise til Tromsø?

3 Hva vet du om Nils og Erna?

a) Hvem har laget Nils?
b) Hvorfor vil Susanne ikke ha Nils?
c) Hvem har skrevet papirlappen som Nils har i magen?
d) Hva – tror du – står på papirlappen?
e) Erna møtte en ung mann foran butikken. Hvorfor er hun trist etterpå?
f) Erna tenker på «det med hytta» som var Heges idé. Hva – tror du – er «det med hytta»?

4 Pon los sustantivos y adjetivos en su forma adecuada.
Añade el artículo correspondiente donde sea necesario.

Tor er (norsk, gutt) på 18 (år). Han er snart ferdig med (skole). Han liker ikke (skole). Etter (kjedelig, skole-tid) vil han gjerne oppleve noe gøy. I (sommer) vil han derfor reise til (England). Han kjenner noen (engelsk, gutter) fra før. Han vil besøke disse (venner).

Men i dag føler han seg ikke bra. Han har vondt i (mage). Kanskje fordi han har spist mange (grønn, epler)? (Grønn, epler) var ikke (god). Eller kanskje har han spist for mye (suppe)? Det var mye (smør) i (suppe). Kjenner han (god, lege)? Ja, (bror) hans er (lege). (Bror) heter Ivar. Han må gå til ham.

Ivar undersøker Tor. Han sier: «Alt er bra med (mage) din. Du må bare finne deg (god, kokk).»

«Kan jeg dra til England, Ivar?» – «Ja, selvfølgelig. Men du må bare spise (god, mat). (Rød, eple) per dag er (god).»

5 Escoge el tiempo verbal adecuado (preteritum/perfektum) y pon los verbos en su forma correcta. Cuida el orden de las palabras.

a) å få: I går ... jeg besøk av en venn.

b) å snakke: Du må snakke med Helge. – Jeg ... allerede med ham.

c) å leve: Jeg ... i Norge i femten år og trives fortsatt.

d) å vaske: Ta av deg skoene! Jeg ... gulvene.

e) å kjøpe: ... du fisk? Jeg kan ikke se den.

f) å bo: Marit ... i Bergen fra 2005 til 2008.

g) å være: Mange turister ... i byen på søndag.

h) å slå: Kredittkortet er ødelagt. – ... du den riktige koden?

i) å sende: På tirsdag ... jeg e-post til mange kunder.

j) å hente: Jeg ... barna og besøkte Ida etterpå.

k) å gå: I går ... jeg til legen.

l) å dra: Hvor er Emil? – Han ...

m) å hjelpe: ... Emil deg med å rydde i stua i går?

n) å se: Hvor er Nils? – Jeg ... ikke ham.

o) å se: ... du filmen om Paris på lørdag?

6 Completa con los pronombres correspondientes.

Kjeder du _____ ? Da kan du hjelpe Anne og _____. Vi vil lage mat. Vi har poteter her. Kan du vaske _____ ? _____ ligger ennå på bordet.
    Vi har også kjøpt kjøtt. Kan du skjære _____ opp? Nei, først kan du hjelpe _____ med å vaske kjøkkenet. _____ ser ganske dårlig ut. Etterpå må _____ vaske gulrøttene. Men hvor er ___ ? Har du sett _____ ? Å, vi har kanskje glemt å kjøpe _____ ! Kan du gå til butikken? ___ ligger ved jernbanestasjonen. Du kan allerede se ___ når du går ut fra huset. Gleder du ___ til maten? Jeg gleder _____, og Anne gleder _____ også.

7 Completa con *om, på, i*.

a) _____ vinteren er det kaldt i Norge, men _____ vinter var det ganske varmt.

b) _____ mandag var det litt regn.

c) _____ søndager går vi ofte på tur.

d) _____ tre måneder har det bare vært snø.

e) _____ tre måneder begynner sommeren.

f) _____ mandager har vi alltid mange kunder.

13

stolt [stålt]	orgulloso/a
å gjette, gjettet [je-]	adivinar, adivinó
å invitere, inviterte	invitar, invitó
å gråte, gråter, gråt, har grått	llorar, llora, lloró, ha llorado
et klesskap	un armario/ropero
en genser, genseren, gensere, genserne	un jersey, el jersey, unos jerséis, los jerséis
en bukse [o]	un pantalón
et skjørt	una falda
å ombestemme [åm-] seg, ombestemte	cambiar de opinión, cambió de opinión
isteden	en lugar de
(et) undertøy [unner-]	(una) ropa interior
en sokk [såkk]	un calcetín
ei regnjakke [ræjn-]	un chubasquero
ei lue	un gorro
et skjerf [sjærf]	una bufanda
en vott [vått]	una manopla
i tillegg	además
helst	preferiblemente
en fjellsko	un/una zapato/bota de montaña
ikke ... enda	aún no
en T-skjorte [te-sjorte]	una camiseta
å holde [hålle], holder, holdt, har holdt	sostener (en la mano); sostiene; sostuvo; ha sostenido
å holde med	simpatizar con, estar de acuerdo con
Det holder med én skjorte.	Basta con una camisa.

Erna er stolt. Hun har ringt Hege. Nå vet Hege alt. Hun har alltid gjettet noe, men nå har de snakket om det. Hege har invitert Erna til Tromsø med en gang. Erna gråt i telefonen, men Hege forsto henne veldig godt.

Erna åpner det store klesskapet og ser inn. Hun må ha noen varme gensere. Hun tar en blå og en brun genser og legger dem i en liten koffert. Så tar hun ut tre hvite skjorter og en blå bukse. Kanskje jeg skal ta et skjørt også, tenker hun. Men hun ombestemmer seg. Isteden tar hun en svart bukse til og legger den i den lille kofferten. Så tar hun ut noe undertøy, og selvfølgelig sokker. Hun må absolutt ha ei regnjakke også. Og ei lue, et skjerf og votter. Skal hun ta både det gule skjerfet og den røde jakka? Ja, absolutt. I tillegg trenger hun gode sko. Helst fjellsko.

Skal hun ta både det gule skjerfet og den røde jakka?

Erna tar kofferten i hånda. Den er ganske tung allerede. Men Erna er ikke ferdig enda. Skal hun ta med noen T-skjorter også? Ja. Hun tror at det ikke holder med de to skjortene som allerede er i kofferten.

Men hun må ha en tannbørste, tannkrem, litt såpe og noen av de viktigste legemidlene. Alt dette finner hun på badet.

Erna går på badet og henter en grønn tannbørste, såpe og tannkrem. Hun kommer også tilbake med noen små esker som inneholder forskjellige medisiner.

Så ringer hun til Hege igjen.

«Jeg vet ikke, Hege. Jeg har gledet meg veldig mye. Men nå som jeg virkelig skal reise, er jeg skikkelig nervøs. Forstår du det?» Hege smiler. «Selvsagt. Det er alltid slik når man skal reise. Men jeg vet at dette er en veldig spesiell reise for deg. Har du sagt til Lise at du skal reise til Tromsø?»

«Ja. Jeg har fortalt henne at jeg vil besøke deg. Før jeg drar, skal jeg besøke Lise og familien.»

ei tann, tanna, tenner, tennene	un diente, el diente, unos dientes, los dientes
en tannbørste	un cepillo de dientes
(en) tannkrem	(una) pasta de dientes
å inneholde [hålle], -holder, -holdt, -holdt	contener, contiene, contenía, ha contenido
forskjellig [får-]	diferente, distinto/a
en medisin	una medicina
skikkelig [sj]	auténtico, verdadero/a, adecuado/a
selvsagt [sellsagt]	obvio/a, evidente
spesiell	especial, particular

Leddsetninger
Oraciones subordinadas

A lo largo de este libro te he dicho una y otra vez que el verbo ocupa el segundo lugar en una oración. También te dije que cuando hay un segundo verbo, tiene que estar en forma de *infinitivo* o *participio*. Ahora, observa la siguiente oración, y presta atención al verbo **holder**:

Hun tror at det ikke holder med de to skjortene.

Holder, claramente, no está en segundo lugar, y está, además, en tiempo presente. ¿Así que qué ha salido mal aquí? Podrías decir que hay dos oraciones – ¡y tienes toda la razón!

Tenemos:

Hun tror ...

y

... at det ikke holder med de to skjortene.

Pero aun así, fíjate en la segunda oración. Incluso si ignoramos la palabra **at**, **holder** está definitivamente en el lugar núm. 3 y no en el núm. 2:

... (at) det	ikke	holder ...
1 (sujeto)	2 (compl. or.)	3 (verbo)

La razón de esta estructura especial se debe a la palabra **at**. Echa un vistazo a esta segunda oración:

At det ikke holder med de to skjortene.

¿Qué significa esta oración? ¡Nada en absoluto! Necesita estar integrada en la primera oración que empieza con **Hun tror...** De otra manera, simplemente no tiene sentido. A este tipo de oraciones las llamamos *oraciones subordinadas* (en noruego: *leddsetninger*). Las oraciones subordinadas tienen dos características principales:

1. No pueden aparecer solas.
2. Normalmente empiezan con una palabra que las integra en la oración principal y que, en este caso, sería la palabra **at**. También podría ser **som**, **hvis**, **når**... Llamamos a estas palabras conectoras *conjunciones subordinantes* (*subjunksjoner* en noruego). Si no puedes recordar este nombre, no pasa nada, pero simplemente acuérdate de que estas palabras conectoras deben estar presentes. Un error común que muchos estudiantes cometen es pensar que hay una oración principal y una oración subordinada. Esto es un completo malentendido. En realidad hay una oración subordinada *dentro* de una oración principal. Así que en nuestro ejemplo, la oración principal incluye todo desde **Hun** hasta **skjortene**, mientras que la oración subordinada es la parte subrayada:

Hun tror <u>at det ikke holder med de to skjortene</u>.

Desafortunadamente, hemos alcanzado el punto en el que no me queda más opción que informarte de que las oraciones subordinadas tienen una estructura especial y que el verbo *no* se encuentra en el segundo lugar en ellas. ¡Lo siento, no soy yo quien inventó el idioma noruego!

Las oraciones subordinadas siempre empiezan con una *conjunción* (la palabra que las conecta con el resto de la oración principal). Después de esto siempre viene el *sujeto*. Date cuenta de que no podemos simplemente poner cualquier palabra al principio de la oración subordinada.

Después del sujeto viene el *complemento oracional* (si hay alguno), p. ej. **ikke**. Y después de esto tendremos el *verbo*. El resto de la estructura de la oración es exáctamente la misma que en las oraciones principales.

Obviamente el gran problema aquí es dónde poner el *complemento adverbial*. Imagina que quitamos la palabra **ikke** del ejemplo:

Hun tror at det holder med de to skjortene.

No vemos entonces diferencia entre la estructura en la oración principal y la oración subordinada, ¿verdad? Así que siempre que oigas una palabra conectora (como **at**, **som**...) y un complemento oracional (**ikke**, **ofte**, **allerede**, egentlig...), entonces debes tener en cuenta que con lo que estás tratando puede ser una oración subordinada.

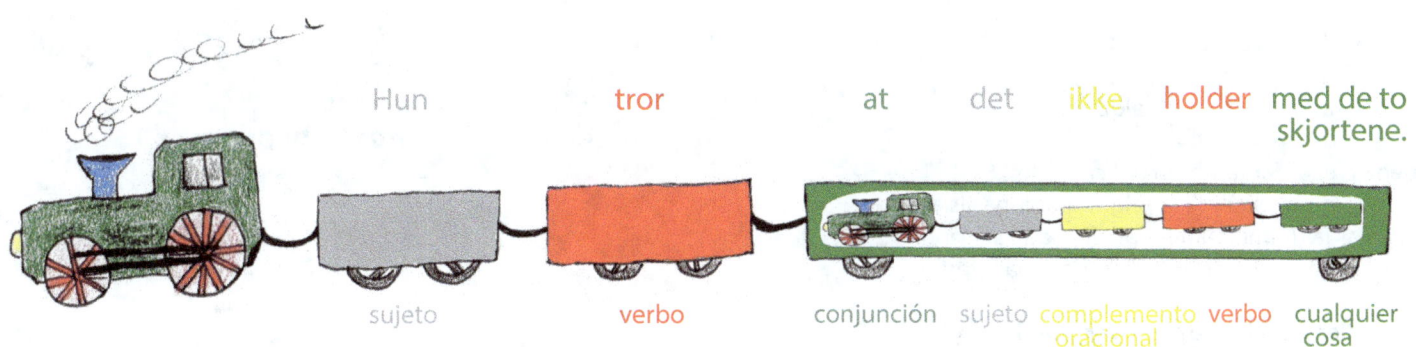

Hun — tror — at — det — ikke — holder — med de to skjortene.

sujeto — verbo — conjunción — sujeto — complemento oracional — verbo — cualquier cosa

¿Ha sido difícil?
Estoy de acuerdo. Creo que es el momento de que te tomes un descanso.

Kanskje

Kanskje es un adverbio. En una oración (oración principal), podemos ponerlo en primer lugar o en el lugar del complemento oracional.

>Kanskje bør hun besøke Hege.
>Nils vil kanskje se på leiligheten.

En este capítulo, sin embargo, Erna parece cometer un error. Ella piensa:
>Kanskje jeg skal ta et skjørt også.

Bueno, Erna ha vivido en Noruega toda su vida así que puedes estar seguro de que esto no es un error por su parte. Así que, ¿por qué podemos encontrar esta estructura tan extraña?

Necesitamos saber qué significa en realidad **kanskje**. Viene de las palabras **kan** y **skje**, así que realmente significa *puede suceder*. Podemos, por lo tanto, imaginar la siguiente oración:
>(Det) kan skje (at) jeg skal ta et skjørt også.

Cuando dejas a un lado det y at se ve claramente por qué podemos usar esta estructura. Pero también podemos decir:
>Kanskje skal jeg ta et skjørt også.
>Jeg skal kanskje ta et skjørt også.

noe(n)

Es el momento de resumir todos los significados de **noe** y **noen**. ¡Por fin!

Recordarás del capítulo 7:

noe	algo
noen	alguien

Puedes recordar también del capítulo 16:

noen øyer	alguna/algunas islas

Y esta es la última manera posible de usar **noe**:

noe undertøy	algo de ropa interior

¿Qué diferencia hay entre **øyer** y **undertøy**?
(Desde un punto de vista gramatical, por supuesto...)
Bien, **øyer** es un sustantivo en plural. También podría decir **mange øyer**.
Undertøy es un sustantivo en singular que no puede ser contado (también conocido como un sustantivo incontable). También podría decir **mye undertøy**.

noen brød

noe brød

Recuerda la siguiente diferencia:

Klær

«Det finnes ikke dårlig vær, bare dårlige klær!»

Beskriv Nils' klær.
Describe la ropa de Nils.

Eksempel: Lua er rød.

ei lue	un gorro
et skjerf [sjæ-]	una bufanda
ei jakke	una chaqueta
en genser	un jersey
ei skjorte	una camisa
ei T-skjorte	una camiseta
en vott [å]	una manopla
en sokk [å]	un calcetín
en sko	un zapato
en underbukse [unnerbokse]	una(s) braga(s), un(os) calzoncillo(s)
en underskjorte [unner-]	una camiseta interior

1 Encuentra la estructura correcta para las siguientes oraciones subordinadas.

Eksempel: Hun sier at ... å ha – ikke – hun – bursdag – liker.

→ Hun sier at hun ikke liker å ha bursdag.

a) Han glemte at ... ikke – hver – frokost – Lises – dag – spiser – bror.

b) Vi ønsker at ... snart – en leilighet – finner – i byen – dere.

c) Hun tenker at ... svart – ikke – fristende – kaffe – er.

d) Du kommer hvis ... dattera – blir – frisk – di.

e) De synger når ... bursdag – har – noen.

f) Han liker det når ... høflig – kaféen – er – servitøren – på.

g) Han gjør som om ... husker – han – ikke – dagdrømmen.

h) Det føles som om ... Ernas – kjenner – store hemmelighet – ingen.

i) Du ser ut som om ... og – syk – du – medisin – er – trenger.

j) Jeg ringer alltid når ... og – spiser – er – alle – opptatt.

k) Hun bestiller når ... gir – servitøren – menyen – henne.

l) Vi fortsetter å snakke når ... slutter – endelig – du – å arbeide.

2 Incluye *kanskje*. Encuentra varias alternativas

Eksempel: Jeg trenger legemidler. → Jeg trenger kanskje legemidler. / Kanskje trenger jeg legemidler. / Kanskje jeg trenger legemidler.

a) Han har lyst på kjøttkaker i tillegg.

b) Vil hun åpne vinduet?

c) Du trenger noen som hjelper deg.

d) Jeg rydder stua i dag hvis du er snill.

e) Har du allerede ryddet?

3 Encuentra las prendas de ropa adecuadas para cada tiempo. Crea oraciones subordinadas. Ten en cuenta los adjetivos.

Eksempel: regn – god jakke → Når det regner, trenger man ei god jakke.

a) snø – varm, votter

b) sludd – god, lue, skjerf, regnjakke

c) klart – fin, skjorte

d) svak vind – varm, genser

e) orkan – god, sokker, fjellsko

f) regnbyge – lang, bukse

g) varmt ute – kort, skjørt

4 Completa con *noe* o *noen*.

Hun leste _____ om været i en avis og spiste _____ småkaker. Plutselig ringte _____ på døra. «Hei, du! Har du lyst til å gjøre _____ i kveld?» sa hennes venninne. «Åh, det er synd! Jeg sa til _____ av naboene at jeg hjelper med å bære _____ møbler og _____ klær.» «Men jeg kan kanskje hjelpe med ____? Kanskje hente ____ bøker ned fra hyllene eller lage _____ mat?» «Det er en bra idé. Jeg skal spørre _____ om de trenger deg.» «Vent, skal vi ta _____ småkaker og kaffe med oss? _____ å spise og drikke er alltid bra!»

Det har gått et par dager siden Nils har sett filmen om Nord-Norge. Emil har ikke fått noen idé ennå. Han har forklart til Nils at det er farlig å reise alene. Nils må prøve å snike seg inn i en koffert eller en veske. Men mange ting kan skje. Hvordan skal han komme seg inn i en koffert, og hvordan skal han komme ut igjen uten at noen ser ham?

Men denne kvelden, når hele familien allerede sover, kommer Emil inn på kjøkkenet med en spennende nyhet.

«Nils! Jeg vet hvordan du kan komme deg til Tromsø.»

«Aha? Har du fått en idé?»

«Nei, ikke direkte. Men tenk deg, Erna har ringt. Hun har snakket med Lise, og hun skal reise til Tromsø om ei uke. Det er sikkert en god idé å bli med henne. Da er det heller ikke så farlig. Dersom hun finner deg på reisen, kan du være sikker på at hun tar deg med tilbake igjen.»

«Det høres bra ut. Hva skal Erna egentlig i Tromsø?»

«Jeg aner ikke. Men spiller det noen rolle?»

«Nei. Men Emil, hva gjør jeg hvis jeg har et spørsmål på reisen? Jeg kommer til å være helt alene!»

«Du kan snakke med meg uansett hvor du er.»

«Ja, det er sant. La meg tenke litt.»

Emil sitter og tenker et lite øyeblikk. Men så står han opp, går ut av kjøkkenet og åpner veldig, veldig forsiktig døra til Pers rom.

«Hva skal du hos Per, Emil?»

«Hysj. Han må ikke våkne.»

alene	solo/a, a solas
å snike inn, snek, sneket	colarse, se coló, se ha colado
en veske	una cartera, un maletín
spennende [-enne]	emocionante, fascinante, apasionante
å komme seg	*aquí:* llegar, conseguir llegar
tenk deg	imagina
ei uke	una semana
dersom [dærsåm]	si, dado que, en caso de que
det høres ... ut	sonar como …
Hva skal hun i Tromsø?	¿Qué va a hacer (ella) en Tromsø?
å ane, ante	presentir, sospechar, adivinar; presintió, sospechó, adivinó
å spille en rolle, spilte	jugar un papel, jugó
hysj	¡chitón! ¡silencio!

Emil går inn i det mørke rommet. Det er helt stille. Etter en stund kommer han ut igjen med to små grå apparater i hånda. Han gir ett av dem til Nils.

«Hva er dette, Emil?»

«Dette er en mobiltelefon. Når du trykker på denne knappen, tar jeg telefonen med en gang, og så kan du snakke med meg uansett hvor du er.»

«Ja, men Emil, dette er jo Pers mobiltelefoner. Vi kan ikke bare ta dem.»

«Jo, det kan vi. Han har hele skapet fullt av mobiltelefoner. Han må jo stadig ha den nyeste telefonen. Så han savner sikkert ikke disse to gamle telefonene.»

«Det betyr at jeg alltid kan snakke med deg når jeg vil? Det er jo helt fantastisk. Emil, du er den beste vennen jeg noensinne har hatt.»

Emil må smile. Han vet at Nils aldri har hatt en venn før. Derfor er det ikke vanskelig å være den beste vennen hans. Men han sier ingenting.

en stund [-unn]	un rato, un momento
et apparat	un aparato, una máquina
en mobiltelefon	un teléfono móvil
full av	lleno/a de
stadig [stadi]	continuamente, constantemente
å savne, savnet	extrañar, echar de menos; extrañó, echó de menos
noensinne	alguna vez, jamás

Oraciones principales y subordinadas

En el capítulo anterior te dije que las oraciones subordinadas siempre son parte de una oración principal. Profundicemos un poco en ello. Échale un vistazo a esta oración:

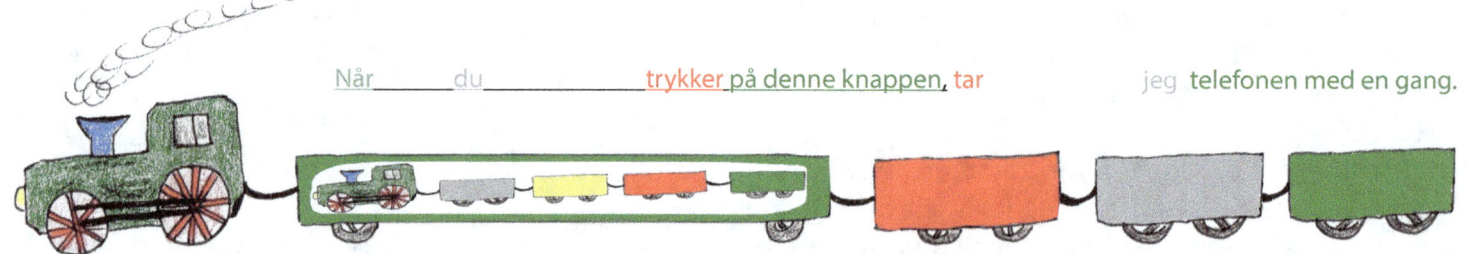

Når du trykker på denne knappen, tar jeg telefonen med en gang.

La parte subrayada es una oración subordinada. Sencillo. Empieza con una palabra conectora (**når**), después encontramos el sujeto (**du**), el verbo (**trykker**) – no hay complemento circunstancial, así que esta estructura es correcta – etcétera. Pero ahora echemos un vistazo a la oración principal.

Tiene un verbo (**tar**), y dado que es una oración principal, éste debe estar en el segundo lugar. Ninguna discusión sobre eso. Por supuesto, esto significa que toda la oración subordinada está colocada en primer lugar en la oración principal. Dado que el primer lugar es ocupado por la oración subordinada, el sujeto (**jeg**) debe colocarse en el tercer lugar.

Otra oración interesante:

De nuevo, la oración subordinada aparece subrayada. La parte **men denne kvelden** es una información sobre tiempo (la cual puede colocarse en primer lugar en una oración principal, ¿verdad?). El verbo en la oración principal es **kommer** y se coloca en el segundo lugar, en esto podemos estar de acuerdo.

Esto significa que todo desde **men** hasta **sover** está en primer lugar y debe, por lo tanto, formar parte de la misma información. ¡Y así es! Es una información sobre tiempo. ¿Cuándo llega Emil a la cocina? **Denne kvelden** o **når hele familien allerede sover** – todo forma parte del mismo momento, así que puede ocupar el primer lugar junto. Date cuenta también que **men** no ocupa ningún lugar en absoluto (mira mi último ejemplo al final de la página).

También podemos dividir la oración:

> Men denne kvelden kommer Emil inn på kjøkkenet med en spennende nyhet.
> Når hele familien allerede sover, kommer Emil inn på kjøkkenet med en spennende nyhet.

¿Puedes encontrar el sujeto en la oración principal? Ahí lo tienes – **Emil** es el sujeto, ocupando el lugar número 3. Nota también que la oración subordinada tiene el complemento oracional **allerede**, que se encuentra antes del verbo **sover**.

Me gustaría analizar una última oración contigo.

> Hun har snakket med Lise, og hun skal reise til Tromsø om ei uke.

En este ejemplo no hay ninguna oración subordinada. Las dos oraciones podrían funcionar por sí mismas:

> Hun har snakket med Lise.
> Hun skal reise til Tromsø om ei uke.

Recuerda: las palabras **og**, **men** y **for** conectan dos oraciones principales y ocupan el lugar número 0 (o, podrías decir, no forman parte de la oración).

Deshaciéndonos de *som*

Las oraciones que comienzan con **som** son oraciones subordinadas. La palabra **som** puede reemplazar el objeto o el sujeto en la oración subordinada (mira el capítulo 17).

Siempre que **som** es el objeto en la oración subordinada, no tenemos por qué decirlo. Observa:

> Emil, du er den beste vennen (som) jeg noensinne har hatt.

Analicemos esta oración. Tenemos una oración subordinada al final de la oración principal. Ésta es la estructura de la oración subordinada:

> palabra conectora – sujeto – complemento oracional – verbos
> (som)   (jeg)   (noensinne)   (har hatt)

¿Por qué podemos omitir **som** aquí?

Muchas veces, los idiomas no son realmente lógicos. Hay al menos cierta lógica detrás de esto: en el ejemplo, som es un objeto. Puedo dividir la oración y reemplazar **som** por **denne vennen**.

> Emil, du er den beste vennen.
> Denne vennen har jeg noensinne hatt.

Mira otro ejemplo donde **som** es el sujeto en la oración subordinada:

> Jeg ser en film som er helt fantastisk.

¿Por qué no podemos omitir **som** aquí?

Porque es el sujeto, y toda oración en noruego (incluso una oración subordinada) debe tener un sujeto.

hos – med – ved

Tanto **hos** como **ved** significan *en* o *cerca de*, pero **hos** está relacionado con *personas* y significa *en casa de alguien*, y **ved** está relacionado con *cosas*.

> Hvor er du?
> Jeg er ved stasjonen.   Estoy cerca de la estación.
> Jeg er hos Per.   Estoy en casa de Per.

Podemos traducir *(junto) con* con **(sammen) med**.

> Jeg spiller tennis med Per.
> Jeg er på restaurant med Per.

Telefonen

Slik kan vi skrive telefonnumre i Norge:
* mobiltelefon: 911 06 368
  Vi kan si: ni – elleve – null – seks – tre – seks – åtte
* fasttelefon: 22 33 44 55
  Vi kan si: tjueto – trettitre – førtifire – femtifem

Nils ringer til Emil. Når Emil tar telefonen, sier han bare:
«Hei, det er Emil.»
Nils svarer: «Hei, dette er Nils.»
Hvis du ringer til Lise, men du vil snakke med Per, sier du:
«Hei, Lise. Kan jeg få snakke med Per?»

Hun sier kanskje:
«Han er ikke hjemme.»
Så kan du spørre:
«Når kommer han tilbake?»
Eller du sier: «Kan du si til ham at ...?»

Du ringer til noen du ikke kjenner.
Hun forstår ikke navnet ditt. Hun sier:
«Kan du stave navnet ditt?» (¿Puedes deletrear tu nombre?)

Vi skriver:	Vi sier:
A	a
B	be
C	se
D	de
E	e
F	eff
G	ge
H	hå
I	i
J	je
K	kå
L	ell
M	emm
N	enn
O	o
P	pe
Q	ku
R	ærr
S	ess
T	te
U	u
V	ve
W	dobbeltve
X	eks
Y	y
Z	sett
Æ	æ
Ø	ø
Å	å

1 ¿Puedes omitir *som* en las siguientes oraciones?

Oslo er en fin by som jeg ønsker å se snart.

Hurtigruta er en båt som går hver dag.

En lærer er en person som arbeider i skolen.

Jeg lagde ei kake som du ikke ville smake.

Tromsø er en interessant by som ligger i Nord-Norge.

Du likte TV-serien om Norge som vi så på i går.

Nils så en film som var helt fantastisk.

Den handlet om et veldig fint land som han hadde lyst til å se.

2 Construye todas las oraciones con sentido que sean posibles. Cuida el orden de las palabras.

alltid – dag – hver – lager – mat – og – sammen – spiser – vi.

av og til – gjør – gode – han – har – idéer – ikke – men – notater.

at – dag – gleder – hun – hver – tenker – seg – Susanne – til – skolen.

forsiktig – har – hvis – i magen – man – må – man – vondt – være.

3 ¡Lise ha hecho un gran recorrido yendo de compras y ha estado en nueve tiendas!
¿En cuál compró cada artículo? Relaciona los artículos con la tienda adecuada.

 skobutikk   apotek   teknikkbutikk   post   matbutikk   klesbutikk   kiosk   interiørbutikk   bakeri

Ei seng, en ukebillett (un billete semanal usado para el transporte público), støvler (unas botas), en agurk (un pepino), en konvolutt (un sobre), en DVD, en hudkrem (una crema hidratánte), et rundstykke, en hode-pinetablett (una pastilla para el dolor de cabeza), (et) toalettpapir (papel higiénico), bukser, en bussbillett (un billete de autobús), en mobillader (un cargador para el móvil), småkaker, en eske for å sende en pakke (una caja para enviar un paquete), et batteri (una batería), et bykort (un mapa de la ciudad), en parfyme (un perfume), et frimerke (un sello), en genser, et brød, ei lampe (una lámpara), kjøtt, et godteri (un dulce), en hårbørste (un cepillo del pelo) ...

4 Lee estos números de teléfono.

36 75 88 18   44 17 73 12   27 11 32 11   866 12 033   56 65 14 39

67 16 13 92   911 15 113   912 19 129   40 52 16 63

5 Suena el teléfono. Es un amigo. Te hace las siguientes preguntas. ¿Qué respondes tú?

a) Kan jeg få snakke med Martin?

b) Har du lyst til å besøke meg i kveld?

c) Jeg har glemt å kjøpe poteter. Kan jeg få noen av deg?

d) Jeg føler meg dårlig. Jeg har vondt i brystet. Vet du hva jeg bør gjøre?

e) Jeg må rydde opp i leiligheten i dag. Kan du hjelpe meg?

20

Det er lenge siden Erna har besøkt Lise. Men dagen før reisen til Tromsø rekker hun det endelig. Hun har sittet på toget i to timer. Og nå må hun ta trikk til Lises hus. Det er kjedelig å reise så langt, synes hun. Hun vil egentlig bo i nærheten av Lises familie. Men hun kan heller ikke tenke seg å flytte til Oslo. Det er så hektisk her. Alle har det travelt. Nei, hun trives i den lille byen hvor hun bor nå, selv om hun føler seg litt ensom av og til.

Når trikken stopper neste gang, har hun endelig kommet fram. Hun går av, krysser gata og ringer på døra hos Lise.

«Hei, mamma. Takk for sist. Hyggelig at du kommer på besøk før du drar til Tromsø.»

«Hei, Lise. Går det bra med deg?»

«Ja, det går kjempefint. Og med deg?»

«Det går også veldig bra.»

«Kom inn. Middagen er ferdig. Vi venter egentlig bare på Per – han har ikke kommet hjem fra fotballtreningen ennå. Men jeg tror vi skal begynne å spise likevel. Lars vil gå en liten tur etterpå, og det blir jo snart mørkt ute.»

Erna og Lise går inn i stua, hvor Susanne sitter ved bordet. Susanne holder kniv og gaffel i hånda allerede – åpenbart er

«Hei, Lise. Går det bra med deg?»

lenge	(durante/por) mucho tiempo, (un) largo rato
lenge siden	(desde hace) mucho tiempo
å rekke, rakk, rukket [o]	alcanzar, llegar a; alcanzó, llegó a; ha alcanzado, ha llegado a
en nærhet	una cercanía, una proximidad
å flytte, flyttet	mudarse, se mudó
hektisk	intenso/a
å ha det travelt	tener prisa, estar muy ocupado
selv om [sell]	aunque, si bien
å trives, trivdes, trivdes	sentirse a gusto, prosperar; se sintió a gusto, prosperó; se ha sentido a gusto, ha prosperado
ensom [å]	solitario/a, solo/a
å stoppe, stoppet [å]	parar(se), (se) paró
neste	siguiente/s
å komme fram	llegar, lograr pasar
å krysse, krysset	cruzar, cruzó
å gå av, gikk, har gått	bajar(se), se bajó, se ha bajado
en trening	un entrenamiento
en fotballtrening	un entenamiento de fútbol
likevel	sin embargo, no obstante, a pesar de todo
åpenbart	evidentemente

hun veldig sulten. På kjøkkenet står Lars og tar en kasserolle fra komfyren.

«Hei, Erna. Hyggelig å se deg.»

«Hei, Lars. Takk for sist. Hva er det du lager her?»

«Det blir indrefilet av okse med fløtepoteter og gulrøtter.»

«Å, så flott at jeg har en svigersønn som kan lage så god mat.»

«Det er jo ikke vanskelig. Bare steke litt kjøtt og sette poteter i ovnen.»

«Du vet godt at det er vanskelig.»

«Nei da. Bare gå inn i stua, så kommer jeg med maten.»

Erna setter seg.

«Hvordan står det til, Susanne? Går det bra på skolen?»

«Ikke så verst», svarer Susanne.

Erna vet med en gang at det var et dumt spørsmål. Gamle folk spør alltid barn om skolen, men hun husker så godt hvor mye hun hatet dette spørsmålet da hun var liten. Hun bestemmer seg fort for å snakke om noe annet.

«Så, hva gjorde du etter skolen, Susanne?»

«Jeg hadde en ridetime kl. 14, og så besøkte jeg ei venninne kl. 15.30. Vi spilte sjakk.»

«Nei, så fint! Har du begynt å ri?»

«Ja, for tre uker siden. Jeg er jo så glad i hester. Det er gøy å ri.»

Erna smiler. Det er deilig å høre at Susanne også har andre fritidsaktiviteter enn smarttelefoner og dataspill.

Da kommer Lars inn med maten. Den smaker veldig godt.

«Takk for maten», sier Erna. Hun legger kniv og gaffel på tallerkenen og ser seg litt rundt i stua. Alt er som før. Susanne står opp og går ut av rommet. Erna vil spørre Lise om Nils mens Susanne ikke hører henne.

«Lise, er Susanne fortsatt ikke glad i nissen?» hvisker hun.

«For å si det sånn – ikke særlig», sier Lise. «Nissen er her hos meg på kjøkkenet. Han – nei, hvor er han egentlig?» Lise virker overrasket. Hun begynner å lete etter nissen. Men hun kan ikke finne Nils.

Etter en stund kommer hun tilbake og sier lavt: «Det er veldig flaut, mamma, men jeg må bare si at jeg har mistet Nils. Jeg kan ikke finne ham.»

sulten	hambriento/a
en kasserolle [-rålle]	una cacerola
en indrefilet [-filee]	un solomillo
en okse	un buey
(ei) fløte	(una) crema, (una) nata
flott [å]	admirable, bonito/a, majo/a
en svigersønn	un yerno
å steke, stekte	freír, frió
nei da	no, en realidad no
Hvordan står det til?	¿Cómo va todo?
å hate, hatet	odiar, odió
da	entonces
en ridetime	una lección de equitación
(en) sjakk	(una) ajedrez
å spille sjakk, spilte	jugar a la ajedrez, jugó
å ri, red, har ridd	cabalgar, cabalgó, ha cabalgado
en hest	un caballo
deilig	delicioso/a
(ei) fritid	(un) tiempo libre
en aktivitet	una actividad
en fritidsaktivitet	un pasatiempo, una actividad de tiempo libre
et dataspill	un juego de ordenador
mens	mientras (que)
å hviske, hvisket [vis-]	susurrar, susurró
å virke, virket	funcionar, funcionó
lav, lavt, lave	aquí: quedo/a/s, bajo/a/s
flau, flaut, flaue [æu]	avergonzado/a, avergonzados/as
å miste, mistet	perder, perdió

langt – lenge

en lang vei

vi må gå langt

ei lang tid

vi må vente lenge

Langt and **lenge** son *adverbios*. Ambos provienen del adjetivo **lang**. Hay una diferencia de significado entre ellos: **langt** se refiere a distancia, y **lenge** se refiere a tiempo.
Pero recuerda:

      en lang vei (adjetivo)
      ei lang tid (adjetivo)

Sin artículo

Te dije que siempre escogemos o un artículo indefinido o uno definido (**en gutt** o **gutten**).
No estaba siendo 100% sincero. Hay tres situaciones en las que no usamos en absoluto ningún artículo.

1 Cosas que no podemos contar:
mye vann

2 Cuando hablamos de la profesión o la religión de alguien:
Jeg er lege. Ahmed er muslim.
Pero:

Han er en dårlig lege.
Aquí no estamos nombrando la profesión, la estamos describiendo. Eso significa que necesitamos un artículo.

3 Cuando es imposible o inusual tener más de un artículo o sustantivo al mismo tiempo:
Erna kommer på besøk.
Obviamente ella no puede estar de visita en dos sitios al mismo tiempo.

Susanne holder kniv og gaffel i hånda allerede.
Por supuesto, Susana *puede* estar sujetando dos cuchillos y dos tenedores en la mano, pero eso no es algo que normalmente hagamos cuando nos sentamos a la mesa, ¿no es cierto?
Esta última regla es un poco complicada, pero con el fin de hacerla más sencilla para ti, para recordarla, tengo este ejemplo para mostrarte, que además es de mis favoritos:

Lise kjøper hus.
Lise kjøper en genser.
De nuevo, por supuesto, Lise podría comprar dos casas (o más) al mismo tiempo, pero la mayoría de la gente no tiene tanto dinero, ¿no es cierto?
Sin embargo, comprar dos jerseys al mismo tiempo es relativamente normal incluso con unos ingresos modestos. Así que usamos un artículo con **genser**, pero no con **hus**.
Imagina, a pesar de ello, que Lisa es una agente inmobiliaria y compra casas regularmente. Entonces sería totalmente normal decir:

Lise kjøper et hus.

Deshaciéndonos de *at*

¿Recuerdas que podemos omitir **som** cuando es un objeto en la oración subordinada? También podemos omitir **at**:

Men jeg tror (at) vi skal begynne å spise likevel.

No hay una regla estricta para esto (a diferencia de **som**). Cuando sientas que la oración es difícil de entender sin **at**, entonces es mejor ponerlo.

Hobbyer & fritid
Aficiones y tiempo libre

Ragnhild:

Jeg er et kulturmenneske. På en typisk fredagskveld finner du meg på kino, i konserthuset eller på teater. Jeg er også veldig glad i all slags litteratur. Jeg elsker franske filmer, klassisk musikk og jazz, engelsk teater og russiske bøker. Jeg spiller selv fiolin og gitar. Når jeg spiller, kan jeg glemme tida fullstendig.

Kari:

Jeg elsker sport. Når jeg ikke kan trene på to dager, kan jeg ikke sitte stille lenger. Jeg er spesielt glad i å spille basketball, håndball og fotball. Fotball har jeg spilt i nesten 13 år, helt siden jeg var liten. I dag er jeg litt frustrert, for vi hadde et mesterskap i formiddag, og vi tapte mot et lag fra Ålesund.

Jeg liker også å prøve nye ting. Nå har jeg for eksempel begynt med turn, men jeg synes det er litt kjedelig.

Richard:

Vet du hvorfor jeg elsker Nord-Norge? Det er så fantastisk mye natur her. Jeg må være ute hver eneste helg. Etter ei travel arbeidsuke er det viktig å få ny energi. Om sommeren kan man være ute så lenge man vil, for da er det jo midnattssol. Om vinteren liker jeg å gå skiturer. Jeg liker også å klatre og å fiske.

Kari, Richard og Ragnhild kommer på besøk til deg. Hva gjør du med dem? Finn aktiviteter i din kommune på Internett.

å elske, elsket	amar, querer; amó, quiso
(en) sport	(un) deporte
å trene, trente	entrenar, entrenó
(en) basketball	baloncesto
(en) håndball	balonmano
(en) fotball	fútbol
frustrert	frustrado/a
et mesterskap	un campeonato
en formiddag	una mañana
et lag	*aquí:* un equipo
Ålesund	*ciudad en el oeste de Noruega*
turn	gimnasia
(en) natur	(una) naturaleza
eneste	único/a/os/as
hver eneste	cada uno/a
ei arbeidsuke	una semana de trabajo
(en) energi [enersji]	(una) energía
å klatre, klatret	trepar, escalar; trepó, escaló
å fiske, fisket	pescar, pescó
et kulturmenneske	alguien que está interesado en la cultura, culto/a
en kveld [kvell]	una tarde/noche
en fredagskveld	una noche de viernes
en konsert	un concierto
et konserthus	un auditorio, una sala de conciertos
et teater, teatret, teatre, teatrene	un teatro, el teatro, unos teatros, los teatros
all slags	todo tipo (de), toda clase (de)
fransk	francés/francesa
klassisk	clásico/a
jazz	jazz
en fiolin	un violín
en gitar	una guitarra
fullstendig [-di]	total, completo; totalmente, completamente
en kommune	un municipio, un ayuntamiento

155

Pequeña charla (Parte 2)

Crea un diálogo. Pon las oraciones en el orden correcto.

1. Ha det bra! Jeg gleder meg.
2. For eksempel kl. 18.00? Da kan vi lage mat sammen.
3. Tusen takk. Vil du ikke komme på besøk i kveld?
4. Hei, Marthe. Takk for sist!
5. Flott, da ses vi altså kl. 18.00.
6. Hei, Anders. Takk for sist. Hvordan går det?
7. Det går dårlig. Jeg har mistet jobben.
8. Det vil jeg gjerne. Når passer det for deg?
9. Ikke så verst. Og med deg?
10. Det fikser jeg.
11. Supert. Hva skal jeg kjøpe?
12. Det gjør vi. Ha det!
13. Jeg har kjøtt, poteter og grønnsaker hjemme. Kanskje en god flaske vin?
14. Å, det var synd å høre. Jeg håper at du finner deg ny jobb snart.

å fikse, fikset	arreglar, arregló
super	súper, estupendo
ei flaske	una botella
(en) vin	(un) vino
å håpe, håpet	esperar, tener la esperanza de; esperó, tenía la esperanza de

1 Trenger du artikkelen? ¿Necesitas el artículo?

Lise ønsket alltid å bli _____ lærer. Nå er hun _____ god sykepleier. I forgårs traff hun _____ russisk mann, _____ amerikaner og _____ italiener. Russeren er _____ bra lege, amerikaneren er _____ tannlege, og italieneren er _____ ung student. Hun snakket også med _____ muslim og _____ ung katolikk. Hun jobber som redaktør og gleder seg til å bli _____ pensjonist snart. De har kjøpt _____ leilighet. De må ta bussen til byen og vil kjøpe _____ bil snart.

2 ¿Lang(t) o lenge?

På lørdag var jeg _____ på en bursdagsfest hos en venn. Festen var på et sted _____ fra huset mitt. Først så vi _____ på en film, så spiste vi ute _____. Bordet sto _____ fra huset. Før festen prøvde jeg _____ å treffe min venn. Da vi spiste, satt han _____ fra meg. Vi kunne ikke snakke mye og _____ denne kvelden. Klokka kvart på to ringte jeg en drosje, men måtte vente _____ til den kom. Veien var _____, derfor tok det _____ tid å komme hjem.

3 Hva liker du å gjøre i fritida di?

4 Reescribe las siguientes oraciones.

Eksempel: Per vet: «Maria drikker ikke kaffe.» → Per vet at Maria ikke drikker kaffe.

a) Morten har et fint hus. Huset er i Hamar.

→ Morten har et fint hus som …

b) Stine går på tur. Men sola skinner ikke.

→ Stine går på tur selv om …

c) Bjørn har ikke penger. Derfor kan han ikke dra på ferie.

→ Bjørn kan ikke dra på ferie fordi …

d) Birgitte har en hund. Hunden er ofte syk.

→ Birgitte har en hund som …

e) Vi kan ikke dra på tur når været er dårlig.

→ Når været er dårlig, …

f) Hilde sier: «Jeg kan ikke komme i kveld.»

→ Hilde sier at …

g) Hilde kan ikke komme på besøk. Hun føler seg ikke bra.

→ Hilde kan ikke komme på besøk fordi …

h) Jeg skal spise frokost før jeg går på jobb.

→ Før jeg går på jobb, …

i) Jeg vil ikke arbeide på lørdager og søndager.

→ På lørdager og søndager …

l) Vi kan gå på tur hvis det ikke snør.
→ Hvis det ...
k) Erna vil komme på besøk. Etterpå skal hun reise til Tromsø.
→ Før Erna ...
l) Tromsø er en by. Der skinner sola ikke om vinteren.
→ Tromsø er en by hvor ...

5 Completa con una palabra que encaje.
Jeg heter Liv ... arbeider ... lege på sykehuset. Vanligvis må ... allerede stå opp rundt kl. 5.00, for vi ... å arbeide kl. 6.00. Jeg spiser ... og dusjer før jeg drar på jobben, men jeg ... ikke avisa. Der er det bare dårlige nyheter! Jeg liker å ... bussen til sykehuset, for det går ganske fort ... bussen. ... etter jobben liker jeg å gå. Da kan jeg slappe ... og være ... naturen.

Når jeg begynner på jobben, må jeg først snakke med ... andre legene. Etterpå vet jeg ... jeg må gjøre. ... besøker jeg pasientene mine og snakker med sykepleierne. Kl. 11.30 ... jeg lunsj. Etter det arbeider jeg ... til kl. 14.00.

Jeg spiser ... med familien min når jeg kommer ... Sønnen min liker å ... mat. Det er veldig bra for meg og mannen min – da har vi ... så mye å gjøre hjemme.

6 Hvor vil du bo? I byen eller på landet? Fortell hvorfor.

«Mistet ham? Det var jo synd.» Erna er skuffet. Hun har arbeidet så lenge med Nils, og hun har vært veldig stolt over å ha laget en såpass pen nisse. Først var Susanne ikke glad i ham, og så mistet Lise ham. Helt utrolig. Fra nå av skal hun bare kjøpe sjokolade eller blomster i bursdagsgave. Nok er nok.

Men så må hun også tenke på den tåpelige papirlappen som er skjult i nissen. Det var jo helt urealistisk at noen skulle finne den, men nå er det altså virkelig umulig.

Egentlig har denne papirlappidéen vært dum fra begynnelsen av.

Hun må huske da hun skrev den første lappen, som hun skjulte i ei bok. Så ba hun Lise om å levere boka tilbake på biblioteket. Selvfølgelig åpnet hun ikke boka og fant aldri lappen. Det samme skjedde da hun la en lapp i et påskeegg som hun ga til Per. Hun husker så godt hvordan Per spiste opp egget uten å legge merke til at det var en papirlapp i det.

«Bestemor! For en hyggelig overraskelse!»

Hun må le. Resten av familien ser litt forvirret på henne.

Men sammenlignet med nissen var det jo nesten smart å legge en beskjed i et påskeegg eller ei bok.

Da tar hun en beslutning. Hun kommer ikke til å skrive idiotiske papirlapper som ingen kan finne. Hun må legge kortene på bordet. Nå eller aldri. Hun puster dypt inn.

«Jeg må si noe til dere. Som min familie må dere vite dette.»

såpass	tan; tanto (por lo menos)
pen	bonito/a
fra nå av	de aquí en adelante
en blomst [å]	una flor
i bursdagsgave	como regalo de cumpleaños
tåpelig [-li]	estúpido/a, necio/a, ridículo/a
urealistisk	poco realista
umulig [-li]	imposible, inviable
en begynnelse [bejy-]	un comienzo, un principio
å be, ba, har bedt om	pedir, rogar, rezar; pidió, rogó, rezó; ha pedido, ha rogado, ha rezado
å levere, leverte	entregar, aquí: devolver, devolvió
et bibliotek	una biblioteca
et påskeegg	un huevo de Pascua
å legge merke [mærke] til, la, har lagt	darse cuenta, advertir
en rest	un resto
sammenlignet med	comparado/a con
smart	elegante, listo/a, ingenioso/a
en beskjed [beskje]	un mensaje
en beslutning	una decisión
idiotisk	idiota, estúpido/a
å legge kortene på bordet	poner las cartas sobre la mesa

Lars, Susanne og Lise virker fortsatt flaue. De tenker at det har noe med nissen å gjøre.

«Vi vet at vi er håpløse, mamma. Du trenger ikke å si det. Men vi finner sikkert Nils igjen.»

«Nei, det er bare ...»

«Ja, du har rett», avbryter Lise. «Det finnes ingen unnskyldning. Jeg vet at du har brukt så mye arbeid på denne nissen. Jeg forstår ikke hvordan det kunne skje. Hele tida forsvinner det noe i dette huset. Per savner til og med noen mobiltelefoner.»

«Men jeg mener at ...»

Da åpner døra seg. Per kommer inn, smiler og kommer mot Erna.

«Bestemor! For en hyggelig overraskelse!»

Erna føler at sjansen forsvinner. Hun var så sikker på at hun klarte å si det. Men det går bare ikke. Hun smiler litt mot Per. Så går hun ut av leiligheten, uten å si et ord. Mens hun lukker døra, hører hun Lise rope: «Men mamma! Nå overdriver du.»

Hun går ut i gata og gråter av fortvilelse.

håpløs	desastroso/a, desesperado/a, desesperante
å avbryte, avbrøt, avbrutt	interrumpir, interrumpió, ha interrumpido
en unnskyldning	una disculpa
å mene, mente	creer, opinar, querer decir; creyó, opinó, quiso decir
for en ...	qué ..., menudo ...
en overraskelse [åv-]	una sorpresa
å være sikker på	estar seguro/a (de)
bare	sólo, solamente
et ord [or]	una palabra
å lukke, lukket [o]	cerrar, cerró
å overdrive, overdrev, overdrevet [å]	exagerar, exageró, ha exagerado
(en) fortvilelse [får-]	(una) desesperación

¡Sin gramática nueva en este capítulo!

Así que relájate y simplemente échales un vistazo a las oraciones que puedan ser un poco complicadas.

1

Det var jo synd.

¿Estás preguntándote qué significa **jo** en este contexto? En realidad, casi nada en absoluto. Está sólo enfatizando que es *verdaderamente una pena*. En español podríamos decir *en efecto* o *después de todo*, entre otras cosas. Observa el siguiente ejemplo:

Det var jo helt urealistisk at noen skulle finne den.

Hay también algo más que buscar en esta oración. Obviamente hay una oración subordinada integrada en la oración, empezando con **at**. Me gustaría que centraras tu atención en los tiempos verbales. Ambos verbos están en *preteritum* (**var** y **skulle**). Si fuésemos a poner esta frase en tiempo presente, diríamos:
Det **er** jo helt urealistisk at noen **skal** finne den.
Así que asegúrate de ser coherente al usar los tiempos verbales.

2

Hun har vært veldig stolt over **å ha laget en såpass pen nisse**.
Podemos usar un verbo (infinitivo con **å**) en lugar de una "cosa". Gramaticalmente, podemos también decir, por ejemplo:
Hun har vært veldig stolt over **jobben**.
Así, en lugar de **jobben**, podemos decir **å ha laget en såpass pen nisse**.

Observa otro ejemplo, donde estamos haciendo lo mismo:
Så ba hun Lise om **å levere boka tilbake**.
De nuevo, gramaticalmente podemos también decir, por ejemplo:
Så ba hun Lise om **dette**.

3

Hun må huske da hun skrev den første lappen, som hun skjulte i ei bok.
¿Cuántas oraciones hay ahí?
Bien, hay una oración principal (como siempre) y dentro de esta oración, hay dos oraciones subordinadas:
- **da hun skrev den første lappen**
- **som hun skjulte i ei bok**

Echemos un vistazo más de cerca a esto. ¿Cuál es el sujeto en la oración principal? Es fácil, **hun**. ¿Qué hay del verbo? **Må** – sencillo, también. Y está en el segundo lugar, como debe ser. ¿Qué es **huske**? Obviamente, un segundo verbo, que está en infinitivo (como debe ser dado que es el segundo verbo) y que no lleva **å** porque **må** es un verbo modal. Estupendo. Sigamos. Todo después de **huske** es en realidad un objeto. ¿Por qué? Debido a que eso es lo que ella tendrá que recordar. Podría simplemente reemplazarlo todo, por ejemplo, con la palabra **dette**:
Hun må huske **dette**.
Por supuesto, las dos oraciones subordinadas tienen su propia estructura, incluyendo un sujeto cada una, un verbo cada una, y un objeto (**den første lappen**) o una pieza de información indicando el lugar, respectivamente (**i ei bok**). Pero desde el punto de vista de la oración principal, ambas oraciones subordinadas juntas forman el objeto, ¿verdad? Así que date cuenta de que un objeto puede ser extremadamente largo. Si no te sientes muy seguro acerca de esto, por favor, repásalo en los capítulos 18 y 19, dado que es bastante importante. No esperes a mañana. Hazlo ahora mismo.

161

Bank, post, politi ...

å låne, lånte	prestar, tomar prestado; prestó, tomó prestado
å stenge, stengte	cerrar(se), (se) cerró
en pakke	un paquete
et frimerke [-mærke]	un sello
et brev	una carta
å stjele, stjal, har stjålet	robar, robó, ha robado
en sykkel	una bicicleta
å anmelde, anmeldte	notificar, denunciar; notificó, denunció
(et) politi	(la) policía
en konto	una cuenta
en bank	un banco
en barnehage	una guardería

Klokka er 13.30. Erna har mye å gjøre. Hva skal hun gjøre først? Kan du hjelpe henne?

a) Erna må levere ei bok som hun har lånt på biblioteket. Men biblioteket stenger kl. 14.00 i dag.

b) Hun må hente en pakke på postkontoret. Men hun kan ikke hente pakken før kl. 15.00. Hun må også kjøpe frimerker for å sende to brev.

c) Noen har stjålet sykkelen hennes, og hun vil anmelde det til politiet.

d) Hun vil åpne en konto i banken. Den stenger kl. 15.00 i dag.

e) Naboen hennes har bedt henne om å hente barnet i barnehagen kl. 15.30.

f) Hun vil bytte en genser som hun har kjøpt. Den er nemlig for trang. Hun vil kjøpe en genser som passer. Butikken stenger kl. 16.00.

g) Hun vil besøke ei venninne som heter Randi. Det kan hun gjøre når hun vil.

1 Finn den riktige formen for substantivene i parentes: bestemt/ubestemt, med eller uten artikkel, entall/flertall. Encuentra la forma adecuada de los sustantivos entre paréntesis: definida/indefinida, con o sin artículo, singular/plural.

Dagen før (reise) besøker Erna (familie). Hun går inn i (stue). Der ser hun (bord), fire (stol), (sofa) og (kommode). Lise sitter i (sofa). Lars er på (kjøkken) og steker (kjøtt) i (kasserolle). Susanne sitter ved (bord). Erna spør Susanne hvordan det går på (skole). Men Susanne vil ikke snakke så mye om (skole). Hun vil heller snakke om (hest). Hun har nemlig begynt å ta (ridetime). De snakker også om Nils – Nils er (gave) fra Erna.
Da kommer Lars med (mat).

2 Svar på spørsmålene. Velg den riktige artikkelen for spørsmålene og den rette flertallsformen for svarene. Les numrene høyt. Responde las preguntas. Para los sustantivos entre paréntesis en las preguntas, escoge el artículo correcto. Para las respuestas, escoge la forma plural adecuada. Lee los números en alto.

Eksempel: Har Erna skrevet (tekst)? 5 → Har Erna skrevet en tekst? – Hun har skrevet fem tekster.

a) Har Lise kjøpt (brød)? 7
b) Har du (glass)? 21
c) Kan vi se (film)? 2
d) Har Lars lest (bok)? 13
e) Har Stine (bror)? 3
f) Har Lars og Lise (barn)? 2
g) Kan dere gi meg (kniv)? 18
h) Har Lars og Lise (soverom)? 2
i) Skal du ringe (kunde) i dag? 11
j) Kan jeg få (stykke) papir? 14
k) Finnes det (bakeri) i denne byen? 8

3 Var du en gang skuffet i livet ditt? Fortell om det.

4 Svar på spørsmålene.
a) Hvorfor vil Erna bare kjøpe blomster eller sjokolade i bursdagsgave nå?
b) Hvordan har hun prøvd å fortelle hemmeligheten til familien?
c) Hvorfor har det ikke fungert?
d) Hva tenker familien at Erna vil si?
e) Hvorfor savner Per en mobiltelefon?
f) Hvor har Per vært?
g) Hvorfor går Erna plutselig?

5 Completa con un verbo adecuado. Recuerda escoger la forma correcta.

å kunne – å skulle – å måtte – å ville – å vite – å få – å gå – å ta – å gjøre – å si – å sette
å sitte – å finne – å prøve – å ligge – å legge – å skrive – å dra – å stå – å ha – å være

a) Har du ... en leilighet allerede?

b) I morgen ... Knut kjøre til Oslo.

c) I 1990 ... jeg ennå på skolen.

d) Jeg ... gjerne ha en kopp kaffe, takk.

e) I dag har jeg mye ...

f) Jeg ... meg kl. 21 og sov rett etterpå.

g) Han ringte meg kl. 22, men da ... jeg allerede i senga.

h) Marthe, jeg ... dessverre ikke komme på besøk i kveld.

i) Som sykepleier måtte jeg ... mange rapporter.

j) Jeg hører deg dårlig. Hva ... du?

k) I går ... jeg opp kl. 5.00 allerede.

l) Er Martin fra England? – Det ... jeg ikke.

m) Kom inn og ... deg. Her har vi en stol.

n) Er Tove her? – Nei, hun ... til Bergen.

o) Har du ... å ringe meg?

p) Nå har jeg ... i sofaen i nesten to timer.

q) ... du hos mora di i går? – Nei, jeg ... arbeide i går.

r) På mandag ... jeg en interessant e-post av en venn.

s) Hvorfor ... du ikke bussen hit?

6 Pon los pronombres en su forma correcta.

Jeg har to venner – Bente og Geir. Med vennene ... gjør jeg mange ting. Ofte lager vi mat på Bentes kjøkken. Kjøkkenet ... er ganske stort. Geir har også et stort kjøkken, men kjøkkenet ... er ikke så pent. Og kjøkkenet ... er veldig lite.

I dag vil vi lage suppe for kjærestene ... Vi har invitert ..., og ... kommer snart. Geir har kjøpt alt vi trenger. Men han har ikke fått pengene fra ... ennå. Bente arbeider allerede. ... er en god kokk. Geir er ikke en så god kokk, men det går fint å arbeide med ...

Geir er glad i litteratur, og han forteller ... ofte om nye bøker. Men bøkene ... er kjedelige, synes jeg. Jeg liker å gå på skiturer, og jeg vil heller snakke om turene ... Av og til går jeg på tur med Geir og Bente, men arbeids-uka ... er så lang, og da har de ikke så mye tid.

Nå kommer kjærestene ... Jeg skal åpne døra for ...

Har du også gode venner? Hva gjør du med vennene ...?

7 Escribe las siguientes oraciones en *preteritum*.

a) Hun sier at hun må arbeide.

b) Han vet at han ikke kan komme på besøk.

c) Han må ta trikken.

d) Han spør om han bør snakke med en lege.

e) Hun tenker at hun jobber for mye.

8 Bruk *infinitiv* + *å*. Usa una construcción con *infinitivo* + *å*.

Eksempel: Jeg glemmer aldri katten. (å mate) → Jeg glemmer aldri å mate katten.

a) Han tenker på ny jobb. (å lete etter)

b) Hun gleder seg til Bach-konserten. (å gå på)

c) Den unge læreren arbeider med ei bok om Norge. (å skrive)

d) I dag må jeg begynne med gulvene. (å vaske)

¿Te has enamorado de la gramática?

Sé que sueno como un cínico. La mayoría de la gente ha odiado la gramática desde el colegio, y eso hace que le den escalofríos cuando ven tablas o escuchan extrañas expresiones latinas. También, cuando la gente piensa en idiomas extranjeros que han estudiado en el colegio o la universidad, normalmente dicen "nunca aprendimos a hablar, sólo hicimos gramática".

Consecuentemente, muchas escuelas de idiomas han casi abolido el estudio de la gramática. Pueden llamar a esto un "enfoque comunicativo", y puede que comparen esto con cómo los niños aprenden la lengua materna.

Mientras estoy de acuerdo en que la gramática está increíblemente sobreestimada en las escuelas tradicionales, también estoy convencido de que está críticamente subestimada en muchos cursos de idiomas modernos. Creo firmemente que deberías tener un muy buen conocimiento teórico del idioma que quieres aprender.

Ahora, antes de que me tires tomates, déjame defender primero mi punto de vista y mostrarte entonces cómo puedes enamorarte de la gramática (¡sí, puedes!).

Los niños tienen la habilidad de aprender las cosas correctamente sin estudiar gramática, así que, ¿cómo puede ser este enfoque incorrecto? Bueno, primeramente, puede que no tengas tanto tiempo como un niño pequeño. Un niño de dos años emplea casi todo su día aprendiendo a hablar. En segundo lugar, los niños tienen una capacidad ilimitada de imitación, que se deteriora una vez que has aprendido tu lengua materna. Comenzarás entonces a comparar todo con tu lengua materna, por lo que todas las estructuras de un nuevo idioma te parecerán incorrectas al principio.

Por eso, si quieres aprender un idioma rápido, y usarlo correctamente, no evites la gramática. Así, ¿cómo puedes hacer que te resulte más sencilla?

1. Cambia tu actitud. ¿Conoces a alguien que haya aprendido tu lengua materna como idioma extranjero perfectamente, que hable casi sin ningún error? ¿Cómo suena esto en comparación con quien nunca se preocupó por la gramática? ¿Cómo te gustaría hablar noruego? ¿Quieres ser admirado por los noruegos, o que se rían de ti?

2. Asegúrate primero de aprender bien las cosas más importantes. En noruego, esto es la correcta combinación de artículo + adjetivo + sustantivo, y la estructura de la oración.

3. Cuando hables, no pienses en la gramática antes de hablar, sino después. ¿Suena raro? He visto muchos estudiantes que no quieren hablar porque están asustados de cometer errores. Pero puedes aprender de los errores. Obtén ayuda de profesores y amigos – anímales a corregirte. Analiza lo que has dicho: ¿por qué estaba mal, y cómo lo dijo tu amigo/profesor? ¿Qué reglas aplicaron? Haz los mismo con los textos – léelos enteros de nuevo después de haberlos escrito.

4. No te estreses. Si no entiendes un tema de gramática hoy, deja el libro de texto y dáte un paseo. Dale otra oportunidad mañana.

En este libro hemos intentado dar explicaciones rigurosas, y aun así agradables. Sin embargo, si hay algo que no entiendes, o si tienes una sugerencia de cómo podríamos mejorar una explicación o un ejercicio, por favor, envía un correo electrónico a nils@skapago.eu

Det var så lett. Nils er fornøyd. Mens Erna og familien var opptatt med maten, klatret han inn i Ernas håndveske, som sto i garderoben. Han var litt redd først – kunne Erna finne ham før hun dro hjem? Men hun åpnet ikke håndvesken etter middagen. Hun tok den bare og gikk ut. Da de var ute på gata, hørte han at Erna begynte å gråte. Hvorfor var hun så trist? Han syntes synd på henne.

Etter togturen hjem legger Erna håndvesken i gangen hjemme hos seg. Så går hun og legger seg. Når Nils hører at hun sover, klatrer han ut av håndvesken og skjuler seg i kofferten, slik som Emil har anbefalt. Så sovner han også.

Han våkner av at det er veldig mye bråk ute.

Nils er helt forvirret. Han har aldri vært på en jernbanestasjon midt på dagen. Erna bærer visst kofferten gjennom stasjonen. Han vet ikke at hun må kjøpe billett. Plutselig stopper hun, og Nils føler at kofferten står på gulvet.

Bare hun ikke mister billetten!

«Hei, jeg vil reise til Trondheim», sier Erna.

«Aha», sier ei dame. «Nå?»

«Ja, nå», sier Erna.

«Men det går ingen tog nå. Du kan ta regiontoget kl. 18.38, eller så tar du nattoget som går kl. 22.36.»

Erna nøler. Nattoget koster sikkert litt mer, men så slipper

lett	fácil, ligero/a
en håndveske [hånn-]	un bolso (de mano)
en garderobe	un ropero
å synes synd på	compadecerse, sentir lástima por
en togtur [tågtur]	un viaje en tren
å sovne, sovnet [såvne]	dormir, durmió
(et) bråk	(un) ruido
visst	*aquí:* al parecer, por lo visto; *lit.* sabido
et regiontog [tåg]	un tren regional
et natttog [tåg]	un tren nocturno
å slippe, slapp, sluppet	eludir, eludió, ha eludido

hun å finne et hotell i Trondheim.

«Jeg tar nattoget, takk.»

«Én vei eller tur-retur?»

«Bare én vei.»

«Billetten koster seks hundre kroner.»

«Vær så god.»

Erna gir henne en femhundrelapp og en hundrelapp.

«Tusen takk. Her er billetten din.»

Erna tar billetten. Dama sier at toget går fra spor 14.

Bare hun ikke mister billetten! Hvor skal hun legge den? Å ja, i kofferten. Der er den trygg. Forsiktig åpner hun kofferten. «Ah! Å gud!» roper hun. Dama som solgte henne billetten, ser irritert på Erna. «Hva er det?» spør dama. «Eh ... jeg beklager», sier Erna. «Jeg trodde at jeg så en bevegelse i kofferten. Men det er jo helt umulig.»

Dama smiler. Gamle folk, altså ..., tenker hun.

én vei	de ida, un viaje
tur-retur	de ida y vuelta
en hundrelapp	un billete de cien coronas
et spor	una pista, una huella
bare hun ikke mister ...	ojalá que (tan sólo) no pierda ...
trygg	seguro/a, confiado/a
å gud!	¡Oh, Dios! ¡Por el amor de Dios!
å selge [selle], solgte [å], solgt	vender, vendió, ha vendido
irritert	irritado/a
hva er det?	¿Qué pasa? ¿Qué sucede?
å beklage, beklaget	lamentar, lamentó

Verbos que terminan en -s

La mayoría de los verbos tienen una forma presente que acaba en **-r**. Sin embargo, hay verbos irregulares que no tienen esta terminación. Hay un pequeño grupo de verbos que acaban en **-s** en todos los tiempos verbales:

```
å synes – synes – syntes – har syntes
å møtes – møtes – møttes – har møttes
```

A veces estos verbos vienen de otros verbos regulares y tienen entonces el significado adicional de *mutuamente*:

```
vi ses/sees      we will see each other/see you
vi snakkes       we will talk to each other/talk to you
```

Hvem sier hva om seg selv?
Erna – Lars – Lise – Per – Susanne

Jeg har alltid syntes at det er veldig fint å jobbe med tøy, nål og tråd. Jeg var selvstendig i 32 år og ledet min egen bedrift. Da jeg gikk av med pensjon for noen år siden, var jeg redd for at jeg skulle kjede meg. Men livet som pensjonist er fint til tross for at pensjonspengene fra Folketrygden ikke er veldig mye å leve av og jeg må spare så godt jeg kan. Jeg savner jobben min som sydame, men av og til syr jeg noe for familiemedlemmene mine.

å jobbe, jobbet [å]	trabajar, trabajó
et tøy	una tela, una ropa
en nål	una aguja
en tråd [trå]	un hilo
selvstendig [sellstendi]	independiente, autónomo/a
selvstendig nærings-drivende	independiente, autónomo/a
å lede, ledet	guiar, dirigir; guió, dirigió
egen	propio/a
en bedrift	una empresa, una hazaña
å gå av med pensjon [pangsjon]	retirarse, jubilarse
til tross [tråss] for at	a pesar de que
pensjonspenger	pensión
(en) Folketrygd [fålke-trygd]	*el Sistema Estatal de Noruega de Seguridad Social y pensiones*
å spare penger, sparte	ahorrar dinero, ahorró
en sydame	una costurera
å sy, sydde	coser, cosió

en bachelorgrad	una diplomatura (título universitario, 3 años)
en høyskole/høgskole	una escuela superior (de nivel universitario)
(en) generell studiekompetanse	estudios generales (para tener acceso a la universidad)
et studium, studiet, studier, studiene	estudios (*generalmente plural*)
en ambulansearbeider	un paramédico
slitsom [-såm]	fatigoso/a, cansado/a
et skift	un turno
en vakt	una guardia
å være ansatt	ser empleado/a
å vare, varte	durar, duró

Jeg liker å jobbe sammen med mennesker. For noen år siden begynte jeg å ta en bachelorgrad, som tok tre år, ved Høgskolen i Oslo. For å studere måtte jeg ha generell studiekompetanse. Ved siden av studiene jobbet jeg som ambulansearbeider. Det er litt slitsomt med skiftarbeid og vakter i helgene. Jeg er ansatt som sykepleier ved sykehuset i Oslo, og vaktene mine varer vanligvis i 12 timer.

Som barn ville jeg bli politimann, men da jeg var 15 år, var mitt eneste mål å tjene godt og ha gode jobbutsikter. Etter grunnskolen tok jeg en fireårig videregående opplæring med bygg- og anleggsteknikk og to år med murerfaget i et byggefirma. Da fikk jeg svennebrevet mitt som murer, og mesterbrevet fikk jeg seks år senere. I dag jobber jeg som prosjektleder i en byggebedrift og drømmer om å bli byggeleder snart.

en politimann, politimenn	un policía, unos policías
et mål	una meta
en utsikt	una vista, una perspectiva
en grunnskole = barneskole og ungdomsskole	*una enseñanza básica obligatoria (6 a 16 años)*
fireårig	cuatrienal, de cuatro años
en opplæring [åpp-]	una formación, una instrucción
et bygg	un edificio
(en) anleggsteknikk	(una) Tecnología de la Construcción
et murerfag	una asignatura / curso de albañilería
et firma	una empresa, una compañía
et svennebrev	*un diploma oficial*
en murer	un albañil
et mesterbrev	una maestría, una licencia de maestro
senere	posterior, después, más tarde/ adelante
en prosjektleder	un jefe de proyecto
å drømme om, drømte	soñar con, soñó
en byggeleder	un jefe de obra

Jeg tjener ingenting, men jeg er glad for å stå opp hver dag og lære noe. Mange av mine venner vil utdanne seg til spesielle yrker i forskjellige videregående skoler. Etter eksamenen min i videregående skole (allmennfag) skal jeg søke på juss ved UiO for å bli advokat. Jeg gleder meg til russefeiringen i mai.

å utdanne seg, utdannet	formarse, se formó
et yrke	una profesión, un oficio
en videregående skole	*un instituto de bachillerato (16-19 (20) años)*
en eksamen	un examen
eksamen i videregående skole	examen de bachillerato
et allmennfag	una asignatura común
å søke (på), søkte	aplicar (para), aplicó
juss	derecho
en advokat	un/a abogado/a
UiO	Universidad de Oslo
en russefeiring	*Fiesta de los alumnos de bachillerato antes de acabar sus exámenes cada mayo en Noruega*

å lære, lærte	aprender, aprendió
en ungdomsskole [ongdåm]	*una escuela de enseñanza secundaria (12 (13) - 14 (15) años)*
en karakter [karaktér]	*una nota (académica)*
ambisiøs	ambicioso/a
en barneskole	una escuela de enseñanza primaria (6-12 (13) años)
en skolekamerat	un/a compañero/a de clase
en lærer, læreren, lærere, lærerne	un/a profesor/a, el/la profesor/a, unos/as profesores/as, los/as profesores/as
et yndlingsfag	una asignatura preferida
(en) kroppsøving [å]	educación física
(en) matematikk	matemáticas

Jeg lærer mye hver dag. Om fire år må jeg bytte til ungdomsskolen. Vi får ikke karakter på eksamenene våre, men jeg er likevel ambisiøs. Jeg er elev og begynte å gå på barneskolen da jeg var seks år gammel. Jeg liker skolekameratene mine og læreren min. Yndlingsfagene mine er kroppsøving, matematikk og norsk.

171

1 Finn passende svar på det mamma kan si til barnet sitt, og bruk imperativ. Bruk pronomen (*ham, henne, den, det, dem*) hvis nødvendig.

Eksempel: Du er ikke klar for skolen? → Kle på deg og gå!

Rommet ditt ser forferdelig ut! _____.

Du har ikke spist siden kl. 6.30? _____.

Du har ikke snakket med mormora di? _____.

Du ser på TV igjen? _____.

Du har ikke sagt «hei» til denne dama? _____.

Klokka er allerede 23.00, og du er ikke i seng? _____.

Du drikker Cola? _____ vann!

Du har ikke gjort leksene dine? _____.

Du ser at pappa trenger deg, men gjør ingenting? _____.

Du slår broren din? _____.

2 Lag forskjellige setninger med *mange* eller *mye* og substantivene.

Eksempel: ei jakke → Hun har mange svarte jakker.

tid – tanke – sko – følelse – venn – penger – underbukse – lyst – klær – gate – vann – møbler – idé – sannhet

3 Forma preguntas con *synes du at…* o *tror du at…* Responde las preguntas con *ja* o *nei*.
(Si crees que hay varias posibilidades, prueba todas ellas.)

Eksempel: Tror du at det finnes en Gud? – Ja, det tror jeg.

… søstra di er glad i gaven?   … vi skal bytte TV-kanal snart?   … vi har glemt kvitteringen?

… det regner i dag?   … religion er viktig?   … filmen var god?

… butikken er døgnåpen?   … vi finner veien tilbake?   … postkontoret er åpent nå?

… poteter smaker godt?   … vi skal spise her igjen?   … jeg er pen?

… han vet hva han gjør?   … det er viktig å gå på skolen?

4 Husker du forskjellen mellom *ut* og *ute*? (Hvis ikke, les kapittel 12.) Lag fire setninger med *ut* og fire setninger med *ute*, alle andre ord i setningene kan du velge selv.

5 Skriv fem korte tekstmeldinger (SMS) til bekjente og venner. Skriv f.eks. om været og hva du har planlagt for den neste helgen.

Nå er Nils lysvåken. Da han våknet på stasjonen, tenkte han at han var trygg i kofferten. Hvorfor måtte Erna legge billetten i kofferten? Da hun gjorde det, kunne han nesten ikke puste, så redd var han.

Hun så ham, men det gikk så fort at hun ikke skjønte det. Heldig-vis!

Nå ligger denne «billetten» rett foran ham. Hva er egentlig en billett? tenker Nils. Den må være av papir. Nils husker det som Emil sa: Han har en papirlapp i magen. Har han altså en «billett» i magen? Hvorfor trenger man det? Nils skjønner ingenting.

Erna finner kupéen sin og setter seg ned. Burde det ikke være ei seng her? Hvor er den?

Det banker på døra. Erna åpner. Det er ei gammel dame i uniform. Hun må være konduktøren. «Billettkontroll», sier dama.

Nei! tenker Nils. Han gjemmer seg bak noen grå underbukser. Forhåpentligvis finner Erna ham ikke!

Erna åpner kofferten igjen, finner frem billetten og gir den til konduktøren. Hun virker helt rolig. Da har hun vel ikke sett Nils denne gangen? Nils føler at det blir vanskelig å slappe av. «Unn-skyld, er dette ikke en sovevogn? Hvor er senga mi?» spør Erna. «Den er her», sier dama og trekker ut benken. Så snur hun den, og da ser Erna at det er ei seng på baksiden av benken. «Å, takk!» sier hun. «Bare hyggelig. God natt!» Dama går ut av kupéen og lukker døra.

«Hvor er senga mi?»

lysvåken	totalmente despierto/a
en kupé	un compartimento, un habitáculo
sin	su, (el) suyo (*véase la explicación gramatical*)
å banke, banket	golpear, aporrear; golpeó, aporreó
en uniform [-årm]	un uniforme
en konduktør	un/a conductor/a
(en) billettkon-troll [-tråll]	(un) control de billetes
forhåpentligvis [-livis]	ojalá, es de esperar que
vel [vell]	bien, bueno, ahora bien
en sovevogn [å-å]	un coche-cama
å trekke ut, trakk, trukket [o]	sacar, sacó, ha sacado
en benk	un banco (de sentarse)
en bakside	una parte trasera, un reverso

Toget kjører sakte ut av Oslo S. Erna tar ut et ostesmør-brød som hun har kjøpt på Oslo S. Det er god kveldsmat. Men det var veldig dyrt – alt er dyrt på en jernbanestasjon.

Da hun er ferdig med ostesmørbrødet sitt, ser hun ut av vinduet igjen. «Neste stopp Lillehammer», sier den gamle konduktøren gjennom høyttaleren. Så stopper toget. Hun bestemmer seg for å sove litt.

Hun tar av seg klærne sine og legger seg i senga si. Det tar bare kort tid før hun sovner. Da klatrer Nils ut av kof-ferten – han vil se ut av vinduet. Men han er skuffet: Toget er i en tunnel. Det er ganske mørkt ute. Så klatrer han tilbake, og snart sovner han også.

sakte	lento/a, despacio
Lillehammer	*ciudad de Noruega al norte de Oslo*
en høyttaler	un altavoz
en tunnel	un túnel

burde

Ya conoces el verbo modal **burde** como un verbo modal para dar consejos o hacer sugerencias:

Du bør lære norsk hver dag.

Podemos usar la forma de pretérito para hacer la sugerencia un poco menos estricta:

Du burde lære norsk hver dag.

En la siguiente oración, el significado es ligeramente diferente – nos habla de una expectativa.

Burde det ikke være ei seng her?

sin

En el capítulo 10 aprendiste acerca de los adjetivos posesivos. Si has leído el texto de este capítulo cuidadosamente (lo que siempre haces, ¿no es así?), entonces habrás encontrado la pequeña palabra **sin**:

Erna finner kupéen sin.

¿Por qué no **kupéen hennes**? La razón es que éste es su propio compartimento. Si usamos **hennes**, esto significaría que ella encuentra el compartimento de otra mujer.

Usamos **sin** (Y las otras formas **si**, **sitt** y **sine**, que cambian de acuerdo al género/número como **din**, **di**, **ditt**, **dine**) sólo cuando el sujeto es la misma persona que posee el objeto en cuestión.
Puede resultar un poco confuso. Para entenderlo mejor, observa las siguientes oraciones:

Erna finner kupéen sin. Kupéen hennes er liten.

Estamos hablando siempre del mismo compartimento, ¿verdad? Aun así, usé **hennes** en la segunda oración. ¿Por qué? Porque en la segunda oración **kupéen hennes** es el sujeto. **Sin** nunca sirve como parte del sujeto, así que tengo que usar **hennes**.

Aquí hay otro ejemplo:

Erna leter etter billetten sin. Den ligger i veska hennes.

De nuevo – ¿por qué está **hennes** en la segunda oración? Después de todo, es también el bolso de Erna. Pero echa un vistazo más de cerca: ¿cuál es el sujeto en la segunda oración? Bien hecho – es **den**. Así que el sujeto y el poseedor no coinciden – no podemos usar **sin**.

Transport – å planlegge en reise

Du planlegger en reise. Selvfølgelig planlegger du reisen selv, altså ikke i reisebyrået.

Velg ni forskjellige ruter fra startstedene til målstedene.

Startsted:	*Målsted:*
a) Parkveien, Bodø	1 Carl Berners plass, Oslo
b) Løwolds gate, Stavanger	2 Sjøgata, Kirkenes
c) Markvegen, Ålesund	3 Skippergata, Kristiansand

Svar på følgende spørsmål for alle rutene (ikke alle er like viktige for hver rute):

- Tar du bussen, toget eller flyet?
- Trenger du T-bane, trikk eller drosje?
- Hvor må du bytte tog/fly/trikk ...?
- Har du funnet de riktige stasjonene, holdeplassene og sporene for avgangen og ankomsten?
- Har du sjekket rutetabellen?
- Er toget (flyet ...) ditt i rute/presist eller forsinket?
- Trenger du egne kjøretøy? Bilen, sykkelen, motorsykkelen – eller går du til fots?
- Hvilke steder passerer du?
- Hvor lenge varer turen din?
- Hvor mye koster billettene eller drivstoffet?
- Får du rabatt på billettprisen?
- Må du validere billettene med stemplingsautomaten, eller finnes det en konduktør?

Her kan du få hjelp:
www.nsb.no
www.rutebok.no
www.sas.no
www.norwegian.no
maps.google.no
kart.gulesider.no

Eksempel: Jeg drar fra Parkveien til stasjonen med taxi. Til Oslo tar jeg toget. Toget går fra spor 2 kl. 11.20 ...

å planlegge, planla, har planlagt	planear, planeó, ha planeado
en reise	un viaje
et reisebyrå	una agencia de viajes
en rute	una ruta
et startsted	un punto/lugar de partida
et målsted	un destino, un punto/lugar de llegada
en T-bane [tebane]	un metro
en drosje [å]	un taxi
et middel, midler	un medio, unos medios
et transportmiddel	un medio de transporte
en rabatt	un descuento
å validere, validerte	validar, validó
en automat	un expendedor, una máquina automática
en stemplingsauto-mat	una máquina validadora (de billetes)
å bytte (tog), byttet	cambiar (de tren), cambió
en holdeplass [hålle-]	una parada, una estación
en avgang	una salida
en ankomst [å]	una llegada
å sjekke, sjekket	comprobar, comprobó
en rutetabell	un horario
i rute/presis	puntual, a tiempo
forsinket	retrasado/a, atrasado/a
et kjøretøy	un vehículo
en bil	un coche
en motorsykkel	una motocicleta
til fots	a pie
å gå til fots, gikk, har gått	ir a pie, fue, ha ido
å passere, passerte	pasar (por), dejar atrás; pasó (por), dejó atrás
hvor lenge tar ...?	¿cuánto tiempo toma / lleva ... ?
(et) drivstoff [å]	(un) combustible

1 Escoge el verbo modal correcto (*skal, må, burde, bør, kan, vil*).

Jeg klarer det ikke! Jeg _____ ikke bake kaker.

_____ han ikke kjøpe bursdagsgaven snart?

Hun er allergisk. Hun _____ ikke drikke melk.

Barn _____ ikke være ute etter kl. 22 om kvelden.

Du _____ spise grønnsakene dine selv om du ikke _____.

Man _____ drikke mye vann hver dag.

_____ det regne i dag? – Nei, det _____ snø.

Dere _____ rydde nå! Jeg _____ ikke gjøre det for dere igjen.

_____ du ikke ringe mora di når du er hjemme?

2 Sett inn det riktige eiendomspronomenet (*sin/si/sitt/sine – hans/hennes ...*).

Susanne er veldig glad i broren _____. _____ bror heter Per og er 16 år gammel. De har ei beste-mor. Noen ganger kommer Erna, bestemora _____, på besøk. Lise er dattera _____ (*til Erna*) og mora _____ (*til Per og Susanne*). Lars er faren i familien og liker _____ familie. Susanne er dattera _____. _____ datter er ikke veldig glad i nissen _____. _____ nisse ble lagd av Erna. Alle liker å bo i huset _____. Susan-ne liker _____ rom. _____ rom er fint og gult. Per har også _____ rom, men han liker _____ (*Susan-nes*) rom også. Mora og faren _____ (*til Per og Susanne*) har også et rom. Rommet _____ er større enn _____ (*Susannes*) og _____ (*Pers*) rom.

3 Sett inn det riktige eiendoms- eller personlige pronomenet (*posesivos o pronombres personales*).

Vegard kan ikke finne nøklene ___. Han hadde ___ ennå i går, men nå er ___ ikke på bordet. Egentlig ligger de alltid på bordet. Han snakker med Hilde, kjæresten ___: «Hilde, har ___ sett nøklene ___?»

   «Nei, Tor, men jeg kan ikke finne togbilletten ___. Vet du hvor ____ er?»

   «Nei, jeg har ikke sett ____. Vi må lete etter ___ og etter nøklene ____.»

   Vegard går rundt bordet. Har han allerede lett under ___? Nei! Han ser under bordet, og hva ligger der? Nøklene ___! Nå må Hilde finne billetten ____. Hun sier:

   «Vegard, kan du ikke hjelpe ___?»

   «Nei», svarer Vegard. «Jeg kan ikke hjelpe ____, for jeg har ikke tid. Du må selv finne billetten ____ .»

4 Svar på spørsmålene.

Hvorfor er Erna skuffet og går fra familien uten å hilse?

Hvordan klarer Nils å være med Erna?

Hvorfor er det mye bråk da Nils våkner dagen etterpå?

Hvor mye koster billetten til Trondheim?

Hvordan ser en kupé ut?

Hva gjør Erna og hva gjør Nils på toget fra Oslo til Trondheim?

5 Hvordan kommer du til og tilbake fra jobben eller skolen?
Eksempel: Til jobben må jeg ta trikk 42 til holdeplassen Sykehuset. Der bytter jeg til T-bane 6 i retning Sentrum. Så går jeg av T-banen etter fire stasjoner og går til fots.

6 Lag setninger. Velg den riktige formen (*denne/dette/disse*) og husk å tilpasse substantivene og adjektivene.
Eksempel: hus – stor → Dette huset er stort.
a) spørsmål – viktig
b) genser – varm
c) familie – snill
d) jenter – snill
e) spørsmål – dum
f) veske – åpen
g) hotell – grønn
h) blomster – blå
i) beslutning – viktig
j) land – liten
k) storm – sterk
l) telefoner – ny
m) bord – billig
n) votter – varm
o) by – kjedelig
p) språk – vanskelig
q) bad – hvit
r) koffert – liten
s) reise – interessant
t) senger – liten
u) skjørt – lang
v) rom – mørk
w) dame – hyggelig
x) dusj – trang
y) tog – lang
z) bøker – tung
æ) kjøkken – stor
ø) kryss – farlig
å) møbler – liten

«En riktig god morgen, mine damer og herrer, da er vi i Trondheim om cirka en halv time. Toget er i rute, og beregnet ankomsttid er kl. 7.27. Vi minner våre passasjerer om å ikke glemme noe i toget. Dette toget korresponderer med NSB regiontog til Bodø, avgang kl. 7.53. Toget til Bodø kan være noe forsinket i dag.»

Allerede ved «mine damer og herrer» har Nils våknet. Han er fremdeles veldig forsiktig. Kanskje vil noen se billetten igjen? Han er klar for å skjule seg dypt i kofferten hvis det er nødvendig. Og da åpner Erna kofferten! Hun tar ut ei grå underbukse: ei av underbuksene hvor Nils skjulte seg i går. Heldigvis gjemmer han seg ikke der nå, men under en brun genser. Så tar Erna ut noen andre ting som Nils ikke kan se, og lukker kofferten igjen.

Erna har sovet veldig godt. Hun tar bort gardinen fra det lille vinduet sitt og ser ut. Sola skinner. Det må være varmt ute. En fantastisk dag! Hun står opp, pusser tennene og vasker seg. Så

Ikke noe spesielt, men greit nok.

banker det på døra igjen. Konduktøren gir henne frokosten hennes: en kopp kaffe med melk og sukker, to brødskiver, litt syltetøy og ost. Ikke noe spesielt, men greit nok, tenker Erna.

Hun er akkurat ferdig med frokosten da toget stopper. Erna og Nils er i Trondheim.

en herre [æ]	un señor, un caballero
beregnet [-ræj-net]	estimado/a, calculado/a
en ankomsttid	una hora de llegada
å minne, minnet	recordar, recordó
en passasjer	un/a pasajero/a
å korrespondere, korresponderte	concordar, cartearse; concordó, se carteó
Bodø	*ciudad en el norte de Noruega*
fremdeles	todavía, aún
en gardin	una cortina
(et) sukker [o]	azúcar
greit nok	suficientemente bueno/a
akkurat	exactamente

Kjærlighet og følelser
Amor y sentimientos

Silje og Odd snakker om Berit, Geir og Thomas. Det er et følelseskaos! Fyll inn **kjenne** eller **vite** i den passende formen og lær de nye ordene.

182

Odd: _____ du at Berit har fått seg kjæreste?

Silje: Nei! _____ du hvem han er? _____ du ham?

Odd: _____ du Thomas? Han _____ deg og _____ hva du heter.

Silje: Ah, hun er sammen med Thomas! Men er hun ikke gift med Geir?

Odd: Nei. De er skilt nå. Jeg _____ sikkert at Geir har vært forelsket i en kollega i mer enn ett år. Jeg så at han kysset henne da han ennå var gift med Berit.

Silje: _____ Berit den gang at Geir var forelsket i en kollega?

Odd: Ja, hun _____ det. Hun kranglet mye med Geir.

Silje: Stakkars Berit. Hun var sikkert skuffet og følte seg ensom. Man tror at man _____ noen, og så finner man ut at man ikke _____ noe om dette mennesket.

Odd: Ja, men det var jo også en sjanse. Hun har aldri følt ekte kjærlighet og vennskap. Hun har _____ Geir siden hun var 15 år, og de giftet seg tre år senere, fikk barn da de var unge ...

Silje: Du snakker så stygt om henne. Det er flaut. Vis litt medfølelse med henne!

Odd: Jeg viser jo medfølelse! Jeg er veldig glad for at hun nå elsker Thomas. Og jeg _____ at Thomas er veldig glad i henne. Hvordan er det forresten med deg og kjæresten din?

Silje: Kan jeg stole på deg? Jeg skal fortelle deg noe. Men ingen kan _____ det ...

(en) kjærlighet	(un) amor, (un) cariño
et kaos	un caos
et følelseskaos	un caos emocional
forelsket	enamorado/a
å være forelsket i	estar enamorado/a de
en kollega, kollegaen, kolleger, kollegene	un/a colega, el/la colega, unos/as colegas, los/as colegas
å kysse, kysset	besar, besó
å krangle, kranglet	pelear(se), (se) peleó
ekte	verdadero/a, auténtico/a
et vennskap	una amistad
gift [ji-] (med)	casado/a (con)
å skilles, skiltes, har skiltes	separarse, se separó, se ha separado
skilt	divorciado/a
stakkars, den stakkars ..., mange stakkars ...	pobre, el/la pobre ..., muchos/as pobres ...
stygg	feo/a, grave
(en) medfølelse	(una) simpatía, (una) compasión
forresten	por cierto, a propósito, además, por lo demás
å stole på, stolte	confiar en, confió

1 En typisk lørdagskveld hos Vidar og Marte. De krangler fordi han vil gå på en konsert og hun vil være hjemme. Lag en dialog (6–7 setninger/person) mellom de to og tenk på mulige argumenter for og mot Vidars og Lindas planer. Tips: Tenk på interessene til Kari, Richard og Ragnhild i kapittel 20.

2 Lag setninger. Adjektiv eller adverb? Bruk den riktige formen, og husk setningsstrukturen.

a) rask hvis for går komme hun ikke sent Erna

b) dum spørre hun hvorfor så

c) arbeide kan ikke jobb fordi han han langsom få veldig

d) for jeg å lese e-postene hennes skrive så pen like hun

e) gå hvis det sterk ta vi men heller trikken kan vi regne

f) dusj morgenen like jeg en varm om

g) vil ikke ganske kjøre Stian fordi jeg han kjøre farlig med

3 Skriv setningene på nytt.

Eksempel: Han er klar for å skjule seg dypt i kofferten hvis det er nødvendig. / Hvis ...
→ Hvis det er nødvendig, er han klar for å skjule seg dypt i kofferten.

a) Hun er akkurat ferdig med frokosten da toget stopper. / Da ...

b) Toget til Bodø kan være noe forsinket i dag. / I dag ...

c) Forhåpentligvis finner Erna ham ikke! / Erna ...

d) Da hun gjorde det, kunne han nesten ikke puste. / Han ...

e) Hun ser ut av vinduet igjen da hun er ferdig med ostesmørbrødet sitt. / Da ...

f) Hun åpnet ikke håndvesken etter middagen. / Etter ...

g) Han hørte at Erna begynte å gråte da de var ute på gata. / Da ...

h) Han vet ikke at hun må kjøpe billett. / At ...

i) Det samme skjedde da hun la en lapp i et påskeegg som hun ga til Per. / Da ...

4 Reescribe las oraciones de manera que tengan el mismo significado.
No utilices las palabras subrayadas.

Eksempel: Berit er veldig glad i Thomas. → Berit elsker Thomas.

a) Det skjønner jeg ikke.

b) Jeg husker ikke hva hun sa.

c) Togbilletten er dessverre ganske dyr.

d) Det er mulig at toget er forsinket.

e) Geir må finne seg jobb.

f) Jeg har mistet telefonen min.

g) På mandager har vi det alltid ganske travelt.

h) Jeg synes ikke at norsk mat er spesielt god.

i) Nils var ganske overrasket da han så Emil for første gang.

j) Hun trives i Oslo, selv om det er så dyrt å bo der.

Da Erna går ut av toget, legger hun merke til at det er kaldere enn i Oslo. Ikke mye, men hun kan føle det. Hvor skal hun gå? Det er ikke lettere å orientere seg her enn i Oslo.

Stasjonen i Trondheim er mye mindre enn Oslo S. Men Oslo er jo større enn Trondheim, tenker Erna. Det er også færre mennesker på perrongen. På parkeringsplassen utenfor stasjonen spør hun en eldre mann om veien. «Du må bare gå under sporene, så krysser du gata. Etter 200 meter svinger du til høyre, og ved rundkjøringen til venstre igjen. Så ser du båten din», sier mannen.

Erna takker høflig, tar kofferten sin og begynner å gå. Det tar ikke lang tid før hun ser skipet. Det er svart, hvitt og rødt, og det står «Hurtigruten» på det. Erna gleder seg til turen med Hurtigruten. Det var et godt råd av Hege å ta Hurtigruten istedenfor flyet. Det er mye kjedeligere å ta fly.

Hun går om bord. I resepsjonen viser hun billetten sin og får en lugarnøkkel. Lugaren er liten, men koselig. Den er litt større enn kupéen på toget.

Hun spør en eldre mann om veien.

Hun ser på klokka. Ti over ni. Hun har ennå mye tid, for båten går ikke før kl. 12. Rekker hun en liten tur inn til byen? Hun må ikke komme for sent – båten venter ikke. Men så bestemmer hun seg for å ta en titt på byen. Hun rekker mye i løpet av tre timer, tenker hun.

kaldere [kallere]	más caliente
lettere	más fácil, más ligero
å orientere seg, orienterte [å]	orientarse, se orientó
mindre	menos, más pequeño/a/s
færre	menos
en perrong [æ]	un andén
eldre	mayor, más viejo/a
å svinge, svinget	girar, giró
å takke, takket	agradecer, agradeció
å ta tid, tok, har tatt	durar, tardar; duró, tardó; ha durado, ha tardado
et skip	un barco, una nave
et råd	un consejo
kjedeligere	más aburrido/a
om bord	a bordo
en resepsjon	una recepción
en lugar	un camarote
en nøkkel, nøkler	una llave, unas llaves
koselig	agradable, acogedor/a
et løp	una carrera, un trayecto
i løpet [løpet] av	durante, en el transcurso de

185

Trondheim er finere enn den så ut fra toget. Hun liker de gule og røde husene ved elva. Så går hun opp til katedralen. Det er den største og fineste bygningen hun har sett. Katedralen er nesten tusen år gammel. Helt utrolig.

Før hun går tilbake til havna, vil hun handle litt mat i en butikk. Hun håper at det blir billigere enn smørbrødet hun kjøpte i går.

finere	más bonito/a
ei elv	un río
en katedral	una catedral
største	(el/la) más grande ...
fineste	(el/la) más bonito/a ...
en bygning	un edificio
ei havn	un puerto
billigere	más barato/a

Comparativos

¡Momento de comparar! Por favor, revisa el capítulo 14 si no sabes cómo hacer esto en noruego.

Økonomi

Tu amigo noruego Vegard tiene problemas económicos. Él te habla acerca de un montón de malas decisiones que ha tomado. Encuentra un consejo adecuado para cada una en la columna de la derecha (p. ej. **du bør selge bilen din**).

å abonnere på, abonnerte	suscribirse, estar suscrito; se suscribió, estuvo suscrito
brukt	usado, de segunda mano
å leie, leide	alquilar, alquiló
et lån	un préstamo, un crédito
USA	Estados Unidos

Jeg har ikke råd til å kjøpe leilighet.

Jeg har abonnert på to aviser.

Jeg må kjøpe ny bil.

Jeg kjøper alltid mat på bensinstasjonen.

Jeg må kjøpe nye møbler.

Jeg vil ta opp et lån for å reise til USA.

Det er bedre å handle på butikken.

Brukte møbler er mye billigere.

Du bør leie og ikke kjøpe.

Kan du ikke lese nyhetene på Internett?

Kan du ikke spare penger først?

Kan du ikke ta bussen?

1 Sett inn adjektiver i den rette formen (god – bedre – best).

kald/varm

Selv om Norge ligger langt mot nord, er det ikke så _____ om vinteren som man tror. Inne i landet kan det likevel være mye _____ enn for eksempel i Bergen eller Stavanger. Det _____ stedet i Norge er Karasjok.

Om sommeren er det _____ på Østlandet enn i Nord-Norge. Den _____ måneden er stort sett juli.

gammel/ung

Lise er _____ enn Susanne, men hun er omtrent like _____ som Lars. I familien er Erna _____. Susanne er _____ enn Per, men Nils er _____.

lang/kort

Den _____ dagen i Norge – som i alle andre land i Europa – er den 21. juni, og den _____ dagen er den 21. desember. Om vinteren er nettene _____ i Nord-Norge enn på Sørlandet, men om sommeren er dagene _____ på Sørlandet enn i Nord-Norge.

tung/lett

For Erna er det _____ å snakke om hemmeligheten hennes. Det er _____ for henne å snakke om den enn å skrive den på en papirlapp. Hun synes det er _____ å snakke med Hege enn med familien. Men det _____ er at hun ikke klarer å snakke om den.

få/mange/lite/mye

I Bergen bor det _____ mennesker enn i Stavanger, men _____ mennesker enn i Oslo.
På Østlandet har vi _____ dager med regn enn i Nord-Norge, men de _____ regndagene har vi på Vestlandet. I Bergen regner det _____ enn i alle andre byer i Europa. Men i Bergen er det _____ snø enn i Oslo.

bra/god

Kjenner du et _____ utested? Jeg har lyst til å spise noe _____ enn i går, men jeg kjenner ingen _____ restaurant. Mange sier at det er _____ å spise italiensk mat, men jeg liker meksikansk mat _____. Hva er den _____ middagen du noensinne har spist? Hva likte du _____?

ille/ond/vond

Jeg husker ikke én rett som var god, jeg husker bare den _____ retten, og den var enda _____ enn hurtigmat. Den så _____ ut, luktet (smelled) enda _____ og smakte _____. Etterpå hadde jeg vondt i magen, og det ble _____ dagen etter. Det var aller_____ da jeg prøvde å spise noe.

stor/liten

Marit, kan du hjelpe meg? Jeg har et _____ problem. I går kjøpte jeg en genser, men nå ser jeg at den er for _____. Jeg har vasket den, men nå er den enda _____. Den er blitt den _____ genseren jeg noensinne har hatt! Mener du at jeg kan sende den tilbake til den _____ butikken hvor jeg har kjøpt den? Jeg må kjøpe en annen genser som er litt _____. Men det _____ problemet er at jeg ikke finner kvitteringen. Kan du hjelpe meg med å lete etter den?

kjedelig

Jeg synes denne boka er _____, men denne oppgaven er den _____ oppgaven i hele boka.

2 Når ønsker du hva?

Eksempel: Gratulerer med dagen! → «Gratulerer med dagen» sier man når noen har bursdag.

Hurra for Norge!

Godt nyttår!

God helg!

Vi snakkes!

Gledelig jul!

Stakkars kjære – la meg gi deg en klem!

God påske!

Vennlig hilsen

3 Hvor gamle er de? Hvor mye tjener de?
- Bjørn er 55 år gammel. Han tjener mer enn Anna, men mindre enn Wenche.
- Terje tjener så mye som Anna.
- Linda og Anna er yngre enn 30 år, men Linda er yngre enn Anna.
- Svein er ni år eldre enn Mona.
- Wenche er så gammel som Terje.
- Hun som er yngst, tjener også minst.
- Han som er eldst, tjener mindre enn Svein, men mer enn alle andre.
- Alle er eldre enn Mona.
- Wenche tjener mindre enn Anders, men mer enn Bjørn. Linda tjener mindre enn Terje.

23 år	27 år	28 år	32 år	47 år	47 år	55 år	63 år
_____	_____	_____	_____	_____	_____	_____	_____

130 000 kr	244 000 kr	327 000 kr	327 000 kr
_____	_____	_____	_____

350 000 kr	411 000 kr	487 000 kr	530 000 kr
_____	_____	_____	_____

4 Sett inn *om/på/i/for … siden.*

Vi trener fotball to ganger per uke, stort sett _____ mandager og _____ torsdager. _____ sommeren trener vi egentlig ikke, men _____ sommer må vi trene likevel.

   Nå trener vi også _____ fredager. _____ en uke _____ tapte vi mot et lag fra Bergen. _____ en uke skal vi spille mot Trondheim. Vi skal dra dit _____ mandag.

Erna går inn i en liten butikk som ligger i ei trang gate midt i Trondheim. Det første hun ser, er frukt og grønnsaker. «Ja, man må jo leve litt sunt», tenker hun og tar to epler, ei pære og en banan. Så går hun inn i en avdeling hvor de har kjøtt, fisk og ost. Hun bestemmer seg for å kjøpe ei pølse og noen skiver røkt laks. Det passer godt som pålegg, tenker hun. Syltetøy og frokostblanding har hun ikke lyst på. Men hun vil kjøpe litt melk. Foran fryseren nøler hun litt – lettmelk, skummet melk, ekstra lett? Nei, hun tar bare H-melk. Hun er jo ikke tjukk, tvert imot.

Så vil hun gjerne betale, men hun må vente litt fordi det er kø i kassa. Hun kan ikke finne kredittkortet i lommeboka – derfor betaler hun kontant. Forhåpentligvis finner hun kortet i lugaren.

Ute på gata legger hun merke til at været har forandret seg. Det er overskyet og ser ut som det vil regne ganske snart. Hun skynder seg tilbake til båten.

Endelig er klokka 12, og Hurtigruta er klar for avgang. Langsomt beveger den store båten seg fra kaia og ut fjorden. Erna er begeistret.

Nils er imidlertid ikke begeistret. Han har sittet ved lugarvinduet hele formiddagen. Men båten lå ved kaia, så han så bare det stygge kaiområdet. Da Erna kom tilbake, måtte han selvfølgelig klatre inn i kofferten, så han ser ingenting nå som båten går fra Trondheim. Nå er han alene igjen, for Erna spiser lunsj.

Så tar han sjansen.

sunn	sano/a, saludable
en avdeling	un departamento
ei pølse	una salchicha
røkt	ahumado/a
et pålegg	*lo que se pone encima del pan*
en fryser	un congelador
skummet [o] melk	leche desnatada
ekstra	extra
H-melk [håmelk]	leche entera
tjukk [kj-]	grueso/a, denso/a
tvert [æ] imot	al contrario, todo lo contrario
en kø	una fila, una cola
ei kasse	una caja
ei lommebok, lommebøker	una cartera
å forandre seg, forandret [får-]	cambiar, cambió
å skynde seg [sjynne], skyndet	apresurarse, se apresuró
ei kai	un muelle
imidlertid	sin embargo, no obstante
et område	una zona, un territorio
nå som	ahora cuando / que

Nils har en idé. Han vet at det er farlig, men idéen er likevel fristende: Burde han kanskje prøve å komme seg ut av lugaren? Hva er det verste som kan skje? Hva skal han gjøre hvis noen ser ham?

Skipet er stort. Det er sikkert mange muligheter for å skjule seg.

Han åpner døra forsiktig. Gangen er helt tom. Han kan ikke se noen. Nils nøler litt – men så tar han sjansen.

tom	vacío/a
å ta en sjanse, tok, har tatt	arriesgarse, se arriesgó, se ha arriesgado

Så, så, så...

La pequeña palabra **så** es una de las más complicadas en el idioma noruego, dado que puede tener muchos significados diferentes. Pasemos a resumirlos:

1. Så vil hun gjerne betale.
så = entonces
Para los amantes de la gramática: **så** es aquí un *adverbio de tiempo*.

2. ..., så han ser ingenting.
så = así que
Gramaticalmente **så** es una conjunción y se sitúa en el lugar núm. 0 (como **og** o **men**).

3. Så han så bare det stygge kaiområdet.
så = vio
El primer **så** es lo mismo que en el caso anterior, y el segundo es el pretérito de **å se**.

4. Han gleder seg så mye. (tanto)

5. Han går ut så han kan se noe. (para)

En realidad hay incluso unos pocos significados más, pero adivino que estos cinco son suficientes por hoy, ¿no es así?

Livsstil & kosthold
Estilo de vida y dieta

Les hva Erik, Hilde og Siv sier om livsstil og kosthold.

Erik: Jeg har bare et lite budsjett for meg og kona mi, rundt 2500 kroner per måned for å kjøpe mat. Men jeg passer på at maten min er sunn og variert. Jeg lager middagen min selv hver dag og spiser matpakken min på jobben. Det blir billigere enn å spise i kantina eller ute hver dag. Jeg sammenligner prisene og tilbudene i aviser og har mange kokebøker med enkle og sunne oppskrifter. Jeg synes at det er meningsløst å holde diett. Man skal spise rimelig og bevege seg noen ganger i uka. Mitt motto er: billig, men velbalansert!

en livsstil	un estilo de vida
et kosthold [kåsthåll]	una dieta
et budsjett	un presupuesto
variert	variado/a
å spise ute, spiste	comer fuera, comió
å sammenligne, sammenlignet	comparar, comparó
en pris	un precio
et prospekt	un prospecto
ei kokebok, kokebøker	un libro de cocina
enkel, enkelt, enkle	simple/s, sencillo/a/s
en oppskrift [å]	una receta
å holde [å] diett, holdt, har holdt	mantener una/la dieta, mantuvo, ha mantenido
meningsløs	sin sentido, absurdo/a
rimelig [-li]	razonable, justo/a
et motto	un lema, una divisa
velbalansert	(bien) equilibrado/a

Hilde: Generelt spiser jeg uregelmessig og bryr meg ikke om kupp og tilbud. Jeg er veldig lat, derfor lager jeg mest ferdigmat. Jeg bruker rundt 3000 kroner per måned på mat, men i tillegg bruker jeg 2000 kr på restauranter. Jeg foretrekker restauranter også fordi man kan spise sammen med venner. For å bli i form har jeg meldt meg inn i helsestudio og trener én til to ganger per uke. Mitt motto er: Nyt måltidet selv om det er hurtigmat!

Hva foretrekker du? Hva er ditt motto, og hvordan er ditt kosthold? Skriv en tekst slik som en av disse tre om deg selv.

Siv:
Jeg kjøper bare økologisk mat fra bønder i nærheten av meg. Etter at barnet mitt ble født, bestemte jeg meg for å spare på andre ting, så jeg har råd til å leve sunt. Jeg hadde lagt på meg noen kilo etter svangerskapet, og nå teller jeg kalorier for å få tilbake idealfiguren min. Derfor finner jeg sjelden noe å spise på restauranter og leter mest etter oppskrifter på nettet. De er ofte vegetariske, og det liker jeg. Jeg driver idrett minst hver annen dag. Mitt motto er: Ikke spar på helsen, lev bevisst og sunt hver dag!

generelt [sje-]	generalmente, por lo general
å (ikke) bry seg om noe, brydde	(no) preocuparse de algo, se preocupó
et kupp	una ganga
lat	perezoso/a, vago/a
talentløs	sin talento, soso/a
(en) frysemat	(un) alimento congelado
å bruke penger, brukte	gasta dinero, gastó
å foretrekke [får-], foretrakk, har foretrukket [o]	preferir, prefirió, ha preferido
ei gruppe	un grupo
å være i form [å]	estar en forma
å være meldt på	inscribirse, registrarse
et helsestudio	un gimnasio
å nyte, nøt, har nytt	servir, sirvió, ha servido
et måltid	una comida
(en) hurtigmat	(una) comida rápida
økologisk [økolågisk]	ecológico/a
biologisk [biolågisk]	biológico/a
en bonde [bonne], bønder	un/a agricultor/a, un/a granjero/a; unos/as agricultores/as, unos/as ganjeros/as
å bli født, ble, har blitt	nacer, nació, ha nacido
å ha råd til	poder permitirse
å legge på seg, la, har lagt	engordar, engordó, ha engordado
et svangerskap	un embarazo
å telle, telte	contar, contó
en kalori	una caloría
ideal	ideal
en figur	una figura, un personaje
sjelden	raramente
vegetarisk	vegetariano/a
å drive idrett, drev, har drevet	practicar deporte, practicó, ha practicado
(en) helse	(una) salud, (una) sanidad
bevisst	consciente, intencionado/a
vital	vital

1 Sett inn *så* i disse setningene (én eller flere ganger).

Kjøpte Erna en billett. Nils ikke ut av vinduet. Han ville gjerne se noe, for han likte TV-programmet om Norge mye. Tar han sjansen han kan se noe. Han var nervøs at det nesten gjorde vondt i magen. Han ingenting, men hoppet han på en stol og hus og mennesker. Gledet han seg mye fordi han ut av båten. Nils var fornøyd at han bestemte seg for å gå ut mye som mulig.

2 Finn mulige spørsmål.

«Du må bare gå under sporene, så krysser du gata.»
Hun liker de gule og røde husene ved elva.
Katedralen er nesten tusen år gammel.
Hun tar to epler, ei pære og en banan.
Hun skynder seg tilbake til båten.
Nils nøler litt – men så tar han sjansen.

3 Lag setninger. Bruk komparativ.

Eksempel: mye regn – Bergen / Moss – god jakke
→ I Bergen er det mer regn enn i Moss. Derfor trenger man ei bedre jakke i Bergen.
få dager med sol – Molde / Arendal – lang bukse
sterk vind – Ålesund / Hamar – varm genser
lav temperatur – Røros / Kristiansand – tjukke sokker
snø – Tromsø / Trondheim – gode sko
tåke – Stavanger / Fredrikstad – gode briller
varme dager – Fredrikstad / Bodø – korte T-skjorter

4 Sett inn ord som passer.

Karina _____ som lege. Hun _____ medisin i seks år. Da hun var ferdig, måtte hun først _____ etter jobb. Men nå har hun _____ en god jobb. Hun _____ på jobben, men hun liker ikke å arbeide i helgene. Hun _____ bra og kunne derfor kjøpe leilighet for to måneder siden.

   Øyvind _____ med reklame. Han _____ seg til kokk først, men han hadde problemer _____ å arbeide sent på kvelden. Derfor _____ han jobb. Nå er han _____ med jobben sin, selv om han tjener _____ enn Karina.

Así que...

¿Qué va a pasar con Nils?

¿Fue una buena idea salir del camarote del barco?
¿Por qué hace Erna el viaje a Tromsø?
¿Sobre qué va el texto en el trozo de papel?

Si quieres descubrirlo – ¡sigue aprendiendo noruego!

El Misterio de Nils – Parte 2 –
se llama "Mysteriet om Nils" y
tiene ISBN 978-3-945174-03-6.
Más información:
www.skapago.eu/nils

Listado alfabético de palabras

Para hacer las cosas un poco más fáciles hemos quitado la **å** de los infinitivos. El artículo va a menudo después de cada nombre. La forma irregular está marcada **fl.** (significa **flertall**). Recuerda que **æ – ø – å** se encuentra en último lugar en el alfabeto noruego.

abonnere på, abonnerte	suscribirse, estar suscrito; se suscribió, estuvo suscrito	25
absolutt	absoluto/a, total; absolutamente	8
advokat, en	abogado/a, un/a	22
agurk, en	pepino, un	11
aha	ajá	3
akkurat	exactamente	24
aktivitet, en	actividad, una	20
aldri	nunca	12
alene	solo/a, a solas	19
all slags	todo tipo (de), toda clase (de)	20
alle	todos/as	8
allerede	ya	2
allmennfag, et	asignatura común, una	22
alltid [-ti]	siempre	8
alt	todo	9
altså	por (lo) tanto, por consiguiente, pues	15
ambisiøs	ambicioso/a	22
ambulansearbeider, en	paramédico, un	22
anbefale, anbefalte	recomendar, recomendó	13
ane, ante	presentir, sospechar, adivinar; presintió, sospechó, adivinó	19
ankomst [å], en	llegada, una	23
ankomsttid, en	hora de llegada, una	24
anleggsteknikk, (en)	(una) Tecnología de la Construcción	22
anmelde, anmeldte	notificar, denunciar; notificó, denunció	21
anna, ei	otra	12
annen, en	otro	12
annet, et	otro	12
ansatt	empleado/a	22
ansikt, et	cara, una; rostro, un	12
apotek, et	farmacia, una	11
apparat, et	aparato, un; máquina, una	19
appelsin, en	naranja, una	11
arbeid, et	trabajo, un; empleo, un	9
arbeide, arbeidet	trabajar, trabajó	1
arbeidsuke, ei	semana de trabajo, una	20
Argentina	Argentina	11
arm, en	brazo, un	10
at	que	8
automat, en	expendedor, un; máquina automática, una	23
av [a]	de	4
av og til	de vez en cuando, a veces	9
av papir	de papel	10
avbryte, avbrøt, har avbrutt	interrumpir, interrumpió, ha interrumpido	21
avdeling, en	departamento, un	26
avgang, en	salida, una	23
avis, ei	periódico, un	11
avtale, en	acuerdo, un	8
bachelorgrad, en	diplomatura (*título universitario, 3 años*), una	22
bad, et	baño, un	9
bak	detrás de	8
bake, bakte	hornear, hacer pan	7
bakeri, et	panadería, una	11
bakgård, en [-går]	patio trasero, un	9
bakside, en	parte trasera, una; reverso, un	23
bamse, en	osito (de peluche), un	7
banan, en	plátano, un; banana, una	11
bank, en	banco, un	21
banke, banket	golpear, aporrear; golpeó, aporreó	23
bar, en	bar, un	12
bare	sólo, solamente	3
bare hun ikke mister ...	ojalá que (tan sólo) no pierda ...	22
barn, et, (flere) barn, barna	un niño, muchos niños, los niños	8
barnehage, en	guardería, una	21
barneskole, en	escuela de enseñanza primaria (*6-12/13 años*), una	22
basketball, (en)	baloncesto	20
be, ba, har bedt om	pedir, rogar, rezar; pidió, rogó, rezó; ha pedido, ha rogado, ha rezado	21
bedre	mejor	3
bedrift, en	empresa, una; hazaña, una	22
begeistret [æi]	entusiasmado/a, encantado/a	16
begynne [bejy-], begynte	empezar, comenzar; empezó, comenzó	2
begynnelse [bejy-], en	comienzo, un; principio, un	21
behandle, behandlet [-hannle]	manejar, manejó	16

Norwegian	Spanish	№
beholder [-håller], en	recipiente, un	8
beklage, beklaget	lamentar, lamentó	22
bekrefte, bekreftet	confirmar, confirmó	13
benk, en	banco (de sentarse), un	23
bensin, (en)	gasolina, (una)	11
bensinstasjon, en	gasolinera, una	11
beregnet [-ræjnet]	estimado/a, calculado/a	24
beskjed [beskje], en	mensaje, un	21
beslutning, en	decisión, una	21
besteforeldre [å]	abuelos	5
bestemme seg, bestemte	decidirse, se decidió	16
bestemor, ei; fl. bestemødre	abuela, una; plural: abuelas	3
bestille, bestilte	pedir, encargar; pidió, encargó	13
besøk, et	visita, una	11
besøke, besøkte	visitar, visitó	13
betale, betalte	pagar	11
betale kontant/ med kort	pagar en efectivo/ con tarjeta	11
bety, betydde	significar, significó	2
Hva betyr ... på spansk?	¿Qué significa ... en español?	1
bevege seg [sæj], beveget	moverse	6
bevegelse, en	movimiento, un	7
bevisst	consciente, intencionado/a	26
bibliotek, et	biblioteca, una	21
bil, en	coche, un	23
bilde, et	imagen, una; cuadro, uno	3
billett, en	billete, un; entrada, una	11
billettkontroll [-tråll], (en)	control de billetes, (un)	23
billig [-li]	barato/a	11
billigere	más barato/a	25
binders, en	clip, un	9
biologisk [biolågisk]	biológico/a	26
blanding [blanning], en	mezcla, una	16
bli, ble, har blitt	hacerse, volverse; ser; quedar(se)	8
bli født	nacer, nació, ha nacido	26
bli kjent (med)	llegar a conocer, llegó, ha llegado	16
blid [bli]	amable, risueño/a	12
blomst [å], en	flor, una	21
blå	azul	9
blåse, blåste	hacer/soplar viento, hizo/sopló viento	13
bo	vivir	5
Hvor bor du?	¿Dónde vives (tú)?	4
bod, en	trastero, un	8
Bodø	ciudad en el norte de Noruega	24
bok, ei, fl. bøker	libro, un; libros	10
bokhylle, ei	estantería, una	4
boks [å], en	caja, una; bote, un	15
bonde [bonne], en, bønder	agricultor/a, un/a; granjero/a, un/a; agricultores/as, unos/as; granjeros/as, unos/as	26
bord [bor], et	mesa, una	4
bort	lejos, fuera (como en inglés: away)	11
borte	fuera, ausente, desaparecido	12
bra	bien, bueno	5
Brasil	Brasil	11
brev, et	carta, una	21
bris, en	brisa, una	16
bror, en; fl. brødre	hermano, un; plural: hermanos	5
bruke (som) [såm], brukte	utilizar/usar (como)	10
bruke penger,	gastar dinero, gastó	26
brukt	usado, de segunda mano	25
brun	marrón, moreno/a	7
bry seg om noe / ikke å bry seg, brydde	preocuparse de algo / no preocuparse, se preocupó	26
bryst, et	pecho, un	10
brød [-ø], et	pan, un	2
brødskive [brø-], ei	rebanada de pan, una	2
bråk, (et)	ruido, (un)	22
bråke, bråkte/ bråket	hacer ruido, hizo ruido	14
budsjett, et	presupuesto, un	26
bukse [o], en	pantalón, un	18
burde, bør, burde, har burdet	deber, debe	10
bursdag, en	cumpleaños, un	1
bursdagsgave, en	regalo de cumpleaños, un	9
buss, en	autobús, un	7
butikk, en	tienda, una	11
by, en	ciudad, una	7
bygg, et	edificio, un	22
byggeleder, en	jefe de obra, un	22
bygning, en	edificio, un	25
bytte, byttet	(inter)cambiar, (inter)cambió	15
bytte tog	cambiar de tren	23
bytte kanal, byttet	cambiar de canal (de televisión), cambió	15
bære, bar, har båret	llevar, sostener; llevó, sostuvo	12
bølge, en	ola, una; onda, una	12
børste, ei	cepillo, un	11
bøtte, ei	cubo, un	14
både – og	tanto – como	13
båt, en	barco, un; bote, un	17
Canada	Canadá	11
chatte [æ], chattet	chatear	15
da	entonces; cuando; puesto que	7
dag, en	día	2
i dag	hoy	2
dagens (fisk)	(el pescado) del día	13
dagdrøm, en	sueño despierto, un	12
dame, ei	mujer, una; señora, una	5
dansk	danés/danesa	17
datamaskin, en	ordenador, un	4
dataspill, et	juego de ordenador, un	20
datter, ei; fl. døtre	hija, una	5
deg [dæj]	te (a ti)	5
deilig	delicioso/a	20
del, en	parte, una	17
delvis skyet	parcialmente nuboso	16
dem	ellos/as	5

Norwegian	Spanish	Nr
den	lo/la; él/ella (sólo sustantivos masculinos y femeninos, véase la explicación gramatical)	3
den gang	entonces, por aquel entonces	12
den/det/de andre	el/la/los/las otro/a(s)	12
denne	este, esta	12
der [æ]	allí, ahí	5
dere	vosotros/as	5
deretter [dær-]	después, luego, a continuación	12
derfor [dærfår]	por lo tanto, por esto/ello	1
derfra [dær-]	de allí, de ahí	17
dersom [dærsåm]	si, dado que, en caso de que	19
dessert [dessær], en	postre, un	11
dessverre [-ærre]	desgraciadamente	13
det [de]	ello, eso	1
det blir ...	Eso hacen ...	13
det er på tide å ...	es la hora/el momento de ...	13
det er synd	es una pena/lástima	5
Det gjør vondt her.	Me duele aquí.	10
Det holder med én skjorte.	Basta con una camisa.	18
det høres ... ut	sonar como ...	19
det stemmer ikke	esto no cuadra; esto no es así	6
Det vil si ...	Eso significa/ quiere decir ...	13
dette	esto, este	9
din/di/ditt/dine	tu (el/la tuyo/a)/tus (los/as tuyos/as)	10
direkte	directo/a, exacto/a	7
do, en	retrete, un; excusado, un	14
dra, dro, har dratt	viajar, viajó	12
drikke, drakk, har drukket [o]	beber, bebió, ha bebido	2
drive, drev, har drevet	accionar, impulsar, dirigir	7
drive idrett	practicar deporte	26
drive med	dedicarse a, ocuparse de	7
drivstoff [å], (et)	combustible, (un)	23
drosje [å], en	taxi, un	23
druer (mange)	uvas (muchas)	11
drøm, en, drømmer	sueño, un; sueños	12
drømme om, drømte	soñar con, soñó	22
du	tú	1
dukke, en	muñeca, una	8
dum [o]	tonto/a, estúpido/a	6
dusj, en	ducha, una	9
dusje	ducharse	7
dyp	profundo/a, hondo/a	17
dyr	caro/a	5
dø, døde, har dødd	morir	8
døgnåpen	abierto 24 horas	11
dør, ei	puerta, una	4
dårlig	mal	4
Det går dårlig.	Me va mal.	4
e-post [å], (en)	correo electrónico, (un)	3
egen	propio/a	22
egentlig [-li]	en realidad	5
egg, et	huevo, un	2
eksamen, en	examen, un	22
eksamen i videregående skole	examen de bachillerato	22
ekstra	extra	26
ekte	verdadero/a, auténtico/a	24
eldre	mayor, más viejo/a	25
elektriker, en; fl. elektrikere	electricista	4
elektrisk	eléctrico/a	17
elektronisk	electrónico	3
elev, en	alumno/a, un/a	5
eller	o	4
ellers	si no, de lo contrario, por lo demás	8
elske, elsket	amar, querer; amó, quiso	20
elv, ei	río, un	25
en	un, uno	1
én gang	una vez	10
én vei	de ida, un viaje	22
endelig [-li]	finalmente, por/al fin	6
energi (en) [energi/enersji]	energía, (una)	20
eneste	único/a/os/as	20
engelsk	inglés	11
enig	de acuerdo	16
enkel, enkelt, enkle	simple/s, sencillo/a/s	26
enn, (mer) enn	que, (más) que	10
ennå	todavía, aún	12
ensom [å]	solitario/a, solo/a	20
enten – eller	o – o	13
eple, et	manzana, una	2
eske, en	caja, una	8
et par ganger	un par de veces	10
etter	después	5
etterpå	después, luego, a continuación	7
europeisk	europeo/a	17
faktisk	realmente, efectivamente	8
familie, en	familia, una	5
fantasi, en	fantasía, una; imaginación, una	6
fantastisk	fantástico/a	16
far, en; fl. fedre	padre, un; plural: padres	5
farlig [-li]	peligroso/a	8
fast	fijo/a, permanente	14
feie, feide [æ]	barrer, barrió	14
ferdig [æ]	acabado/a, listo/a	1
figur, en	figura, una; personaje, un	26
fikse, fikset	arreglar, arregló	20
film, en	película, una	12
fin	bonito/a, fino/a	9
finere	más bonito/a	25
fineste	(el/la) más bonito/a ...	25
finne, fant, har funnet	encontrar, hallar	7
finne fram noe	encontrar algo	15
finne ut	descubrir, darse cuenta	7
fiolin, en	violín, un	20
fireårig	cuatrienal, de cuatro años	22
firma, et	empresa, una; compañía, una	22
fisk, (en)	pescado, (un)	13

Norsk	Español	
fiske, fisket	pescar, pescó	20
fiskesuppe, ei	sopa de pescado, una	11
fjell, et	montaña, una	16
fjellsko, en	zapato/bota de montaña, un/una	18
fjernkontroll [fjærnkontrålll], en	mando a distancia, un	15
fjord [fjor], en	fiordo, un	16
flaske, ei	botella, una	20
flau, flaut, flaue [æu]	avergonzado/a, avergonzados/as	20
flire, flirte	reír(se) de manera tonta o despectiva	6
flott [å]	admirable, bonito/a, majo/a	20
fly, et	avión, un	17
flytte, flyttet	mudarse, se mudó	20
fløte, (ei)	crema (una), nata (una)	20
folk [å] (plural)	gente	8
Folketrygd [fålketrygd], (en)	*el Sistema Estatal de Noruega de Seguridad Social y pensiones*	22
for ... siden	desde hace ...	12
for eksempel	por ejemplo	8
for en ...	qué ..., menudo ...	21
forandre seg, forandret [får-]	cambiar, cambió	26
forbauset [å]	asombrado/a, sorprendido/a	15
fordi [å]	porque	11
forelsket [å] i	enamorado/a de	24
foretrekke [får-], foretrakk, har foretrukket [o]	preferir, prefirió, ha preferido	26
forferdelig [fårfærdeli]	horrible, espantoso/a	10
forhåpentligvis [-livis]	ojalá, es de esperar que	23
forklare [å], forklarte	explicar	7
form: i form [å]	en forma	26
formiddag, en	mañana, una	20
fornøyd [får-]	satisfecho, contento	9
forresten	por cierto, a propósito, además, por lo demás	24
forsiktig [å]	cauteloso/a	10
forsinket	retrasado/a, atrasado/a	23
forskjellig [får-]	diferente, distinto/a	18
forstå [får-], forsto, har forstått	entender, entendió, ha entendido	1
Jeg forstår ikke det.	Yo no lo entiendo.	1
forsvinne, forsvant, har forsvunnet [får-]	desaparecer, desapareció, ha desaparecido	15
fort	rápido, deprisa	8
fortau, et	acera, una	11
fortelle (om), fortalte [får-], har fortalt	contar (sobre), contó (sobre)	8
fortsatt [fårtsj]	todavía	10
fortsette, fortsatte, har fortsatt [fårtsj-]	continuar, continuó, ha continuado	16
fortvilelse [får-], (en)	desesperación, (una)	21
forvirre, forvirret [å]	confundir, desconcertar; confundió, desconcertó	12
forvirret [å]	confundido, desconcertado	12
fot, en; fl. føtter	pie, un; pies	10
fotball, (en)	fútbol	20
fotballtrening, en	entrenamiento de fútbol, un	20
fra	de	4
fra nå av	de aquí en adelante	21
fransk	francés/francesa	20
fredag, en	viernes	6
fredagskveld, en	noche de viernes, una	20
frekk	insolente, impertinente	5
fremdeles	todavía, aún	24
frimerke [-mærke], et	sello, un	21
frisk	sano/a, fresco/a	10
fristende [-enne]	tentador/a	13
fritid, (ei)	tiempo libre, (un)	20
fritidsaktivitet, en	pasatiempo, un; actividad de tiempo libre, una	20
frokost [-kåst], (en)	desayuno, (un)	2
frokostblanding, (ei)	cereales	2
frukt, (en)	fruta	11
frustrert	frustrado/a	20
frysemat, (en)	alimento congelado, (un)	26
fryser, en	congelador, un	26
full (av)	lleno/a (de)	19
fullstendig [-di]	total, completo; totalmente, completamente	20
fylke, et	provincia, una *(región administrativa noruega)*	17
færre	menos	25
født	nacido/a	17
føle, følte	sentir, sintió	3
følelse, en	sentimiento, un	12
følelseskaos, et	caos emocional, un	24
før	antes	10
først	primero	3
få, fikk, har fått	tener, recibir, obtener; tuvo, recibió, obtuvo; ha tenido, ha recibido, ha obtenido	3
gaffel, en	tenedor, un	7
gal	loco/a, equivocado/a	7
galt	mal, incorrecto/a	8
gammel	viejo/a	2
gang, en	vez, una	9
ganske	bastante	13
garderobe, en	ropero, un	22
gardin, en	cortina, una	24
gate, ei	calle, una	9
gatelys, et	farola, una; alumbrado público, (un)	17
gave, en	regalo, un	1
generell studiekompetanse, (en)	estudios generales *(para tener acceso a la universidad)*	22
generelt [sje-]	generalmente, por lo general	26
genser, en; fl. gensere	jersey, un	18
gi [ji], ga, har gitt [jitt]	dar	5
gift [ji-] (med)	casado/a (con)	24

Noruego	Español	Cap.
gifte [ji-] seg [sæj], giftet	casarse	5
gitar, en	guitarra, una	20
gjemme, gjemte, har gjemt	esconder, guardar	8
gjennom [jennåm]	por, a través de	17
gjenta, gjentok, har gjentakk [jen-]	repetir	7
Kan du gjenta?	¿Puedes (tú) repetir?	1
gjerne [jær-]	con gusto, de buena gana	4
gjette, gjettet [je-]	adivinar, adivinó	18
gjøre [jø-], gjør, gjorde, har gjort	hacer, hace, hizo, ha hecho	1
gjøre notater [jø-]	tomar notas	9
glad [gla]	alegre, contento	3
glass, et	vaso, un	7
glede seg [sæj], gledet	alegrarse	6
glemme, glemte	olvidar, olvidó	12
god [go]	bueno	2
grad, en	grado, un	16
gratulerer med dagen	feliz cumpleaños	2
greit nok	suficientemente bueno/a	24
grep, et	agarre, un	14
gresk	griego	11
grunnskole, en = barneskole og ungdomsskole	enseñanza básica obligatoria (6 a 16 años), una	22
gruppe, ei	grupo, un	26
grønn	verde	9
grønnsak, en	verduras	11
grå	gris	9
gråte, gråter, gråt, har grått	llorar, llora, lloró, ha llorado	18
gul	amarillo/a	9
gulrot, ei, gulrøtter	zanahoria, una; zanahorias	11
gulv, et	suelo, un	9
gutt, en	chico, un; muchacho, un	5
gøy	divertido/a	15
gå, gikk [jikk], har gått	ir, fue, ha ido	3
gå av med pensjon [pangsjon]	retirarse, jubilarse	22
gå av, gikk, har gått	bajar(se), se bajó, se ha bajado	20
gå en tur, gikk [jikk], har gått	pasear, paseó, ha paseado	14
gå til fots, gikk, har gått	ir a pie, fue, ha ido	23
H-melk [håmelk]	leche entera	26
ha, hadde, har hatt	tener, tuvo/tenía, ha tenido	1
ha det [ha de]	adiós	2
ha det bra	que te vaya bien	2
ha det gøy	divertirse, pasarlo bien	15
ha det travelt	tener prisa, estar muy ocupado	20
ha lyst til å ...	tener ganas de (infinitivo) ...	17
ha råd til	poder permitirse	26
ha vondt	tener dolor	10
hals, en	cuello, un; garganta, una	10
halv [hall]	medio/a	15
ham	lo, le (a él)	5
handle om [åm], handlet	tratar de, trataba de	17
hans	su, sus (de él)	10
hate, hatet	odiar, odió	20
havn, ei	puerto, un	25
hei	hola	2
hektisk	intenso/a	20
heldigvis [-divis]	afortunadamente, por suerte	16
helg, ei	fin de semana	
God helg!	¡Buen fin de semana!	4
Hellas	Grecia	11
heller	más bien, mejor	5
heller ikke	tampoco	8
helse, (en)	salud, (una); sanidad, (una)	26
helsestudio, et	gimnasio, un	26
helst	preferiblemente	18
helt	completamente, por completo, del todo	6
hemmelig [-li]	secreto/a	13
hemmelighet, en	secreto, un	13
henne	la, le (ella)	5
hennes	su, sus (de ella)	10
hente, hentet	recoger	5
her [æ]	aquí	3
herre [æ], en	señor, un; caballero, un	24
hest, en	caballo/a	20
hete, het, har hett	llamarse, se llamó, se ha llamado	3
historie, en	historia, una	6
hjelpe [je-], hjalp, har hjulpet	ayudar	7
hjem [jem]	a casa	12
hjemme [je-]	en casa	14
hode, et	cabeza, una	10
holde [hålle], holder, holdt, har holdt	sostener (en la mano); sostiene; sostuvo; ha sostenido	18
holde [å] diett	mantener una/la dieta	26
holde med	simpatizar con, estar de acuerdo con	18
holdeplass [hålle-], en	parada, una; estación, una	23
honning [å], (en)	miel	2
hoppe, hoppet [å]	saltar	7
hos	en (en casa de alguien)	11
hotell, et	hotel, un	12
hoved-	principal	17
hovedstad, en	capital, una	17
hun	ella	1
hund [hunn], en	perro/a, un/a	14
hundrelapp, en	billete de cien coronas, un	22
hurtigmat, (en)	comida rápida, (una)	26
hurtigrute [hurtirute], ei	un barco de transporte de personas y carga que aún viaja a lo largo de la costa oeste de Noruega	17
hus, et	casa, una	7
huske, husket	recordar, acordarse	9
hva [va]	qué	1
Hva med deg? [dæj]	¿Y a ti?	4
hvem [vem]	quién, quien	7

hver [vær]	cada	17
hver eneste	cada uno/a	20
hvert [vært]	cada	4
i hvert fall	*lit.* en cada caso; por lo menos, en todo caso	4
hvilken, hvilket, hvilke	qué, cuál, cuáles	11
hvis [viss]	si	17
hviske, hvisket [vis-]	susurrar, susurró	20
hvit	blanco/a	9
hvor [vor]	dónde, donde	4
hvor er det blitt av ... ?	¿Qué ha sido de ... ?	15
hvordan	cómo	4
Hvordan går det?	¿Cómo te va?	4
Hvordan står det til?	¿Cómo va todo?	20
hvorfor [vorfår]	por qué	3
hyggelig [-li]	agradable	5
Hyggelig å hilse på deg. [-li]	Encantado de saludarte.	4
Hyggelig å treffe/ møte deg.	Encantado de conocerte.	4
hylle, ei	estante, un; estantería, una	14
hysj	¡chitón! ¡silencio!	19
hytte, ei	cabaña, una	13
høflig [-li]	cortés, educado/a	12
høre, hørte	oír, escuchar	6
høst	otoño	16
høy	alto/a	16
høyre, til høyre	derecha, a la derecha	12
høyskole/ høgskole, en	escuela superior *(de nivel universitario)*, una	22
høyttaler, en	altavoz, un	23
hånd [hånn], ei; fl. hender	mano, una; *plural:* manos	4
håndball, (en)	balonmano	20
håndveske [hånn-], en	bolso (de mano), un	22
håpe, håpet	esperar, tener la esperanza de; esperó, tenía la esperanza de	20

håpløs	desastroso/a, desesperado/a, desesperante	21
i	en	4
i bursdagsgave	como regalo de cumpleaños	21
i dag	hoy	6
i går	ayer	6
i løpet [løpet] av	durante, en el transcurso de	25
i morgen [mårn]	mañana	6
i rute / presis	puntual, a tiempo	23
i tillegg	además	18
i vår	esta primavera	16
idé, en	idea, una	9
ideal	ideal	26
idiotisk	idiota, estúpido/a	21
igjen [ijen]	nuevamente, de nuevo, otra vez	6
ikke	no	1
ikke ... enda	aún no	18
ikke ... lenger	ya no	4
imidlertid	sin embargo, no obstante	26
indrefilet [-filee], en	solomillo, un	20
informasjon, en	información, una	17
ingenting	nada	4
inn	dentro	11
innbygger, en	habitante, un/a	17
inneholde [hålle], -holder, -holdt, -holdt	contener, contiene, contenía, ha contenido	18
interessant	interesante	15
Internett: «nettet»= (et) Internett	Internet	15
gå på Internett	navegar en internet	3
invitere, inviterte	invitar, invitó	18
irritert	irritado/a	22
Island	Islandia	11
islandsk	islandés	11
isteden	en lugar de	18
italiensk	italiano	11
ja	sí	1
jakke, ei	chaqueta, una	18
Jaså?	¿De veras? *(irónico)*	17
Jaså.	Ya veo. / No me digas.	17
jazz	jazz	20

jeg [jæj]	yo	1
jente, ei	chica, una; muchacha, una	5
jernbane [jæ-], en	ferrocarril, un	11
jernbanestasjon, en	estación de ferrocarril, una	11
jo	sí *(ante preguntas en negativo)*	3
jo	*aquí:* confirmando ("pero claro que estamos vivos")	8
jobb [å], en	trabajo, un; empleo, un	7
jobbe, jobbet [å]	trabajar, trabajó	22
juice [jus], (en)	zumo, (un)	2
julenisse, en	*una criatura mitológica noruega similar a Papá Noel*	16
juss	derecho	22
kafé, en	cafetería, una; café, un	13
kaffe, (en)	café, (un)	2
kaffemaskin, en	cafetera, una	4
kai, ei	muelle, un	26
kake, ei	tarta, una	7
kaldere [kallere]	más caliente	25
kalori, en	caloría, una	26
kamera, et	cámara, una	16
kanal, en	canal, un; canal de televisión, un	15
kanskje	quizá, quizás	4
kaos, et	caos, un	24
karakter [karaktér], en	nota (académica), una	22
karbonade, en	*albóndigas noruegas tradicionales*	11
kasse, ei	caja, una	26
kasserer, en; fl. kasserere	cajero/a un/a, muchos/as cajeros/as	11
kasserolle [-rålle], en	cacerola, una	20
katedral, en	catedral, una	25
katt, en	un gato/a	14
kilometer, en	kilómetro, un	17
kino, en	cine, un	12
kiosk, en	quiosco, un	11
kjede seg, kjedet seg	aburrirse, se aburrió	15

Noruego	Español	
kjedelig [-li]	aburrido/a	4
kjedeligere	más aburrido/a	25
kjeller, en	sótano, un	8
kjempe-	muy, verdaderamente *(para enfatizar)*	15
kjempefin	maravilloso/a, muy bueno/a	15
kjenne, kjente	conocer	9
kjenne på	tocar, sentir *(de tacto)*	10
kjent	conocido/a	12
kjæreste, en	novio/a, un/a	5
kjærlighet, (en)	amor, (un); cariño, (un)	24
kjøkken, et	cocina, una	5
kjøkkenbenk, en	encimera, una	7
kjøleskap, et	nevera, una	4
kjøpe, kjøpte	comprar	11
kjøpe på kreditt	comprar a crédito	11
kjøre, kjørte	conducir, condujo	17
kjøretøy, et	vehículo, un	23
kjøtt, (et)	carne, (una)	11
kjøttkake, ei	albóndiga, una; hamburguesa, una	13
klare, klarte	conseguir, consiguió	13
klart	despejado	16
klassisk	clásico/a	20
klatre, klatret	trepar, escalar; trepó, escaló	20
klem, en	abrazo, un	3
klesbutikk, en	tienda de ropa, una	11
klesskap, et	armario ropero, un	18
klokke [å], ei	reloj, un	6
Klokka er seks.	Son las seis.	6
klær (sólo plural)	ropa	11
knapp, en	botón, un	15
kne, et; fl. knær	rodilla, una; rodillas	10
kniv, en	cuchillo, un	7
kode, en	código, un	11
koffert, en	maleta, una	12
koke, kokte	hervir, cocer	7
kokebok, ei, kokebøker	libro de cocina, un	26
kollega, en, kollegaen, kolleger, kollegene	colega, un/a; colega, el/la; colegas, unos/as; colegas, los/as	24
komfyr, en	cocina (fuego), una; fogones	4
komme [å], kom, har kommet	venir, vino, ha venido	2
komme fram	llegar, lograr pasar	20
komme seg, kom, har kommet	llegar, llegó, ha llegado	19
kommode, en	cómoda, una	4
kommune, en	municipio, un; ayuntamiento, un	20
komplisert	complicado/a	17
konduktør, en	conductor/a, un/a	23
kone, ei	mujer, una; esposa, una	5
konge [å], en	rey, un	
konsert, en	concierto, un	20
konserthus, et	auditorio, un; sala de conciertos, una	20
konto, en	cuenta, una	21
kontor, et	oficina, una	7
kopp [å], en	taza, una	2
korrespondere, korresponderte	concordar, cartearse; concordó, se carteó	24
kort [å], et	tarjeta, una; carné, un	11
kortleser, en; fl. kortlesere	lector de tarjeta, un; lectores de tarjeta	11
koselig	agradable, acojedor/a	25
kosmetikk, (en)	cosmético, un	11
koste [å], kostet	costar, costó	3
kosthold [kåsthåll], et	dieta, una	26
kraftig [-ti]	fuerte, vigoroso/a	13
krangle, kranglet	pelear(se), (se) peleó	24
kroppsøving [å], (en)	educación física	22
kryss, et	beso, un	12
krysse, krysset	cruzar, cruzó	20
kuldegrad = minusgrad, en	grado negativo / bajo cero, un	16
kuling, en	viento fuerte, un; galerna moderada, una	16
kulturmenneske, et	alguien que está interesado en la cultura, culto/a	20
kunde, en	cliente/a, un/a	9
kunne, kan, kunne, har kunnet	poder, puede, podía, ha podido	3
kunstner, en; kunstnere	artista, un/a; artistas, unos/as	17
kupé, en	compartimento, un; habitáculo, un	23
kupp, et	ganga, una	26
kvalm	mareado	10
kveld [kvell], en	tarde/noche, una	20
god kveld [kvell]	buenas tardes	2
kveldsnyhetene [kvell-]	las noticias de la tarde/noche	15
kvittering, en	recibo, un	11
kylling, en	pollo, un	11
kysse, kysset	besar, besó	24
kø, en	fila, una; cola, una	26
lag, et	equipo, un	20
lage, lagde/laget	hacer, hizo	1
laks, en	salmón, un	11
lampe, ei	lámpara, una	4
land [lann], et	país, un; paisaje, un; tierra, una	16
landsdel, en	región, una	17
lang	largo/a, extenso/a	9
langsomt [å]	aburrido/a	15
langt fra	lejos de	17
lat	perezoso/a, vago/a	26
lav	*aquí:* quedo/a/s, bajo/a/s	20
le, ler, lo, har ledd	reír, ríe, rió, ha reído	15
lede, ledet	guiar, dirigir; guió, dirigió	22
ledig [-di]	libre, disponible	13
lege, en	médico/a, un/a	5
legemiddel, et, legemidler	medicamento, un; medicamentos	11
legge, la, har lagt	poner, acostar	8
legge kortene på bordet	poner las cartas sobre la mesa	21
legge merke [mærke] til	darse cuenta, advertir	21
legge på seg	engordar	26
leie, leide	alquilar, alquiló	25
leilighet, en	apartamento, un	8
leke, lekte	jugar, jugó	4
lenge	(durante/por) mucho tiempo, (un) largo rato	20
lenge siden	(desde hace) mucho tiempo	20

203

Norsk	Español	
lese, leste	leer, leyó	15
lete, lette, har lett	buscar	5
lett	fácil, ligero/a	22
lettere	más fácil, más ligero	25
leve, levde	vivir	6
levere, leverte	entregar, *aquí*: devolver, devolvió	21
ligge, lå, har ligget	estar tumbado	10
like, likte	gustar(le), le gustó	5
likevel	sin embargo, no obstante, a pesar de todo	20
Lillehammer	*ciudad de Noruega al norte de Oslo*	23
liten, lita, lite, lille, små	pequeño, pequeña, pequeños/as	1
litt	poco, un poco	3
liv, et	vida, una	13
livsstil, en	estilo de vida, un	26
lommebok, ei, lommebøker	cartera, una	26
lue, ei	gorro, un	18
luft, (ei)	aire, (un)	17
lugar, en	camarote, un	25
lukke, lukket [o]	cerrar, cerró	21
lunge [o], en	pulmón, un	10
lysvåken	totalmente despierto/a	23
lytte (på), lyttet	escuchar	10
lære, lærte	aprender, aprendió	22
lærer, en, læreren, lærere, lærerne	profesor/a, un/a; profesor/a, el/la; profesores/as unos/as; profesores/as, los/as	22
løk, en	cebolla, una	11
løp, et	carrera, una; trayecto, un	25
lørdag, en	sábado	6
lån, et	préstamo, un; crédito, un	25
låne, lånte	prestar, tomar prestado; prestó, tomó prestado	21
mage, en	estómago, un	10
mamma, en	mamá, una	6
man	se, uno	9
mandag, en	lunes	6
mann, en	hombre, un	5
mann, en	marido, un; esposo, un	5
mat, (en)	comida	11
matbutikk, en	supermercado, un	11
mate, matet	alimentar, alimentó	14
matematikk, (en)	matemáticas	22
med [me]	con	2
med en gang	inmediatamente	10
medfølelse, (en)	simpatía, (una); compasión, (una)	24
medisin, en	medicina, una	18
medlem, et, medlemmet, mange medlemmer	miembro, un/a; miembro el/la; muchos/as miembros	11
medlemskort, et	carné de miembro, un	11
meg [mæj]	me (a mí)	5
meldt på	registrado	26
melk, (ei)	leche	2
mellom	entre	8
melon, en	melón, un	11
men	pero	3
mene, mente	creer, opinar, querer decir; creyó, opinó, quiso decir	21
meningsløs	sin sentido, absurdo/a	26
menneske, et	ser humano, un	7
mens	mientras (que)	20
meny, en	menú, un	13
mer	más	9
mesterbrev, et	maestría, una; licencia de maestro, una	22
mesterskap, et	campeonato, un	20
middag, en	almuerzo, un; comida, una	11
middel, et; fl. midler	medio, un; medios, unos	23
midt på natta	en medio de la noche	10
million, en	millón, un	17
min	mi	5
mindre	menos, más pequeño/a/s	25
mine	mis	5
minne, et	recuerdo, un; memoria, una	12
minne, minnet	recordar, recordó	24
miste, mistet	perder, perdió	20
mobiltelefon, en	teléfono móvil, un	19
moderne [modær-]	moderno/a	9
mor, ei; fl. mødre	madre, una; plural: madres	5
morgen [mårn], en	mañana, una	2
mot	contra/en contra de, hacia, en dirección a	7
motorsykkel, en	motocicleta, una	23
motto, et	lema, un; divisa, una	26
mulig [-li]	posible, factible	8
munn, en	boca, una	10
murer, en; fl. murere	albañil, un	22
murerfag, et	asignatura / curso de albañilería, una	22
musiker, en; fl. musikere	músico/a, un/a; músicos/as, unos/as	17
musikk, (en)	música, (una)	15
mye	mucho/a	3
møbler (plural)	muebles	9
mørk	oscuro/a	8
mål, et	meta, una	22
målsted, et	destino, un; punto/lugar de llegada, un	23
måltid, et	comida, una	26
måte: I like måte! [lige måde]	manera: lit. de semejante manera; ¡Igualmente!	4
måtte, må, måtte, har måttet	tener que, tiene que, tenía que, ha tenido que	3
nabo, en	vecino/a, un/a	17
natt, ei, netter	noche, una, noches	10
nattog [tåg], et	tren nocturno, un	22
natur, (en)	naturaleza, (una)	20
ned [ne]	abajo	10
nei	no	2
nei da	no, en realidad no	20
nemlig [-li]	a saber, es decir, o sea	8
nervøs [nær-]	nervioso/a	14
nese, ei	nariz, una	10
neste	siguiente/s	20
nesten	casi	1

Término	Traducción	Cap.
nettopp [å]	justo, exactamente, efectivamente	13
noe	algo	6
noen	alguien, alguno(s)	7
noensinne	alguna vez, jamás	19
nok [å]	bastante, suficiente	6
nok [å]	*aquí:* probablemente	15
nord [noor]	el norte	17
Norge [å]	Noruega	4
norsk [å]	noruego	11
ny	nuevo/a	11
nyhet, en	noticia, una	15
nyte, nøt, har nytt	servir, sirvió, ha servido	26
nærhet, (en)	cercanía, (una); proximidad, (una)	20
nærmere	más cercano, más cerca	10
nøkkel, en; fl. nøkler	llave, una; llaves, unas	25
nøle, nølte	vacilar, titubear; vaciló, titubeó	15
nøyaktig [-ti]	exacto, preciso; exactamente, justamente	12
nå	ahora	1
nå som	ahora cuando / que	26
nål, en	aguja, una	22
når	cuándo, cuando	8
offentlig [å]	público/a	17
ofte [å]	a menudo, frecuentemente	12
og [å]	y	1
også [åså]	también	3
okse, en	buey, un	20
om	en	16
om bord	a bordo	25
om våren	en primavera (cada primavera)	16
ombestemme [åm-] seg, ombestemte	cambiar de opinión, cambió de opinión	18
område, et	zona, una; territorio, un	26
omtrent	alrededor, cerca de, aproximadamente	12
onsdag	miércoles	2
opphold [åpphåll]	*véase explicación*	16
opplæring [åpp-], en	formación, una; instrucción, una	22
oppskrift [å], en	receta, una	26
opptatt [å]	ocupado/a	16
oppvaskbørste [åpp-], en	cepillo (para fregar), un	11
oppvaskmaskin, en	lavavajillas, un	7
oransje	naranja	9
ord [or], et	palabra, una	21
ordne, ordnet [å]	organizar, disponer; organizó, dispuso	12
orientere seg, orienterte [å]	orientarse, se orientó	25
orkan, en	huracán, un	16
Oslo	*capital de Noruega*	17
oss [å]	nos (a nosotros)	5
ost, (en)	queso, (un)	2
over [å-]	sobre	8
overdrive, overdrev, har overdrevet [å]	exagerar, exageró, ha exagerado	21
overraskelse [åv-], en	sorpresa, una	21
overrasket [å]	sorprendido/a	8
overskyet [å]	nublado	16
ovn [å], en	horno, un	4
pakke, en	paquete, un	21
panne, ei	sartén, una	15
papir, et	papel (un)	10
papirarbeid, et	papeleo, un	9
papirlapp, en	papelito, un; nota, una	10
paprika, en	pimiento, un	11
par, et	un par, *aquí:* algunos	10
parkeringsplass, en	aparcamiento, un	12
passasjer, en	pasajero/a, un/a	24
passe på, passet	cuidar, vigilar, tener cuidado	8
passere, passerte	pasar (por), dejar atrás; pasó (por), dejó atrás	23
pasta, en	pasta, una	11
pen	bonito/a	21
penger	dinero	5
pensjonist, en	jubilado/a, un/a	5
pensjonspenger	pensión	22
perrong [æ], en	andén, un	25
person [æ], en	persona, una	7
planlegge, planla, har planlagt	planear, planeó, ha planeado	23
plass, (en)	lugar, sitio	4
plutselig [-li]	de repente, de pronto	7
Polen	Polonia	11
politi, (et)	policía, (la)	21
politimann, en; politimenn	policía, un; policías, unos	22
polsk	polaco	11
portugisisk	portugués	11
pose, en	bolsa, una	11
potet, en	patata, una	11
pris, en	precio, un	26
problem, et	problema, un	17
prosjektleder, en	jefe de proyecto, un	22
prospekt, et	prospecto, un	26
prøve, prøvde	probar, intentar	8
pudding, en	pudín, un	11
pusse, pusset	limpiar	6
puste, pustet	respirar, respiró	17
Pust inn / pust ut.	Inhala / exhala.	10
pute, ei	almohada, una	10
pære, ei	pera, una	11
pølse, ei	salchicha, una	26
på	en, encima, sobre	3
på jobb	en el trabajo	7
på mandag	el lunes	6
på mandager	cada lunes	6
på tilbud	en oferta	11
pålegg, et	*todo lo que viene en el pan*	11
påskeegg, et	huevo de Pascua, un	21
rabatt, en	descuento, un	23
radio, en	radio, una	15
rapport, en	informe, un	9
rar	raro/a, extraño/a	8
rart, noe rart	raro/extraño, algo raro/extraño	8
raskt	rápido/a	15
redaktør, en	editor/a, un/a	5
redd	asustado, miedoso	6
region, en	región, una	17
regiontog [tåg], et	tren regional, un	22
regjering [reje-], en	gobierno, un	17
regn [ræjn], (et)	lluvia, (una)	16
regnbyge, en	chaparrón, un	16

Norsk	Español	
regning [ræj-], en	cálculo, un; factura, una; cuenta, una	13
regnjakke [ræjn-], ei	chubasquero, un	18
reinsdyr, et	reno, un	17
reise til, reiste	viajar a, viajó	17
reise, en	viaje, un	23
reisebyrå, et	agencia de viajes, una	23
reke, ei	gamba, una	11
rekke, rakk, rukket [o]	alcanzar, llegar a; alcanzó, llegó a; ha alcanzado, ha llegado a	20
reklame, en	anuncio, un	15
resepsjon, en	recepción, una	25
rest, en	resto, un; retazo, un	13
resten av	el resto de	13
restaurant [-rang], en	restaurante, un	12
rett	recto/a, directo/a	11
rett fram	después, luego, a continuación	12
rett, en	plato, un	13
ri, red, har ridd	cabalgar, cabalgó, ha cabalgado	20
ridetime, en	lección de equitación, una	20
riktig [-ti]	correcto/a, verdadero/a	17
rimelig [-li]	razonable, justo/a	26
ringe, ringte	llamar, llamó / telefonear	3
ris, (en)	arroz, (un)	13
rolig [-li]	tranquilo	6
rom, et, (flere) rom	habitación, una, (varias) habitaciones	9
rope, ropte	llamar (a voces), gritar	6
rundkjøring [runn-], en	rotonda, una	12
rundstykke [runns-], et	panecillo, un	2
rundstykke, et	panecillo, un	2
rundt	alrededor	7

Norsk	Español	
russefeiring, en	*Fiesta de los alumnos de bachillerato antes de acabar sus exámenes cada mayo en Noruega*	22
russisk	ruso	11
Russland	Rusia	11
rute, en	ruta, una	23
rutetabell, en	horario, un	23
rydde, ryddet	preparar, asear, ordenar	7
rydde opp [åpp]	ordenar, arreglar	8
rød	rojo/a	9
rødvin, en	vino tinto, un	13
røkt	ahumado/a	26
råd, et	consejo, un	25
sak, en	asunto, un; cuestión, una	13
saks, ei	tijera(s), una(s)	9
sakte	lento/a, despacio	23
salami, en	salchichón, un; salami, (un)	2
salat, en	lechuga, una; ensalada, una	11
samme	(el) mismo	8
sammen	juntos/as	5
sammenligne, sammenlignet	comparar, comparó	26
sammenlignet med	comparado/a con	21
samtidig [-di]	simultáneo; simultáneamente, al mismo tiempo, a la vez	13
sann	cierto, verdadero	3
... ikke sant?	... ¿no es cierto?	3
sannhet, en	verdad, una	13
savne, savnet	extrañar, echar de menos; extrañó, echó de menos	19
se, så, har sett	ver, mirar; vió, miró; ha visto, ha mirado	3
se på TV	ver la televisión	5
se seg rundt [sæj]	mirar alrededor	7
seg selv [sæj sell]	sí mismo, uno mismo	9
selge [selle], solgte [å], har solgt	vender, vendió, ha vendido	22
selv om [sell]	aunque, si bien	20
selvfølgelig [sellfølgelli]	por supuesto, evidente, obvio	2

Norsk	Español	
selvsagt [sellsagt]	obvio/a, evidente	18
selvstendig [sellstendi]	independiente, autónomo/a	22
selvstendig næringsdrivende	independiente, autónomo/a	22
sende [senne], sendte	enviar, envió	3
senere	posterior, después, más tarde/adelante	22
seng, ei	cama, una	4
sent, for sent	tarde, demasiado tarde	13
sent på våren	a finales de primavera	16
servitør, en	camarero/a, un/a	13
sette, satte, har satt	poner, colocar; puso, colocó; ha puesto, ha colocado	4
si, sier, sa, har sagt	decir, dice, dijo, ha dicho	4
siden: ved siden av	el lado: al lado de	4
sikker (på)	seguro/a (de)	21
sikkert	seguro, cierto	10
sin	su, (el) suyo *(véase la explicación gramatical)*	23
sitte, satt, har sittet	estar sentado/a, estuvo sentado/a, ha estado sentado/a	1
sjakk, (en)	ajedrez, (una)	20
sjanse, en	oportunidad, una; ocasión, una	15
sjekke, sjekket	comprobar, comprobó	23
sjelden	raramente	26
sjokkert	conmocionado, escandalizado	6
sjokolade, (en)	chocolate, (un)	2
skade, skadet	dañar, dañó	16
skap, et	armario, un	4
skift, et	turno, un	22
skikkelig [sj]	auténtico, verdadero/a, adecuado/a	18
skilles, skiltes, har skiltes	separarse, se separó, se ha separado	24
skilt	divorciado/a	24
skinke, ei	jamón, un	6
skip, et	barco, un; nave, una	25

skje, en	cuchara, una	7
skje, skjedde	suceder, ocurrir; sucedió, ocurrió	14
skjerf [sjærf], et	bufanda, una	18
skjerm [æ], en	pantalla, una	15
skjorte, ei	camisa, una	10
skjule noe (for), skjulte	esconder/ocultar algo (de)	8
skjult	oculto/a, escondido/a, latente	13
skjønne	entender, comprender	7
skjørt, et	falda, una	18
sko, en, mange sko	zapato, un; muchos zapatos	11
skobutikk, en	zapatería, una	11
skog, en	bosque, un	4
skole, en	escuela, la; colegio, el	2
skolekamerat, en	compañero/a de clase, un/a	22
skrekk, en	miedo, un; terror	8
skremme, skremte	asustar	7
skremt	asustado	6
skrik, et	grito, un	7
skrive, skrev, har skrevet	escribir, escribió, ha escrito	10
skrivebord [-r], et	escritorio, un	4
skuffet	decepcionado	4
skulle, skal, skulle, har skullet	ir a, va a, fue a, ha ido a	4
skummel	siniestro/a	17
skummet [o] melk	leche desnatada	26
skynde seg [sjynne], skyndet	apresurarse, se apresuró	26
slags, en	tipo (de), un; especie (de), un	11
slappe av	relajarse, descansar	6
slik	así	12
slippe, slapp, har sluppet	eludir, eludió, ha eludido	22
slitsom [-såm]	fatigoso/a, cansado/a	22
sludd, (et)	aguanieve, (un)	16
slutte, sluttet	acabar(se), terminar(se)	6
slå, slo, har slått	golpear, aquí: introducir, marcar	11

slå koden	introducir/marcar el código	11
smake, smakte	saber, supo; probar, probó	13
smart	elegante, listo/a, ingenioso/a	21
smarttelefon, en	Smartphone, un	3
smerte, en	dolor, un	10
smile, smilte	sonreír, sonrió	7
smør, (et)	mantequilla	2
snakke, snakket	hablar	6
snakke om [åm]	hablar sobre/de	9
snart	pronto	2
snike seg inn, snek, sneket	colarse, se coló, se ha colado	19
snill	amable, generoso/a	16
snu, snudde	dar(le) la vuelta, (le) dió la vuelta	10
snø, (en)	nieve, (una)	16
snø, snødde	nevar, nevó	13
sofa, en	sofá, un	8
sokk [såkk], en	calcetín, un	18
som [å]	como; que, el cual, quien	5
sommer	verano	16
sopp [å], en	seta, una; hongo, un	11
sove [å], sov, har sovet	dormir	7
soverom [såv-], et	dormitorio, un	9
sovevogn [å-å], en	coche-cama, un	23
sovne, sovnet [såvne]	dormir, durmió	22
spansk	español	11
spare penger, sparte	ahorrar dinero, ahorró	22
spennende [-enne]	emocionante, fascinante, apasionante	19
spent	ansioso/a	15
spesiell	especial, particular	18
spille, spilte	jugar, tocar (un instrumento), practicar (un deporte)	7
spille en rolle	jugar un papel	19
spille sjakk	jugar a la ajedrez,	20
spise, spiste	comer, comió	2
spise ute, spiste	comer fuera, comió	26

spor, et	pista, una; huella, una	22
sport, (en)	deporte, (un)	20
språk, et	lengua, una; idioma, un	12
spørre, spør, spurte, har spurt	preguntar, pregunta	5
spørre etter veien,	preguntar por el camino (la dirección)	12
stadig [stadi]	continuamente, constantemente	19
stakkars, den stakkars ..., mange stakkars ...	pobre, el/la pobre ..., muchos/as pobres ...	24
startsted, et	punto/lugar de partida, un	23
stasjon, en	estación, una	11
sted, et; fl. steder	lugar, un; lugares	8
steke, stekte	freír, frió	7
stemme, stemte	estar de acuerdo, encajar/ser exacto; votar	6
stemplingsautomat, en	máquina validadora (de billetes), una	23
stenge, stengte	cerrar(se), (se) cerró	21
sterk [ær]	fuerte, potente	13
stille, stilte	quieto, silencioso	6
stille, stilte spørsmål	hacer, hizo preguntas; preguntar, preguntó	13
stjele, stjal, har stjålet	robar, robó, ha robado	21
stol, en	silla, una	4
stole på, stolte	confiar en, confió	24
stolt [stålt]	orgulloso/a	18
stopp [å], et	parada, una	7
stoppe, stoppet [å]	parar(se), (se) paró	20
stor	grande	8
Storbritannia	Gran Bretaña	11
storm [å], en	tormenta, una	16
stryke, strøk, har strøket	planchar, planchó, ha planchado	14
student, en	estudiante, un/a	5
studere, studerte	estudiar	5
studium, et, studiet, studier, studiene	estudios (generalmente plural)	22
stue, ei	salón, un	5

stund [-unn], en	rato, un; momento, un	19
stygg	feo/a, grave	24
stykke, et	trozo, un	10
stykke, et stykke papir	trozo, un trozo de papel	10
største	(el/la) más grande ...	25
støvsuger, en	aspirador(a), un(a)	14
stå, sto, har stått	estar (de pie)	11
stå opp	levantarse	1
sukker [o], (et)	azúcar, (un)	24
sulten	hambriento/a	20
sunn	sano/a, saludable	26
super	súper, estupendo	20
suppe, ei	sopa, una	7
svak	débil	10
svangerskap, et	embarazo, un	26
svare, svarte	contestar, responder; contestó, respondió	3
svart	negro/a	9
Sveits	Suiza	11
svennebrev, et	diploma oficial, un	22
svensk	sueco	11
Sverige	Suecia	11
svigersønn, en	yerno, un	20
svinekjøtt, (et)	carne de cerdo, (una)	11
svinge, svinget	girar, giró	25
svært	muy	9
sy, sydde	coser, cosió	22
sydame, en	costurera, una	22
syk	enfermo/a	10
sykehus, et	hospital, un	17
sykepleier, en	enfermero/a, un/a	5
sykkel, en	bicicleta, una	21
syltetøy, (et)	mermelada, confitura	2
synd [synn]	pena, lástima; pecado	5
synes synd på, syntes	compadecerse, sentir lástima por; se compadeció, sintió lástima por	22
synes, synes, syntes, har syntes	opinar, pensar, creer	15
særlig [-li]	especial, particular; especialmente	13
søke (på), søkte	aplicar (para), aplicó	22
søndag, en	domingo	6
sønn, en	hijo, un	5
søsken, et; fl. søsken, søsknene	hermanos/as	5
søster, ei	hermana, una	5
så	tan; así que, entonces	3
så fort som mulig	tan rápido como sea posible	8
så klart	por supuesto	13
så vidt ...	al grado que; (så vidt jeg vet ≈ que yo sepa)	17
sånn	así	8
såpass	tan; tanto (por lo menos)	21
såpe, ei	jabón, un	11
T-bane [tebane], en	metro, un	23
T-skjorte [te-sjorte], en	camiseta, una	18
T-skjorte, ei	camiseta, una	18
ta, tok, har tatt	coger, tomar; cogió, tomó; ha cogido, ha tomado	3
ta av	apagar	10
ta en sjanse	arriesgarse	26
ta en titt på	echar un vistazo a	17
ta tid	durar, tardar	25
takk	gracias	2
Takk for maten!	¡Gracias por la comida!	3
Takk for sist!	¡Gracias por la última vez!	3
Takk skal du ha!	¡Gracias tenga usted/tengas tú!	3
Mange takk!	¡Muchas gracias!	3
tusen takk	mil gracias	2
takke, takket	agradecer, agradeció	25
talentløs	sin talento, soso/a	26
tallerken, en	plato, un	7
tanke, en	pensamiento, un	12
tann, ei; tanna, tenner, tennene	diente, un; diente, el; dientes, unos; dientes, los	6
tannbørste, en	cepillo de dientes, un	18
tannkrem, (en)	pasta de dientes, (una)	18
te, (en)	té, (un)	2
teater, et; teatret, teatre, teatrene	teatro, un; teatro, el; teatros, unos; teatros, los	20
tekst, en	texto, un	13
tekstmelding [-melling], en	mensaje de texto (SMS), un	15
telefon, en	teléfono, un	3
telle, telte	contar, contó	26
temperatur, en	temperatura, (una)	16
Temperaturen din er høy.	Tienes la temperatura alta.	10
tenke, tenkte	pensar	6
tenk deg	imagina	19
tennis	tenis	7
teppe, et	alfombra, una; manta, una	9
tid, en	tiempo, un; hora, una	13
tidlig på våren	a principios de primavera	16
tidsskrift, et	revista, una	11
til	para	1
til	aquí: más	8
til	hasta	14
til fots	a pie	23
til og med	hasta, aun, incluso	8
til tross [tråss] for at	a pesar de que	22
tilbake	de vuelta, de regreso	7
tilbud, et	oferta, una	11
time, en	hora, una	13
ting, en; fl. ting	cosa, una; cosas	8
én ting til	una cosa más	8
tirsdag, en	martes	6
titt, en	vistazo, un	17
Tja!	Pues ...	17
tjene, tjente	cobrar, cobró	17
tjukk [kj-]	grueso/a, denso/a	26
toalett, et	aseo, un; baño, un	9
toalettpapir	papel higiénico	11
tog [tåg], et	tren, un	17
togtur [tågtur], en	viaje en tren, un	22
tom	vacío/a	26
tomat, en	tomate, un	11
torsdag [å], en	jueves	2
trang	estrecho/a	9
transportmiddel, et	medio de transporte, un	23

Noruego	Español	Nº
trapp, ei	escalera, una	14
tre, et	madera	9
treffe, traff, har truffet	encontrar(se), conocer	7
trekke ut, trakk, trukket [o]	sacar, sacó, ha sacado	23
trene, trente	entrenar, entrenó	20
trenge, trengte	necesitar, necesitó	1
trening, en	entrenamiento, un	20
trikk, en	tranvía, un	17
trist	triste	3
trives, trivdes, har trivdes	sentirse a gusto, prosperar; se sintió a gusto, prosperó; se ha sentido a gusto, ha prosperado	20
tro, trodde	creer	6
Tromsø	Ciudad del norte de Noruega	13
Trondheim [Trånnheim]	una ciudad en Noruega central	17
trygg	seguro/a, confiado/a	22
trykke, trykket	apretar	10
tråd [trå], en	hilo, un	22
tulle, tullet	decir/hacer tonterías	6
tung [o]	pesado	12
tunnel, en	túnel, un	23
tur-retur	de ida y vuelta	22
turist, en	turista, un/a	12
turn	gimnasia	20
tusen	mil	2
TV [teve], en	televisión, una	4
TV-serie, en	serie de televisión, una	15
tvert [æ] imot	al contrario, todo lo contrario	26
typisk	típico/a	13
Tyrkia	Turquía	11
tyrkisk	turco	11
tysk	alemán	11
tømme, tømte	vaciar, vació	14
tøy, et	tela, una; ropa, una	22
tåke, (ei)	niebla, (una)	16
tåpelig [-li]	estúpido/a, necio/a, ridículo/a	21
uansett	en todo caso, de cualquier manera, sea como sea	10
UiO	Universidad de Oslo	22
uke, ei	semana, una	19
umulig [-li]	imposible, inviable	21
under [unner]	debajo de	8
underbukse [unnerbokse], en	braga(s), una(s); calzoncillo(s), un(os)	18
underskjorte [unner-], en	camiseta interior, una	18
undertøy [unner-], (et)	ropa interior, (una)	18
ung [o]	joven	7
ungdomsskole [ongdåm], en	escuela de enseñanza secundaria (12/13 - 14/15 años), una	22
uniform [-årm], en	uniforme, un	23
unnskyld [-yll]	perdón	7
unnskyldning, en	disculpa, una	21
urealistisk	poco realista	21
USA	Estados Unidos	25
usikker	inseguro, dudoso	7
ut	fuera	4
utdanne seg, utdannet seg	formarse, se formó	22
ute	(a)fuera	17
utenfor	fuera (de)	17
utkant, en	Explicación: véase la clave de los ejercicios	17
utkjørsel, en	salida (carretera, autopista), una	12
utland [utlann], (et)	país extranjero, un; extranjero, el	17
utrolig [-li]	increíble	12
utsikt, en	vista, una; perspectiva, una	22
uttale, en	pronunciación, una	12
uvanlig [-li]	raro, inusual	12
vakt, en	guardia, una	22
validere, validerte	validar, validó	23
vanilje, (en)	vainilla	11
vanligvis [-livis]	normalmente, generalmente	16
vanskelig [-li]	difícil, complicado/a	12
var (pret. de å være)	fue	12
vare, varte	durar, duró	22
variert	variado/a	26
varm	caliente	2
varme opp, varmet	calentar	17
varmegrad, en = plussgrad, en	grado positivo / sobre cero, un	16
vask, en	fregadero, un; lavabo, un	4
vaske, vasket	lavar, limpiar	6
Vatikanstaten	Estado de la Ciudad del Vaticano	11
ved [ve]	junto a	4
vegetariansk	vegetariano/a	13
vegetarisk	vegetariano/a	26
vei, en	camino, un	12
vel [vell]	bien, bueno, ahora bien	23
velbalansert	(bien) equilibrado/a	26
veldig [-di]	muy	5
velkommen til ... [å]	bienvenido/a a ...	15
venn, en	amigo, un	1
venninne, ei	amiga, una	15
vennskap, et	amistad, una	24
venstre, til venstre	izquierda, a la izquierda	12
vente, ventet	esperar, esperó	3
verken ... eller [vær-]	ni ... ni	10
verre [æ]	peor	10
verst: Takk, ikke så veste. [æ]	(lo/la) peor: Gracias, ni tan mal.	4
veske, en	cartera, un; maletín, un	19
vi	nosotros	2
Vi ses! = Vi sees!	¡Nos vemos!	15
videre	más allá, en adelante	9
videregående skole, en	instituto de bachillerato (16-19/20 años), un	22
viktig [-i]	importante	8
ville, vil, ville, har villet	querer, quiere, quiso, ha querido	3
vin, (en)	vino, (un)	20
vind [vinn], en	viento, un	16
vindu, et	ventana, una	4
vinter	invierno	16
virke, virket	funcionar, funcionó	20
virkelig [-li]	real, verdadero/a, realmente, de verdad	16
vise, viste	mostrar	8
visst	aquí: al parecer, por lo visto; lit. sabido	22

vital	vital	26
vite, vet, visste har visst	saber, sabe	5
voksen [å], en, mange voksne	adulto, un, muchos adultos	8
vondt i magen	dolor en el estómago	10
vott [å], en	manopla, una	18
være, er [ær], var, vært	ser, es, fue, ha sido	1
vær så god	por favor	13
vær så snill	por favor (*literalmente*: sé tan amable)	11
våkne, våknet	despertarse, se despertó	2
vår, en	primavera	16
yndlingsfag, et	asignatura preferida, una	22
yr, (et)	llovizna, (una)	16
yrke, et	profesión, una; oficio, un	22
ødelagt	roto/a, estropeado/a	11
økologisk [økolågisk]	ecológico/a	26
økonomi, en	economía, una	5
øl, (et)	cerveza, (una)	13
øl, en	cerveza, una	13
ønske, ønsket	desear, deseó	16
øre, et	oído, un; oreja, una	10
Østerrike	Austria	11
øy, ei	isla, una	16
øye, et, øyer/øyne	ojo, un; ojos/los ojos	10
øyeblikk, et	instante, un; momento, un	13
å gud!	¡Oh, Dios! ¡Por el amor de Dios!	22
Ålesund	*ciudad en el oeste de Noruega*	20
åpenbart	evidentemente	20
åpne, åpnet	abrir, abrió	3
åpningstider	horario de apertura	11
år, et	año, un	2
åtte	ocho	2

Clave de los ejercicios

Hay muchos ejercicios en los que no hay "una sola respuesta correcta". Éstos pueden ser corregidos por uno de nuestros profesores. Para más información, visita www.skapago.eu/nils o envía un correo electrónico a info@skapago.eu.

1

1

Erna lager en gave til Susanne. Susanne har bursdag. Det er en nisse.
Lise forstår ikke. Erna sitter og arbeider. Hun er nesten ferdig.

2

a) Lise forstår ikke.
b) Erna er nesten ferdig.
c) Susanne trenger en liten venn.
d) Susanne har bursdag, og Erna lager en gave.

3

a) Nå lager hun en gave til Susanne.
b) Nå har Susanne bursdag.
c) Nå trenger Susanne en liten venn.
d) Nå arbeider Erna.
e) Nå er Erna nesten ferdig.

2

1

a) en gave
b) et egg
c) ei brødskive
d) et rundstykke
e) en kopp

2

a) Nei, det er torsdag i dag.
b) Nei, Susanne er åtte år gammel.
c) Hun spiser et egg, et rundstykke og ei brødskive med ost.

4

0	null
1	en
2	to
3	tre
4	fire
5	fem
6	seks
7	sju
8	åtte
9	ni

5

Vi arbeider.
Han har bursdag.
Dere våkner.
Hun sitter.
De spiser.
Dere kommer ikke.
Vi står opp.

3

2

a) Ja.
b) Ja.
c) Jo.
d) Ja.

3

a) Koster en smarttelefon mye? – Ja, den koster mye.
b) Har du et rundstykke? – Ja, her er det .
c) Spiser Susanne ei brødskive? – Ja, hun spiser den .
d) Det er torsdag i dag.
e) Hva er det ? – Det er et egg.

4

a) Susanne vil ikke vente.
b) Susanne venter ikke.
c) Susanne vil ikke ha en nisse.
d) Hun spiser et rundstykke med ost.
e) Erna gratulerer.
f) Susanne åpner en gave.
g) Erna forstår ikke.
h) Kan jeg spise et rundstykke?
i) Jeg vil ikke stå opp.
j) Susanne svarer ikke.
k) En telefon koster mye.

5

Susanne åpner en gave.
Jeg forstår ikke.
Hun spiser ei brødskive.
Det er ikke sant.
En telefon koster mye.
Susanne er åtte år gammel.
Kan du gjenta?
Gratulerer med dagen.
Erna drikker en kopp kaffe.
Jeg snakker bare litt norsk.

4

1

a) Hvor kommer du fra?
b) Hva heter hun?
c) Hva vil hun spise?
d) Hva sier Nils?
e) Hvor sitter du?
f) Hvor gammel er du?
g) Hvor kommer dere fra?
h) Hva heter de?

2

a) skapet
b) telefonen
c) brødskiva (brødskiven)
d) kommoden
e) døra (døren)
f) gaven
g) vennen
h) egget
i) bordet
j) koppen
k) stolen
l) rundstykket
m) hånda (hånden)
n) senga (sengen)
o) vinduet

3

Nils er en nisse. Susanne er ikke glad i nissen. Hun vil gjerne ha en telefon. Men en telefon koster mye.
*(Teóricamente también podría ser **Men telefonen koster mye** si fuese un cierto teléfono. Aquí queremos decir que un teléfono, en general, es caro.)*
Susanne ser ut av vinduet.
*(Podríamos decir **et vindu** si ella tuviese varias ventanas en su habitación. Pero si ella sólo tiene una, está claro cuál es, por lo que usamos la forma definida.)*
Hun tar Nils i hånda.
(Aquí está claro que es la mano de él. Bueno, podría ser su mano izquierda o su mano derecha, pero no es, definitivamente, cualquier mano.)
Susanne har ei seng. Kan Nils sitte på senga?
Nei. Han kan sitte ved siden av døra.
*(Lo mismo que **con vindu** – si hubiese varias puertas, también podría ser **ei dør**).*

4

a) Ved bordet vil jeg ikke sitte.
b) Det er ikke plass på bordet.
c) Et egg vil jeg ikke spise.
d) Erna sitter ved vinduet.
e) Nå vil hun ikke leke med Nils.
f) I dag har hun bursdag.

5

Hva heter du? – Jeg heter Truls.
Hvor gammel er du? – Jeg er 36 år.

Hvor bor du? – I Bergen.
Hvordan går det? – Takk, ikke så verst. Hva med deg?
Hva gjør du? – Jeg er elektriker.
Jeg må gå. – Ha det bra!
Hvor kommer du fra? – Jeg er fra Oslo.
God helg! – I like måte!
Hei, jeg heter Irene. – Hyggelig å treffe deg! Jeg er Nils.

5

1

18 atten
80 åtti
17 sytten
27 tjuesju
14 fjorten
93 nittitre
22 tjueto
46 førtiseks
64 sekstifire
98 nittiåtte
12 tolv
16 seksten
23 tjuetre
836 åttehundreogtrettiseks
5322 femtusentrehundreogtjueto
8818 åttetusenåttehundreogatten
312 trehundreogtolv
4067 firetusenogsekstisju
9900 nitusennihundre
2147 totusenetthundreogførtisju
1987 ettusennihundreogåttisju
1818 ettusenåttehundreogatten
1511 ettusenfemhundreogelleve
951 nihundreogfemtien
777 sjuhundreogsyttisju
787 sjuhundreogåttisju

2

a) Her kommer Per. Ser du ham (han)?
b) Jeg er her. Ser du meg?
d) Vet du hvor Per og Susanne er? Jeg kan ikke se dem.
e) Nina! Anders! Hyggelig å treffe dere.
f) Her er et rundstykke. Vil du spise det?

3

a) Maria er glad: Martin kommer til henne i dag. Han kommer kl. 07. Maria vil spise frokost sammen med ham (han).
b) Jeg vet ikke hvor Runar og Karina er. Skal jeg ringe dem?
c) Liker du Karina? Jeg liker ikke henne, men jeg liker Marthe.
d) Jan og jeg spiser frokost med Runar og Karina. Vi spiser med dem.

4

a) søster
b) far
c) mor
d) sønn
e) bestefar
f) morfar
g) mann

6

Susanne er søstera til Per.
Per er broren til Susanne.
Per er sønnen til Lise.
Susanne er dattera til Lars.
Erna er bestemora/mormora til Per.
Lise er mora til Susanne.
Lars er faren til Susanne.
Lars er mannen til Lise.
Lise er kona til Lars.

6

1

a) Jeg vasker meg.
b) Vi vasker oss.
c) Dere vasker dere.
d) Du vasker deg.
e) Han vasker seg.
f) De vasker seg.
g) Hun vasker seg.

2

08.00	åtte
12.00	tolv
06.00	seks
19.00	sju
21.00	ni

14.00	to
15.30	halv fire
07.30	halv åtte
10.30	halv elleve
22.30	halv elleve
21.15	kvart over ni
09.15	kvart over ni
03.10	ti over tre
15.50	ti på fire
09.45	kvart på ti
08.55	fem på ni
16.50	ti på fem
05.05	fem over fem
17.25	fem på halv seks
13.40	ti over halv to
13.00	ett
06.40	ti over halv sju
11.35	fem over halv tolv
23.25	fem på halv tolv

3
Kl. 06.30 står jeg opp.
Kl. 11.30 spiser jeg lunsj.
Kl. 20.00 spiser jeg kveldsmat.
Kl. 08.00 begynner skolen.
Kl. 06.45 spiser jeg frokost.
Kl. 16.00 spiser jeg middag.
Kl. 22.30 legger jeg meg.

4
Per sier:
Jeg heter Per. Jeg kommer fra Norge. Jeg er
16 år gammel og bor i Oslo. Jeg går på skolen.
Skolen begynner kl. 08, mandag til fredag. Jeg
liker skolen, men jeg er ikke glad i engelsk.
Jeg har ei (en) søster. Hun heter Susanne.
Hun er bare åtte år gammel. Egentlig liker jeg
henne, men hun er ofte frekk.

5
a) faren til Lise
b) Susannes familie
c) telefonen til Erna
d) Ernas kommode
e) skapet til Lars
f) koppen til Susanne
g) Pers dør
h) brødet til Kristine
i) Lises kjøkken

6
a) Jeg må vaske opp.
b) Hun slutter å flire.
c) Nils kan ikke høre noe.
d) Vil du endelig være stille?
e) Når vil du stå opp?
f) Lars begynner å arbeide kl. 8.00.

8
Klokka var seks. Nils hørte noe. Hva var det? Å
ja. Det var Lars, faren til Susanne. Han laget/
lagde kaffe. Så spiste familien frokost. Lars
spiste brød med smør og syltetøy, Susanne
spiste frokostblanding med melk. Per og Lise
spiste brød med ost og skinke.

Nils sluttet å bevege seg og satt helt stille.
Endelig var familien ferdig med frokosten. Nå
kunne han slappe av og bevege seg igjen.

7

1
mange senger
mange bord
mange kommoder
mange stoler
mange egg
mange rundstykker
mange år
mange kopper
mange brødskiver
mange gaver
mange telefoner
mange bilder
mange skap
mange rom
mange dører
mange kjøkkener
mange historier
mange stuer
mange hender
mange mødre
mange brødre
mange fedre
mange søstre

2
Hvert menneske har en far og ei mor. Vi har
to bestefedre og to bestemødre: en farfar, ei
farmor, en morfar og ei mormor.
   Noen har også søstre og brødre
   Susanne har bare en bror: Han heter Per.
Faren heter Lars, og mora heter Lise.
   Bestemora heter Erna. Hun er mora til Lise.
Derfor er hun mormora til Susanne.
   Susanne er dattera til Lise og Lars, og Per er
sønnen til Lise og Lars.

3
Jeg trenger gafler, kniver, asjetter ... for å
dekke bordet.
Jeg trenger en oppvaskmaskin for å vaske
opp.
Jeg trenger en kopp for å drikke kaffe.
Jeg trenger ei skje for å spise suppe.
Jeg trenger en gaffel og en kniv for å spise
fisk.

4
Du må gå.
Du må svare nå.
Ring meg i dag.
Du må spørre Erik.
Spis frokost.
Du må vente på meg.
Kom til meg.
Du må sitte og ta litt mat.
Sitt og arbeid.
Du må gjøre noe.

8

1
ei (en) stor seng
et stort rom
ei (en) stor dør
et stort rundstykke
en stor kopp
ei (en) stor brødskive
en stor gave
en stor telefon
et stort bilde
et stort kjøkken
ei (en) stor stue

et stort bord
en stor kommode
en stor stol
et stort egg
et stort skap

2

For eksempel:
en ung far
en hyggelig far
en stor skog
en mørk skog
et stort rom
en hyggelig person
en viktig person
en mørk kjeller
en stor leilighet
en stor eske
et stort vindu

4

a) Han lager ofte mat.
b) Jeg trenger ei seng for å sove.
c) Jeg begynner å arbeide kl. 7.00.
d) Du skal ikke åpne døra.
e) Frokostblandingen koster ikke mye.
f) Barnet vil leke med en venn.
g) Jeg kommer fra England
h) Jeg bor gjerne i Oslo.
i) Du kan spørre meg.
j) Jeg hører noen i kjelleren.
k) Jeg tenker ofte på deg.
l) Jeg skal forklare det.
m) Vi må rydde i stua.
n) Nils vil hjelpe familien. / Familien vil hjelpe
   Nils. *(dependiendo de quién quiera ayudar
   a quién)*

5

3. etasje: Lise – Per – boden
2. etasje: badet – foreldre – besteforeldre
1. etasje: kjøkken – dør – stue

9

1

svart 6 – brun 4 – gul 2 – hvit 5 – blå 7 –
grå 3 – grønn 8 – rød 9 – oransje 1

3

Koppen er blå.
Egget er brunt.
Asjetten er grønn.
Kniven er svart.
Bordet er brunt.
Telefonen er hvit.
Huset er gult.

5

a) Emil kjenner Nils.
b) Nils kjenner ikke Oslo.
c) Emil vet mye.
d) Nils vet hvor han kommer fra.

10

2

For eksempel:
Emil sover i sofaen.
Nils har smerter i magen.
Derfor må han snakke med Emil.
Han snur seg et par ganger.
Smertene blir verre.
Han har ikke vondt i brystet.
...

3

Nils sier til Emil: «Kan du hjelpe meg?»
Emil sier: «Ja, jeg kan hjelpe deg.»
Emil hjelper Nils. Han hjelper ham (han).
Vi er syke. Kan legen hjelpe oss?
Ja – legen sier: «Jeg kan hjelpe dere.»
Susanne er syk. Kan Emil hjelpe henne?
Susanne og Per er syke. Kan legen hjelpe
dem?

4

Det var natt. Nils sov i senga. Det var egentlig
ikke hans seng – det var ei lita pute på Lises
stol på kjøkkenet. Men han brukte puta hen-
nes som seng.
    Plutselig våknet han. Rommet var mørkt.
Han så nesten ingenting. Men han hadde
veldig vondt i magen. Og han var kvalm, så
kvalm. Hva skulle han gjøre?
    Han hoppet ut av senga. Smertene ble ikke
bedre av det – nei, de ble bare verre.

Kanskje kunne Emil hjelpe? Ja, selvfølgelig.
Han måtte finne Emil. Men Nils måtte også
være forsiktig. Menneskene måtte ikke våkne.
Han husket historien med kaffekoppen og
oppvaskmaskinen. Han gikk til stua. Der så
han ingen. Men han hørte noe. Noen lå på
sofaen og sov. Var det Emil? Nils gikk litt nær-
mere. Ja, han kjente ham igjen. «Emil!» ropte
han. Bamsen våknet med en gang. (...)
    Nils gjorde det. Da begynte Emil å trykke på
magen. (...)
    Emil la øret på brystet hans.
    «Nei, det er ikke noe galt her, tror jeg.» Han
kjente på magen igjen. (...)
    Nils satte seg ned på sofaen og snudde seg.
En gang, to ganger, tre ganger, fire ganger.
Han følte seg fortsatt kvalm, men smertene
var bedre. Kanskje ble han snart frisk igjen?

5

Ja, vi forstår mye fransk.
Nei, ikke så mange.
Ja, mye mat, takk.
Ja, jeg har mange venner der.
Ja, jeg vil spise mange rundstykker.
Ja, jeg har mange brødre.
Nei, ikke så mange personer.
Nei, ikke så mye smør.

6

a) For å jobbe trenger jeg ...
mine kunder, kundene mine,
min saks, saksa mi,
min binders, bindersen min,
mine idéer, idéene mine,
mitt rom, rommet mitt.
b) For å jobbe trenger du ...
din kaffe, kaffen din,
dine e-poster, e-postene dine,
ditt skrivebord, skrivebordet ditt,
i din stue, i stua di,
din rapport, rapporten din.
c) Vi liker ...
vårt arbeid, arbeidet vårt,
vår mor, mora vår,
våre jobber, jobbene våre,
vår bror, broren vår,
vårt barn, barnet vårt.

7

a) vårt kjøkken/kjøkkenet vårt
b) mine brødre/brødrene mine
c) hennes kniv/kniven hennes
d) hans gafler/gaflene hans
e) deres skje/skjea (skjeen) deres
f) dine tallerkener/tallerkenene dine
g) deres glass/glasset (glassene) deres
h) min mat/maten min
i) hans bord/bordet (bordene) hans
j) deres restaurant/restauranten deres
k) din kake/kaka di (kaken din)
l) vårt syltetøy/syltetøyet vårt
m) deres kaffe/kaffen deres
n) hennes skinke/skinka hennes (skinken hennes)

11

Países

Norge – norsk
Hellas – gresk
Brasil – portugisisk
Canada – fransk/engelsk
Tyrkia – tyrkisk
Sveits – fransk/tysk/italiensk
Storbritannia – engelsk
Østerrike – tysk
Russland – russisk
Argentina – spansk
Polen – polsk
Island – islandsk
Vatikanstaten – italiensk/latin
Sverige – svensk

1

a) det brune skapet
b) den varme koppen
c) det store brødet
d) den røde døra
e) de røde sengene
f) de store vinduene
g) den rare personen
h) det rolige huset
i) den mørke skogen

2

Brødet er godt.
Rundstykkene er billige.
Jeg vil ha en liten leilighet.
Huset er stort.
Jeg vil kjøpe fem gode rundstykker.
Vi trenger mange fine poteter.
Dette huset er dyrt.
Dette er et billig hus.

3

Det irske flagget er grønt, hvitt og oransje.
Det svenske flagget er blått og gult.
Det greske flagget er blått og hvitt.
Det italienske flagget er grønt, hvitt og rødt.
Det tyske flagget er svart, rødt og gult.
Det sørafrikanske flagget er rødt, hvitt, grønt, gult, svart og blått.
Det østerrikske flagget er rødt og hvitt.

6

a) Hvilket hus bor du i?
b) Hvilken telefon ringer?
c) Hvilke bilder liker du?
d) Hvilken oppvaskmaskin er god?
e) Hvilken jobb vil du ha?
f) Hvilke smerter er farlige?
g) Hvilken butikk er billig?
h) Hvilket bord vil du kjøpe?

12

2

Hva skal Erna kjøpe? Kanskje disse gulrøttene? Eller disse potetene?
Denne oppvaskbørsten er for dyr. Men hun skal i hvert fall kjøpe denne osten. Er dette brødet godt?

3

Jeg sto opp klokka 7. Så spiste jeg frokost og dusjet. Kl. 8 gikk jeg ut av huset og tok bussen til byen. Jeg var på kontoret kl. 9. Der arbeidet jeg til kl. 11. Da spiste vi lunsj. Fra kl. 11.30 til kl. 17 arbeidet jeg igjen. Etterpå tok jeg bussen hjem og spiste middag. Kl. 19 spilte jeg tennis med en venn. Så så jeg på TV og spiste kveldsmat. Kl. 23 la jeg meg og sov.

5

a) Er butikken der?
b) Du må gå ned denne gata.
c) Apoteket ligger her.
d) Kommer du hjem?
e) Skal han vente der?
f) Det er to senger her, men jeg vil ikke sove oppe.
g) Vi må sende ut mange e-poster i dag.
h) Vil du gå ut med oss på lørdag?
i) Må vi sitte inne i dag?
j) I dag arbeider Stian hjemme.
k) Kommer du hit?
l) Bakeriet er der borte.

13

Comiendo fuera

Har du et ledig bord for fire personer? – Ja, her ved vinduet.
Kan vi sitte her? – Ja, selvfølgelig.
Vil dere spise? – Ja. Kan vi få menyen?
Kan du anbefale noe? – Ja, dagens fisk, for eksempel.
Hva vil du drikke? – Jeg tar et glass øl, takk.
Har dere italiensk rødvin? – Ja, men den står ikke på menyen.
Er det mulig å få dagens suppe uten kjøtt? – Selvfølgelig. Det er mulig.
Er det svinekjøtt i denne retten? – Nei, bare kylling.
Har dere vegetariansk mat også? – Nei, dessverre.
Kan jeg få regningen? – Ja, det kan du. Hvordan vil du betale?

3

Recuerda que el orden de las palabras es importante aquí. Cuando usas el perfektum, introduces un segundo verbo en la oración (automáticamente).

a) Per har våknet.
b) Maria har kommet til kaféen.
c) Hun har spist sjokolade.
d) Hun har ikke begynt å arbeide.
e) Stefan har åpnet vinduet.
f) Han har sendt en e-post.
g) Susanne har fått en gave.

h) Hun har gått på Internett.
i) Jeg har tatt bussen kl. 6.40.
j) Jeg har ventet i en time.
k) De har ikke sett det grønne huset.
l) Jeg har gjort mye i dag.
m) Martha har bodd i Bergen.
n) Hun har ikke sagt mye.
o) Jeg har spurt etter veien.
p) Jeg hat sett det på TV.
q) Jeg har hørt deg.
r) Stefan har sluttet å arbeide.
s) Han har snakket med meg.
t) Barnet har prøvd å gjemme seg.
u) Nils har følt seg bedre.
v) Jeg har lyttet på radio.
w) Pål har skrevet ei bok.
x) Det har snødd i to timer.
y) Erna har kjøpt mat.
z) Familien har kommet på besøk.
æ) Hun har betalt 345 kroner.
ø) Jeg har dratt til Oslo.
å) Mannen har stått på fortauet.

4
a) f.eks.: Kan du hjelpe meg?
b) f.eks.: Vær så snill og kom til meg.
c) f.eks.: Jeg vil gjerne ha en kopp kaffe.
d) f.eks.: Kunne jeg få menyen?
e) f.eks.: Jeg vil gjerne betale, takk.

5
a) Om to timer skal jeg treffe en venn.
b) For en time siden var jeg ferdig på jobben.
c) Om to dager skal jeg reise til Oslo.
d) I tre dager skal jeg være i Oslo.
e) For to dager siden var jeg i Bergen.
f) I to timer skal jeg snakke med Tor.
g) Om seks timer skal jeg legge meg.

6
a) Dagens suppe er ikke særlig dyr/så dyr/koster ikke mye.
b) Det er veldig rolig i huset.
c) Den unge mannen spør mye.
d) Erna har gjemt papirlappen i Nils.
e) Det er ikke riktig.
f) Jeg har bodd i Oslo i 20 år.
g) Kan du gi meg menyen?/Kunne du ...?
h) Det koster 340 kroner.
i) Han har en eske i hendene.

j) Maten koster omtrent 200 kroner.
k) Så/Etterpå skal jeg legge meg.
l) Erna kommer fra Norge.

7
Med øynene kan man se.
Med føttene kan man gå.
Med nesen kan man lukte.
Med fingrene kan man gripe.
Med munnen kan man spise og drikke.
Med tunga kan man smake.
Med ørene kan man høre.
Med hodet kan man nikke.
Med hjernen kan man tenke.
Med lungene kan man puste.
Med tennene kan man bite.
Med huden og med fingrene kan man føle.

14

1
a) Kan du snakke fransk?
b) Liker du å lage mat?
c) Mia prøver å skrive norske tekster.
d) Har du prøvd å ringe meg?
e) Skal jeg hjelpe deg med oppvasken?
f) Min far begynner å arbeide kl. 7.00.
g) Hva vil du ha til middag?
h) I går måtte vi dra til legen med sønnen vår.
i) Han kan ikke se.
j) Jeg vil reise til Amerika.
k) Er du glad i å lage mat?

2
I dag må/vil Stefan rydde opp. Det ser ikke bra ut på rommet hans. Telefonen ligger på gulvet, og man kan nesten ikke se ut av vinduene. Først må/skal han vaske vinduene. Men han kan ikke åpne dem. Det snør ute! Derfor begynner han med gulvet. Skal han bare støvsuge eller bør han også vaske gulvet? Marit, Stefans kone, sier: «Du skal/bør/må også vaske, ikke bare støvsuge.»
Como puedes ver, hay varias alternativas para algunas de las oraciones. Esto depende de lo que quieras decir exactamente.

3
Det var ganske sent. Nils hørte dusjen. Lise pusset tennene. Så kom hun ut av badet. Hun bar ei bøtte med vann. På kjøkkenet begynte hun å vaske gulvet. Så gikk hun tilbake til badet med bøtta, tømte den i doen og tok støvsugeren ut av et skap. Støvsugeren bråkte/bråket forferdelig. Endelig slo Lise av støvsugeren. Med et fast grep tok Lise Nils, gikk inn i stua, satte seg på sofaen sammen med Nils og slo på TV-en.

4
Stian våknet kl. 5.00. Han hadde veldig vondt i magen, og han var kvalm. Hva skulle han gjøre?
    Han sto opp. Skulle han vente? Han prøvde å lese ei bok. Men det/smertene ble bare verre.
    Han måtte snakke med en lege. Kl. 7.00 ringte han til legekontoret.
    Han sa: «Hei, jeg heter Stian Jensen. Jeg føler meg kvalm, og jeg har veldig vondt i magen.»
    «Har du vondt/smerter i brystet også?»
    «Nei, det har jeg ikke.»
    «Det er bra. Kan du komme kl. 9.30?»
    «Ja, det kan jeg.»
    «Takk, ha det bra!»
    Nå er Stian hos legen. Legen trykker på magen og sier:
    «Gjør det vondt her?»
    «Ja, litt.»
    «Kan du åpne munnen?»
    Stian åpner munnen.
    Legen sier: «Temperaturen er normal. Du har spist noe galt. Legg deg i senga og vent til i morgen, så blir det bedre/bra.»

15

1
a) Turisten spurte høflig.
b) Hun beveget/bevegde seg rart.
c) Susanne snakket frekt.
d) Lise gikk raskt.
e) Fredrik arbeidet godt.
f) De gikk langt.

2

a) En lærer snakker høflig med Susanne. Den høflige læreren sier: «Du arbeider raskt, Susanne.» Læreren er god. Han forklarer godt.
b) Hvorfor snakker denne mannen så rart? Han må være gal.
c) Er klokka 19.00 allerede? – Nei, klokka går galt.

3

interessant	kjedelig
huske	glemme
dyr	billig
bak	foran
opp	ned
langsom	rask
ung	gammel

4

På kjøkkenet har vi en stor komfyr.
Gulvet i gangen er av tre.
Vi må kjøpe et nytt teppe til stua.
Oppvaskmaskinen er ødelagt.
På dette soverommet er det to senger.
Fra vinduet ser man bakgården.
Vil du sitte i sofaen i stua?
Glassene er i det lille skapet ved døra.

6

a) Disse møblene er fine, synes jeg.
b) Telefonen ringer. Hvem er det? – En kunde, tror jeg.
c) Hvor er saksa? – Den ligger på bordet, tror jeg.
d) Han synes det var en dårlig idé.
(Dependiendo de la situación, también podría ser **tror***, p. ej. si él no ha visto las consecuencias que ha tenido su idea, y estas consecuencias muestran claramente que la idea era buena o mala.)*
e) Når sendte han denne e-posten? – I går, tror han.
f) Hva gjør Marthe? – Jeg tror hun er kokk.
g) Er hun en god kokk? – Ja, det synes jeg.
*(***Synes*** *implica que tú has probado su comida. Si dices* **det tror jeg***, eso significaría que sólo piensas en su reputación, y que no sabes con certeza si la comida es buena o mala.)*

16

1

a) Jeg vil ikke kjøpe dette huset – jeg vil kjøpe et annet hus.
b) Ser du denne mannen? Nei, ikke denne – den andre mannen.
c) Per vil ha en annen telefon.
d) Den andre telefonen er ganske dyr.
e) Han vil også ha ei anna klokke.
f) Her har de bare en slags sjokolade, men i den andre butikken har de mange andre slags sjokolade.

2

I Oslo er det regn./I Oslo regner det.
I Kristiansand er det tåke.
I Bergen er det vind/blåser det.
I Ålesund skinner sola/er det sol.
I Bodø er det sludd.
I Tromsø er det opphold.
I Kirkenes er det snø.

5

a) Det vil/kommer til å regne i morgen.
b) På torsdag vil jeg besøke min tante, men jeg må ringe henne først.
c) Vil du få denne jobben?/Kommer du til å få denne jobben?
d) Jeg har så mye å gjøre! Jeg skal vaske opp, mate hunden og skrive en e-post til beste-faren min.
e) Når skal/vil du gå hjem?/Når kommer du til å gå hjem?
f) Hvor skal/vil du bo?/Hvor kommer du til å bo?
g) Skal/vil du spise lunsj med oss?
h) Martin skal/vil betale kontant.
i) Jeg skal/vil studere økonomi.
Si tienes la posibilidad de escoger entre **vil** *y* **skal***, depende de las circunstancias – ¿has tomado ya tu decisión o no?* **Kommer til å** *sólo puede usarse si es algo que definitivamente va a suceder. Por ejemplo, en la última oración, podrías usarlo en lugar de* **skal***, pero sonaría casi demasiado "estricto" (significando que nada en la Tierra podría evitar que estudiases Economía).*

17

Hva vet du om Norge?
1c – 2b – 3a – 4c – 5c – 6b – 7a – 8c – 9c – 10a – 11a – 12b

1

a) Kari har en bror som heter Stian.
b) De bor i en leilighet som er i Stavanger.
c) Jeg vil spise dette eplet som ligger på bordet.
d) Er det din sønn som venter foran huset?
e) Her er en kunde som vil kjøpe en billett.
f) Kunden kjøper en billett som koster 390 kr.
g) Jeg har kjøpt avisa som du leser hver dag.
h) Han sitter i sofaen som står i stua.
i) Han forklarer det som er viktig for henne.

4

Tor er en norsk gutt på 18 år. Han er snart ferdig med skolen. Han liker ikke skolen. Etter den kjedelige skoletida vil han gjerne oppleve noe gøy.

I sommer vil han derfor reise til England. Han kjenner noen engelske gutter fra før. Han vil besøke disse vennene.

Men i dag føler han seg ikke bra. Han har vondt i magen. Kanskje fordi han har spist mange grønne epler? De grønne eplene var ikke gode. Eller kanskje har han spist for mye suppe? Det var mye smør i suppa. Kjenner han en god lege? Ja, broren hans er lege. Broren heter Ivar. Han må gå til ham.

Ivar undersøker Tor. Han sier: «Alt er bra med magen din. Du må bare finne deg en god kokk.»

«Kan jeg dra til England, Ivar?»

«Ja, selvfølgelig. Men du må bare spise god mat. Et(t) rødt eple per dag er godt.»

5

a) I går fikk jeg besøk av en venn.
b) Du må snakke med Helge. – Jeg har allerede snakket med ham.
c) Jeg har levd i Norge i femten år og trives fortsatt.
d) Ta av deg skoene! Jeg har vasket gulvene.
e) Kjøpte du fisk?/Har du kjøpt fisk? Jeg kan ikke se den.

Si deseas recalcar el hecho de que no puedes ver el pescado, entonces tienes que usar el **perfektum**.

f) Marit bodde i Bergen fra 2005 til 2008.

g) Mange turister var i byen på søndag.

h) Kredittkortet er ødelagt. – Har du slått den riktige koden?

i) På tirsdag sendte jeg e-post til mange kunder.

j) Jeg hentet barna og besøkte Ida etterpå.

k) I går gikk jeg til legen.

l) Hvor er Emil? – Han dro/har dratt.

Si deseas recalcar el hecho de que él no está, entonces tienes que usar el **perfektum**.

m) Hjalp Emil deg med å rydde i stua i går?

n) Hvor er Nils? – Jeg har ikke sett ham.

o) Så du filmen om Paris på lørdag?

6

Kjeder du deg? Da kan du hjelpe Anne og meg. Vi vil lage mat. Vi har poteter her. Kan du vaske dem? De ligger ennå på bordet. Vi har også kjøpt kjøtt. Kan du skjære det opp? Nei, først kan du hjelpe oss med å vaske kjøkkenet. Det ser ganske dårlig ut. Etterpå må vi vaske gulrøttene. Men hvor er de? Har du sett dem? Å, vi har kanskje glemt å kjøpe dem! Kan du gå til butikken? Den ligger ved jernbanestasjonen. Du kan allerede se den når du går ut fra huset. Gleder du deg til maten? Jeg gleder meg, og Anne gleder seg også.

7

a) Om vinteren er det kaldt i Norge, men i vinter var det ganske varmt.

b) På mandag var det litt regn.

c) På søndager går vi ofte på tur.

d) I tre måneder har det bare vært snø.

e) Om tre måneder begynner sommeren.

f) På mandager har vi alltid mange kunder.

18

1

a) Han glemte at Lises bror ikke spiser frokost hver dag.

b) Vi ønsker at dere snart finner en leilighet i byen.

c) Hun tenker at svart kaffe ikke er fristende.

d) Du kommer hvis dattera di blir frisk.

e) De synger når noen har bursdag.

f) Han liker det når servitøren på kaféen er høflig.

g) Han gjør som om han ikke husker dagdrømmen.

h) Det føles som om ingen kjenner Ernas store hemmelighet.

i) Du ser ut som om du er syk og trenger medisin.

j) Jeg ringer alltid når alle er opptatt og spiser.

k) Hun bestiller når servitøren gir henne menyen.

l) Vi fortsetter å snakke når du endelig slutter å arbeide.

2

a) Han har kanskje lyst på kjøttkaker i tillegg./Kanskje har han lyst på kjøttkaker i tillegg./Kanskje han har lyst på kjøttkaker i tillegg.

b) Vil hun kanskje åpne vinduet?/Kanskje vil hun åpne vinduet?/Kanskje hun vil åpne vinduet?

c) Du trenger kanskje noen som hjelper deg./Kanskje trenger du noen som hjelper deg/Kanskje du trenger noen som hjelper deg.

d) Jeg rydder kanskje stua i dag hvis du er snill/Kanskje rydder jeg stua i dag hvis du er snill./Kanskje jeg rydder stua i dag hvis du er snill.

e) Har du kanskje allerede ryddet?/Kanskje har du allerede ryddet?/Kanskje du har allerede ryddet?

3

a) Når det snør, trenger man varme votter.

b) Når det er sludd, trenger man ei god lue, et skjerf og ei regnjakke.

c) Når det er klart, trenger man ei fin skjorte.

d) Når det er svak vind, trenger man en varm genser.

e) Når det er orkan, trenger man gode sokker og fjellsko.

f) Når det er regnbyger, trenger man lange bukser.

g) Når det er varmt ute, trenger man et kort skjørt.

4

Hun leste noe om været i en avis og spiste noen småkaker. Plutselig ringte noen på døra.

«Hei du! Har du lyst til å gjøre noe i kveld?» sa hennes venninne.

«Åh, det er synd! Jeg sa til noen av naboene at jeg hjelper med å bære noen møbler og noen klær.»

«Men jeg kan kanskje hjelpe med noe? Kanskje hente noen bøker ned fra hyllene eller lage noe mat?»

«Det er en bra idé. Jeg skal spørre noen om de trenger deg.»

«Vent, skal vi ta noen småkaker og kaffe med oss? Noe å spise og drikke er alltid bra!»

19

1

Oslo er en fin by jeg ønsker å se snart.

Hurtigruta er en båt som går hver dag.

En lærer er en person som arbeider i skolen.

Jeg lagde ei kake du ikke ville smake.

Tromsø er en interessant by som ligger i Nord-Norge.

Du likte TV-serien om Norge vi så på i går.

Nils så en film som var helt fantastisk.

Den handlet om et veldig fint land han hadde lyst til å se.

2

f.eks.:

Hver dag lager vi alltid mat og spiser sammen./Vi lager mat hver dag og spiser alltid sammen.

Han har av og til gode idéer, men gjør ikke notater./Han gjør av og til notater, men har ikke gode idéer.

Hver dag tenker Susanne at hun gleder seg til skolen./At hun gleder seg til skolen, tenker Susanne hver dag.

Hvis man har vondt i magen, må man være forsiktig./Man må være forsiktig hvis man har vondt i magen.

3

I en skobutikk finner man: Støvler
På et apotek finner man: En hudkrem, en hodepinetablett, en parfyme
I en teknikkbutikk finner man: En DVD, en mobillader, et batteri, ei lampe

I en matbutikk finner man: En agurk, et (rund-stykke,) (en hodepinetablett), (toalettpapir), småkaker, (et brød,) kjøtt, et godteri
I en klesbutikk finner man: Bukser, en genser, en hårbørste
I en kiosk finner man: En bussbillett, et bykart
I et bakeri finner man: Et rundstykke, et brød
På posten/posthuset finner man: En konvolutt, en eske for å sende en pakke, et frimerke
I en interiørbutikk finner man: Ei seng

5
a) f. eks. «Ja, det kan du.»/«Nei, han er dessverre ikke hjemme.»
b) f.eks.: «Jeg kan godt komme bortover.»/«I dag har jeg ikke tid.»
c) f.eks.: «Jeg kan kjøpe noen poteter til deg.»/«Nei, det rekker jeg ikke.»/«Jeg har dessverre ikke poteter hjemme.»
d) f.eks.: «Ring legevakta, jeg kommer bortover til deg i mellomtiden.»
e) f.eks. svar: «Jeg har ikke tid i dag, men du kan ringe Henriette.»/«Ja, så klart kan jeg det! Vi sees!»

20

Pequeña charla
4–6–9–7–14–3–8–2–11–13–10–5–12–1

1
Lise ønsket alltid å bli lærer. Nå er hun en god sykepleier. I forgårs traff hun en russisk mann, en amerikaner og en italiener. Russeren er en bra lege, amerikaneren er tannlege og italieneren er en ung student. Hun snakket også med en muslim og en ung katolikk. Hun jobber som redaktør og gleder seg til å bli pensjonist snart. De har kjøpt leilighet. De må ta bussen til byen og vil kjøpe bil snart.

2
På lørdag var jeg lenge på en bursdagsfest hos en venn. Festen var på et sted langt fra huset mitt. Først så vi lenge på en film, så spiste vi ute lenge. Bordet sto langt fra huset. Før festen prøvde jeg lenge å treffe min venn. Da vi spiste, satt han langt fra meg. Vi kunne ikke snakke mye og lenge denne kvelden. Klokka kvart på to ringte jeg en drosje, men måtte vente lenge til den kom. Veien var lang, derfor tok det lang tid å komme hjem.

4
a) Morten har et fint hus som er i Hamar.
b) Stine går på tur selv om sola ikke skinner.
c) Bjørn kan ikke dra på ferie fordi han ikke har penger.
d) Birgitte har en hund som ofte er syk.
e) Når været er dårlig, kan vi ikke dra på tur.
f) Hilde sier at hun ikke kan komme i kveld.
g) Hilde kan ikke komme på besøk fordi hun ikke føler seg bra.
h) Før jeg går på jobb, skal jeg spise frokost.
i) På lørdager og søndager vil jeg ikke arbeide.
j) Hvis det ikke snør, kan vi gå på tur.
k) Før Erna skal reise til Tromsø, vil hun komme på besøk.
i) Tromsø er en by hvor sola ikke skinner om vinteren.

5
Jeg heter Liv og arbeider som lege på sykehuset. Vanligvis må jeg allerede stå opp rundt kl. 5.00, for vi begynner å arbeide kl. 6.00. Jeg spiser frokost og dusjer før jeg drar på jobben, men jeg leser ikke avisa. Der er det bare dårlige nyheter! Jeg liker å ta bussen til sykehuset, for det går ganske fort med bussen. Men etter jobben liker jeg å gå. Da kan jeg slappe av og være i naturen.

Når jeg begynner på jobben, må jeg først snakke med de andre legene. Etterpå vet jeg hva jeg må gjøre. Så besøker jeg pasientene mine og snakker med sykepleierne. Kl. 11.30 spiser jeg lunsj. Etter det arbeider jeg fram til kl. 14.00. Jeg spiser middag med familien min når jeg kommer hjem. Sønnen min liker å lage mat. Det er veldig bra for meg og mannen min – da har vi ikke så mye å gjøre hjemme.

21

1
Dagen før reisen besøker Erna familien. Hun går inn i stua. Der ser hun et bord, fire stoler, en sofa og en kommode. Lise sitter i sofaen. Lars er på kjøkkenet og steker kjøtt i kasserollen/en kasserolle. Susanne sitter ved bordet. Erna spør Susanne hvordan det går på skolen. Men Susanne vil ikke snakke så mye om skolen. Hun vil heller snakke om hester. Hun har nemlig begynt å ta ridetimer. De snakker også om Nils – Nils er en gave fra Erna. Da kommer Lars med maten.

2
a) Har Lise kjøpt et brød? – Hun har kjøpt sju/syv brød.
b) Har du et glass? – Jeg har 21 glass.
c) Kan vi se en film? – Vi kan se to filmer.
d) Har Lars lest ei bok? – Han har lest 13 bøker.
e) Har Stine en bror? – Hun har tre brødre.
f) Har Lars og Lise et barn? – De har to barn.
g) Kan dere gi meg en kniv? – Vi kan gi deg atten kniver.
h) Har Lars og Lise et soverom? – De har to soverom.
i) Skal du ringe en kunde i dag? – Jeg skal ringe elleve kunder i dag.
j) Kan jeg få et stykke papir? – Du kan få fjorten stykker papir.
k) Finnes det et bakeri i denne byen? – Det finnes åtte bakerier i denne byen.

5
a) Har du funnet en leilighet allerede?
b) I morgen skal Knut kjøre til Oslo.
c) I 1990 gikk jeg ennå på skolen.
d) Jeg vil gjerne ha en kopp kaffe, takk.
e) I dag har jeg mye å gjøre.
f) Jeg la meg kl. 21 og sov rett etterpå.
g) Han ringte meg kl. 22, men da lå jeg allerede i senga.
h) Marthe, jeg kan dessverre ikke komme på besøk i kveld.
i) Som sykepleier måtte jeg skrive mange rapporter.
j) Jeg hører deg dårlig. Hva sa/sier du?
k) I går sto jeg opp kl. 5.00 allerede.
l) Er Martin fra England? – Det vet jeg ikke.
m) Kom inn og sett deg. Her har vi en stol.
n) Er Tove her? – Nei, hun dro til Bergen.
o) Har du prøvd å ringe meg?
p) Nå har jeg sittet i sofaen i nesten to timer.

q) Var du hos mora di i går? – Nei, jeg måtte arbeide i går.

r) På mandag fikk jeg en interessant e-post av en venn.

s) Hvorfor tok du ikke bussen hit?

6

Jeg har to venner – Bente og Geir. Med vennene mine gjør jeg mange ting. Ofte lager vi mat på Bentes kjøkken. Kjøkkenet hennes er ganske stort. Geir har også et stort kjøkken, men kjøkkenet hans er ikke så pent. Og kjøkkenet mitt er veldig lite.

I dag vil vi lage suppe for kjærestene våre. Vi har invitert dem, og de kommer snart. Geir har kjøpt alt vi trenger. Men han har ikke fått pengene fra oss/meg ennå. Bente arbeider allerede. Hun er en god kokk. Geir er ikke en så god kokk, men det går fint å arbeide med ham.

Geir er glad i litteratur, og han forteller oss/meg ofte om nye bøker. Men bøkene hans er kjedelige, synes jeg. Jeg liker å gå på skiturer, og jeg vil heller snakke om turene mine. Av og til går jeg på tur med Geir og Bente, men arbeidsuka deres er så lang, og da har de ikke så mye tid.

Nå kommer kjærestene våre. Jeg skal åpne døra for dem.

Har du også gode venner? Hva gjør du med vennene dine?

7

a) Hun sa at hun måtte arbeide.
b) Han visste at han ikke kunne komme på besøk.
c) Han måtte ta trikken.
d) Han spurte om han burde snakke med en lege.
e) Hun tenkte at hun jobbet for mye.

8

a) Han tenker på å lete etter ny jobb.
b) Hun gleder seg til å gå på Bach-konserten.
c) Den unge læreren arbeider med å skrive ei bok om Norge.
d) I dag må jeg begynne med å vaske gulvene.

22

3

Tror du at søstra di er glad i gaven?
Synes du at vi skal bytte TV-kanal snart?
Tror du at vi har glemt kvitteringen?
Tror du at det regner i dag?
Synes du at religion er viktig?
Synes du at filmen var god?
Tror du at butikken er døgnåpen?
Tror du at vi finner veien tilbake?
Tror du at postkontoret er åpent nå?
Synes du at poteter smaker godt?
Synes du vi skal spise her igjen?
Synes du at jeg er pen?
Tror du at han vet hva han gjør?
Synes du at det er viktig å gå på skolen?

4

f.eks.:
Jeg går ut!
Blir du med ut på byen?
Gå ut av døra og lukk den etter deg.
Ut på tur, aldri sur.

Jeg liker å være ute.
Kan vi spille fotball ute?
Ute er det frisk luft.
Sol ute, sol inne, sol i hjertet, sol i sinnet.

23

1

Jeg klarer det ikke! Jeg kan ikke bake kaker.
Skal/burde/bør han ikke kjøpe bursdagsgaven snart?
Hun er allergisk. Hun må/burde/bør/kan ikke drikke melk.
Barn skal/burde/bør ikke være ute etter kl. 22 om kvelden.
Du skal/må/burde/bør spise grønnsakene dine selv om du ikke vil.
Man burde/bør drikke mye vann hver dag.
Vil det regne i dag? – Nei, det vil snø.
Dere skal/må/burde/bør rydde nå! Jeg vil/skal ikke gjøre det for dere igjen.
Skal/burde/bør/vil du ikke ringe mora di når

du er hjemme?
(De nuevo, puedes ver que hay varias alternativas, dependiendo de lo que quieras decir exactamente.)

2

Susanne er veldig glad i broren sin. Hennes bror heter Per og er 16 år gammel. De har ei bestemor. Noen ganger kommer Erna, bestemora deres/hennes, på besøk. Lise er dattera hennes og mora deres. Lars er faren i familien og liker sin familie. Susanne er dattera hans. Hans datter er ikke veldig glad i nissen sin. Hennes nisse ble lagd av Erna. Alle liker å bo i huset sitt. Susanne liker sitt rom. Hennes rom er fint og gult. Per har også sitt rom, men han liker hennes rom også. Mora og faren deres har også et rom. Rommet deres er større enn hennes og hans rom.

3

Vegard kan ikke fine nøklene sine. Han hadde dem ennå i går, men nå er de ikke på bordet. Egentlig ligger de alltid på bordet. Han snakker med Hilde, kjæresten sin: «Hilde, har du sett nøklene mine?»

«Nei, Tor, men jeg kan ikke finne togbilletten min. Vet du hvor den er?»

«Nei, jeg har ikke sett den. Vi må lete etter den og etter nøklene mine.»

Vegard går rundt bordet. Har han allerede lett under det? Nei! Han ser under bordet, og hva ligger der? Nøklene hans! Nå må Hilde finne billetten sin. Hun sier:

«Vegard, kan du ikke hjelpe meg?»

«Nei», svarer Vegard. «Jeg kan ikke hjelpe deg, for jeg har ikke tid. Du må selv finne billetten din.»

6

a) Dette spørsmålet er viktig.
b) Denne genseren er varm.
c) Denne familien er snill.
d) Disse jentene er snille.
e) Dette spørsmålet er dumt.
f) Denne vesken er åpen.
g) Dette hotellet er grønt.
h) Disse blomstene er blå(e).
i) Denne beslutningen er viktig.
j) Dette landet er lite.

k) Denne stormen er sterk.

l) Disse telefonene er nye.

m) Dette bordet er billig.

n) Disse vottene er varme.

o) Denne byen er kjedelig.

p) Dette språket er vanskelig.

q) Dette badet er hvitt.

r) Denne kofferten er liten.

s) Denne reisen er interessant.

t) Disse sengene er små.

u) Dette skjørtet er langt.

v) Dette rommet er mørkt.

w) Denne dama er hyggelig.

x) Denne dusjen er trang.

y) Dette toget er langt.

z) Disse bøkene er tunge.

æ) Dette kjøkkenet er stort.

ø) Dette krysset er farlig.

å) Disse møblene er små.

24

Kjærlighet og følelser

Odd: Vet du at Berit har fått seg kjæreste?

Silje: Nei! Vet du hvem han er? Kjenner du ham?

Odd: Kjenner du Thomas? Han kjenner deg og vet hva du heter.

Silje: Ah, hun er sammen med Thomas! Men er hun ikke gift med Geir?

Odd: Nei. De er skilt nå. Jeg vet sikkert at Geir har vært forelsket i en kollega i mer enn ett år. Jeg så at han kysset henne da han ennå var gift med Berit.

Silje: Visste Berit den gang at Geir var forelsket i en kollega?

Odd: Ja, hun visste det. Hun kranglet mye med Geir.

Silje: Stakkars Berit. Hun var sikkert skuffet og følte seg ensom. Man tror at man kjenner noen og så finner man ut at man ikke vet/visste noe om dette mennesket.

Odd: Ja, men det var jo også en sjanse. Hun har aldri følt ekte kjærlighet og vennskap. Hun har kjent Geir siden hun var 15 år, og de giftet seg tre år senere, fikk barn da de var unge ...

Silje: Du snakker så stygt om henne. Det er flaut. Vis litt medfølelse med henne!

Odd: Jeg viser jo medfølelse! Jeg er veldig glad for at hun nå elsker Thomas. Og jeg vet at Thomas er veldig glad i henne. Hvordan er det forresten med deg og kjæresten din?

Silje: Kan jeg stole på deg? Jeg skal fortelle deg noe. Men ingen kan vite det ...

2

a) Hvis Erna går raskt, kommer hun ikke for sent.

b) Hvorfor spør hun så dumt?

c) Han kan ikke få jobb fordi han arbeider veldig langsomt.

d) Jeg liker å lese e-postene hennes for hun skriver så pent.

e) Vi kan gå, men hvis det regner sterkt, tar vi heller trikken.

f) Om morgenen liker jeg en varm dusj.

g) Jeg vil ikke kjøre med Stian fordi han kjører ganske farlig.

3

a) Da toget stopper, er hun akkurat ferdig med frokosten.

b) I dag kan toget til Bodø være noe forsinket.

c) Erna finner ham forhåpentligvis ikke!

d) Han kunne nesten ikke puste da hun gjorde det.

e) Da hun er ferdig med ostesmørbrødet sitt, ser hun ut av vinduet igjen.

f) Etter middagen åpnet hun ikke håndvesken.

g) Da de var ute på gata, hørte han at Erna begynte å gråte.

h) At hun må kjøpe billett, vet han ikke.

i) Da hun la en lapp i et påskeegg som hun ga til Per, skjedde det samme.

4

a) Det forstår jeg ikke.

b) Jeg har glemt hva hun sa.

c) Togbilletten koster dessverre ganske mye./ Togbilletten er dessverre ikke billig.

d) Kanskje toget er forsinket.

e) Geir leter etter jobb.

f) Jeg kan ikke finne telefonen min.

g) På mandager har vi det alltid ganske hektisk.

h) Jeg synes ikke at norsk mat er særlig/så/ veldig god.

i) Nils var ganske forbauset da han så Emil for første gang.

j) Hun trives i Oslo, men det er så dyrt å bo der.

25

Økonomi

Jeg har ikke råd til å kjøpe leilighet. – Du bør leie og ikke kjøpe.

Jeg har abonnert på to aviser. – Kan du ikke lese nyhetene på internett?

Jeg må kjøpe ny bil. – Kan du ikke ta bussen?

Jeg kjøper alltid mat på bensinstasjonen. – Det er bedre å handle på butikken.

Jeg må kjøpe nye møbler. – Brukte møbler er mye billigere.

Jeg vil ta opp et lån for å reise til USA. – Kan du ikke spare penger først?

1

Selv om Norge ligger langt mot nord, er det ikke så kaldt om vinteren som man tror. Inne i landet kan det likevel være mye kaldere enn for eksempel i Bergen eller Stavanger. Det kaldeste stedet i Norge er Karasjok. Om sommeren er det varmere på Østlandet enn i Nord-Norge. Den varmeste måneden er stort sett juli.

Lise er eldre enn Susanne, men hun er omtrent like gammel som Lars. I familien er Erna eldst. Susanne er yngre enn Per, men Nils er yngst.

Den lengste dagen i Norge – som i alle andre land i Europa – er den 21. juni, og den korteste dagen er den 21. desember. Om vinteren er nettene lengre i Nord-Norge enn på Sørlandet, men om sommeren er dagene kortere på Sørlandet enn i Nord-Norge.

For Erna er det tungt å snakke om hemmeligheten hennes. Det er tyngre for henne å snakke om den enn å skrive den på en papirlapp. Hun synes det er lettere å snakke med Hege enn med familien. Men det tyngste er at hun ikke klarer å snakke om den.

I Bergen bor det flere mennesker enn i Stavanger, men færre mennesker enn i Oslo.

På Østlandet har vi færre dager med regn enn i Nord-Norge, men de fleste regndagene har vi på Vestlandet. I Bergen regner det mer enn i alle andre byer i Europa. Men i Bergen er det mindre snø enn i Oslo.

Kjenner du et bra/godt utested? Jeg har lyst til å spise noe bedre enn i går, men jeg kjenner ingen bra/god restaurant. Mange sier at det er bra/godt å spise italiensk mat, men jeg liker meksikansk mat bedre. Hva er den beste middagen du noensinne har spist? Hva likte du best?

Jeg husker ikke én rett som var god, jeg husker bare den verste retten, og den var enda verre enn hurtigmat. Den så ille/vond ut, luktet enda verre og smakte ille/vondt. Etterpå hadde jeg vondt i magen, og det ble verre dagen etter. Det var aller verst da jeg prøvde å spise noe.

I går så jeg en liten gutt med en hund. Hunden var nesten så stor som en hest – i hvert fall mye større enn gutten. Det var den største hunden jeg noensinne har sett. Den lille gutten hadde store problemer med å holde den store hunden. Men et lite øyeblikk senere kom det ei lita jente – hun var mindre enn hunden, men litt større enn gutten. sammen klarte de å holde hunden.

Marit, kan du hjelpe meg? Jeg har et stort/lite problem. I går kjøpte jeg en genser, men nå ser jeg at den er for liten. Jeg har vasket den, men nå er den enda mindre. Den er blitt den minste genseren jeg noensinne har hatt! Mener du at jeg kan sende den tilbake til den lille/store butikken hvor jeg har kjøpt den? Jeg må kjøpe en annen genser som er litt større. Men det største problemet er at jeg ikke finner kvitteringen. Kan du hjelpe meg med å lete etter den?

Jeg synes denne boka er kjedelig, men denne oppgaven er den mest kjedelige oppgaven i hele boka.

3

Bjørn	55 år	350 000
Svein	32 år	530 000
Terje	47 år	327 000
Anders	63 år	487 000
Anna	28 år	327 000
Linda	27 år	244 000

Wenche	47 år	411 000
Mona	23 år	130 000

4

Vi trener fotball to ganger per uke, stort sett på mandager og på torsdager. Om sommeren trener vi egentlig ikke, men i sommer må vi trene likevel.

Nå trener vi også på fredager. For en uke siden tapte vi mot et lag fra Bergen. Om en uke skal vi spille mot Trondheim. Vi skal dra dit på mandag.

26

1

Så kjøpte Erna en billett. Nils så ikke ut av vinduet. Han ville så gjerne se noe for han likte TV-programmet om Norge så mye. Så tar han sjansen så han kan se noe. Han var så nervøs at det nesten gjorde vondt i magen. Han så ingenting, men så hoppet han på en stol og så hus og mennesker. Så gledet han seg (så) mye fordi han så ut av båten. Nils var så fornøyd at han bestemte seg for å gå ut så mye som mulig.

3

I Molde er det færre dager med sol enn i Arendal. Derfor trenger man lengre bukser i Molde.

I Ålesund er det sterkere vind enn på Hamar. Derfor trenger man en varmere genser i Ålesund.

I Røros er det lavere temperatur enn i Kristiansand. Derfor trenger man tjukkere sokker i Røros.

I Tromsø snør det mer/er det mer snø enn i Trondheim. Derfor trenger man bedre sko i Tromsø.

I Stavanger er det mer tåke enn i Fredrikstad. Derfor trenger man bedre briller i Stavanger.

I Fredrikstad er det varmere dager/er dagene varmere enn i Bodø. Derfor trenger man kortere T-skjorter i Fredrikstad.

4

Karina jobber/arbeider som lege. Hun studerte medisin i seks år. Da hun var ferdig, måtte hun først lete etter jobb. Men nå har hun funnet/fått en god jobb. Hun trives på jobben, men hun liker ikke å arbeide i helgene. Hun tjener bra og kunne derfor kjøpe leilighet for to måneder siden.

Øyvind jobber/arbeider med reklame. Han utdannet seg til kokk først, men han hadde problemer med å arbeide sent på kvelden. Derfor byttet/skiftet han jobb. Nå er han fornøyd med jobben sin, selv om han tjener mindre enn Karina.

Verbos irregulares

infinitiv	presens	preteritum	perfektum
å bære		bar	har båret
å be		ba/bad	har bedt
å bli		ble	har blitt
å bryte		brøt/brøyt	har brutt
å dra		dro/drog	har dratt
å drikke		drakk	har drukket
å drive		drev	har drevet
å få		fikk	har fått
å finne		fant	har funnet
å forsvinne		forsvant	har forsvunnet
å gå		gikk	har gått
å gi		ga/gav	har gitt
å gjøre	gjør	gjorde	har gjort
å ha		hadde	har hatt
å hjelpe		hjalp	har hjulpet
å kunne	kan	kunne	har kunnet
å le		lo	har ledd
å legge		la	har lagt
å ligge		lå	har ligget
å nyte		nøt/nøyt	har nytt
å rekke		rakk	har rukket
å ri		red/rei	har ridd
å se		så	har sett
å selge		solgte	har solgt
å sette		satte	har satt
å si		sa	har sagt
å sitte		satt	har sittet
å skjære		skar	har skåret
å skrive		skrev/skreiv	har skrevet
å skulle	skal	skulle	har skullet
å slå		slo	har slått
å slippe		slapp	har sluppet
å snike		snek/sneik	har sneket
å spørre	spør	spurte	har spurt
å stå		sto/stod	har stått
å stjele		stjal	har stjålet
å stryke		strøk/strøyk	har strøket
å ta		tok	har tatt
å telle		talte/telte	har talt/telt
å treffe		traff	har truffet
å trekke		trakk	har trukket
å være	er	var	har vært
å ville	vil	ville	har villet
å vite	vet	visste	har visst

å avbryte	→å bryte
å foretrekke	→ å trekke
å forstå	→ å stå
å fortelle	→ å telle
å fortsette	→ å sette
å gjenta	→ å ta
å overdrive	→ å drive

*Tienes que aprendértelos.
Sé que es aburrido.*

223

Gramática en pocas palabras

Sustantivos y adjetivos

en (stor) kopp	(den store) koppen	(store) kopper	(de store) koppene
ei (stor) dør	(den store) døra	(store) dører	(de store) dørene
et (stort) hus	(det store) huset	(store) hus	(de store) husene
et (stort) vindu	(det store) vinduet	(store) vinduer	(de store) vinduene

Sin terminación en -t:
- adjetivos que acaban en -ig, -sk
- muchos adjetivos que acaban en -t
- adjetivos largos (p. ej) moderne

100 kr	200 kr	300 kr
dyr	dyrere	dyrest
interessant	mer interessant	mest interessant

Susanne er rask. (adjetivo)
Susanne går raskt. (adverbio)

Pronombres

jeg		meg
du		deg
han		ham (han)
hun		henne (seg)
den	liker	den (seg)
det		det (seg)
vi		oss
dere		dere
der		dem (seg)

min/din/hans/hennes/sin/dets/dens/vår/deres/deres kopp
dør

mitt/ditt/hans/hennes/sitt/dets/dens/vårt/deres/deres hus
mine/dine/hans/hennes/sine/dets/dens/vårt/deres/deres dører

o:

koppen min/din …
døra mi/di…
huset mitt/ditt …
dørene mine/dine …

Verbos

infinitiv	presens	preteritum	perfektum		imperativ
å spise	jeg spiser	jeg spiste	jeg har spist		spis!
		jeg våknet	jeg har våknet		
		jeg bodde	jeg har bodd		
		jeg levde	jeg har levd		

Verbos modales:

å ville	jeg vil	jeg ville
å måtte	jeg må	jeg måtte
å kunne	jeg kan	jeg kunne
å skulle	jeg skal	jeg skulle
å burde	jeg bør	jeg burde

!!! Jeg vil å spise ...
... må å spise ...
...

Oraciones

Oración principal

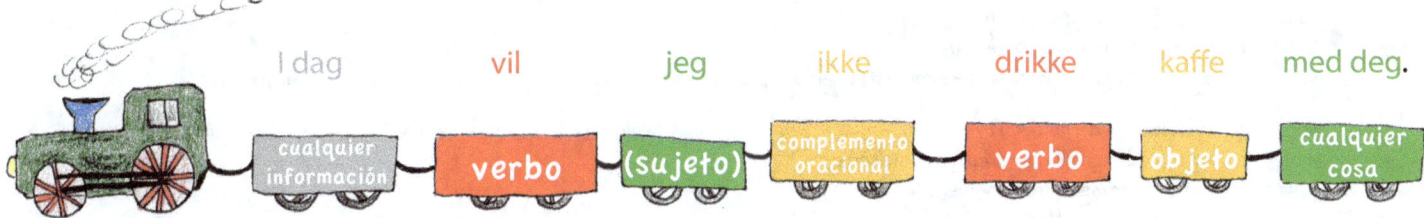

I dag — vil — jeg — ikke — drikke — kaffe — med deg.

cualquier información — verbo — (sujeto) — complemento oracional — verbo — objeto — cualquier cosa

Oración principal y oración subordinada

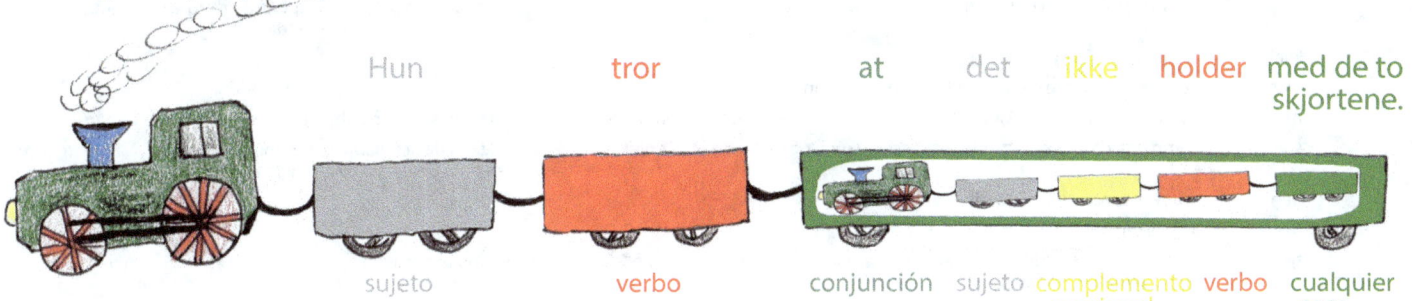

Hun — tror — at — det — ikke — holder — med de to skjortene.

sujeto — verbo — conjunción — sujeto — complemento oracional — verbo — cualquier cosa

Pronunciación

Letra noruega	Ejemplo	Pronunciación regular	Ejemplo de pronunciación irregular	Pronunciación irregular	Pronunciación irregular marcada como
a	å lage	como **a** en español "caja"			
e	å trenge	como **e** en español "él"	her	como el noruego **æ**	[æ]
æ	å være	aproximadamente como una **a** larga			
i	til	como una **i** en español "sí"			
o	onsdag	aproximadamente como una **u** en español "untar"	tog	como el noruego **å**	[å]
u	du	como una **u** francesa, es decir, pronunciando **i** pero con la boca como si fuésemos a pronunciar **u**	nummer	como el noruego **o**	[o]
ø	å føle	pronunciando **e** pero con la boca como si fuésemos a pronunciar **o**			
å	å gå	como **o** en español "no"			
y	å bety	pronunciando **i** pero con la boca como si fuésemos a pronunciar **o**			
ei	nei	aproximadamente como **ai**			
au	fortau	combinación del noruego **æ** y **u**			
øy	syltetøy	combinación del noruego **ø** e **y**			
ng	å ringe	como en español **ng** "hangar"			
r	å ringe	aproximadamente como una **r** en español "pero", aunque algo más fuerte			
rt, rd, rl, rn	ferdig	aproximadamente como una **r** en español "cerdo"			
rs	først	aproximadamente como **sh**			
sl	Oslo	como una combinación entre **sh** y **l**			
er	mer	como **er** en español "ser"	her	como el noruego **æ**	[æ]
skj, sj	kanskje	aproximadamente como **sh**			
ski, sky	brødskive	como **sh** seguido del noruego **i/y**			
v	vei	pronunciando **v** pero con la boca como si fuésemos a pronunciar **f**	selv	a menudo muda al final de la palabra	[sell]
ig	ligge	combinación del noruego **i** y **g**	selvfølgelig	al final de la palabra sólo se pronuncia **i**	[selfølgelli]
kj	kjeller	no existe en español, aproximadamente como **sh**			
ki, ky	kylling	como **kj** pero seguido del noruego **i/y**			
gj	gjøre	como **y** en español "yo"			
gi	gi	aproximadamente como **gui**	gitar	**g** e **i** se pronuncian separadas	[g-itar]
gy	gyldig	aproximadamente como **gui** pero pronunciando el noruego **y**	gymnas	**g** e **y** se pronuncian separadas	[g-ymnas]
hj	å hjelpe	como **y** en español "yelmo"			
d	dag	como una **d** en español "dado"	god	al final de la palabra, después de **r** y una vocal larga, a menudo muda	[goo]
ld	kveld	como una doble **l**			
nd	blanding	aproximadamente como **nn** en español "perenne"			
ge	magen	como **gue** en español "guerra"	morgen	al final de esta palabra la **ge** es muda	[mårn]
et	snakket	como una combinación entre **e** y **t** en español "poeta"	eplet	al final de la palabra la **t** es muda cuando se trata de un artículo determinado	sin marcar, recuerda esto ;-)
eg	deg	aproximadamente como **ai**			
hv	hvor	la **h** es muda			
tj	tjene	aproximadamente como **ch** pero comenzando con la boca como si fuésemos a pronunciar **t**	tjue	como el noruego **kj**	[kj]

¿Demasiado complicado?
Échale un vistazo a nuestros
vídeos sobre pronunciación:
www.skapago.eu/nils

Verbos

infinitiv	presens	preteritum	perfektum		imperativ
å spise	jeg spiser	jeg spiste	jeg har spist		spis!
		jeg våknet	jeg har våknet		
		jeg bodde	jeg har bodd		
		jeg levde	jeg har levd		

Verbos modales:

å ville	jeg vil	jeg ville
å måtte	jeg må	jeg måtte
å kunne	jeg kan	jeg kunne
å skulle	jeg skal	jeg skulle
å burde	jeg bør	jeg burde

!!! Jeg vil å spise ...
... må å spise ...
...

Oraciones

Oración principal

I dag · vil · jeg · ikke · drikke · kaffe · med deg.

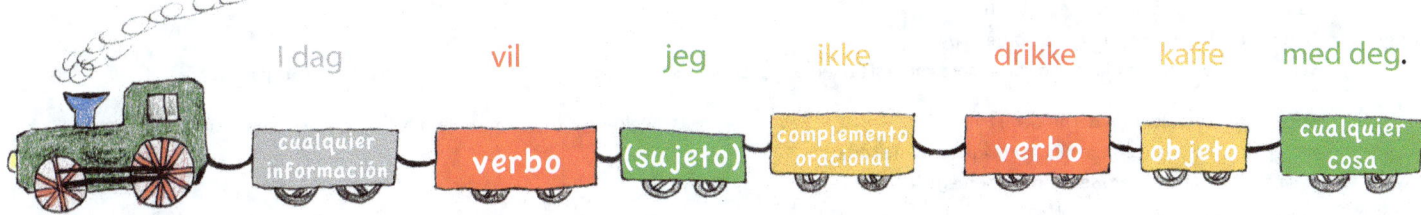

cualquier información · verbo · (sujeto) · complemento oracional · verbo · objeto · cualquier cosa

Oración principal y oración subordinada

Hun · tror · at · det · ikke · holder · med de to skjortene.

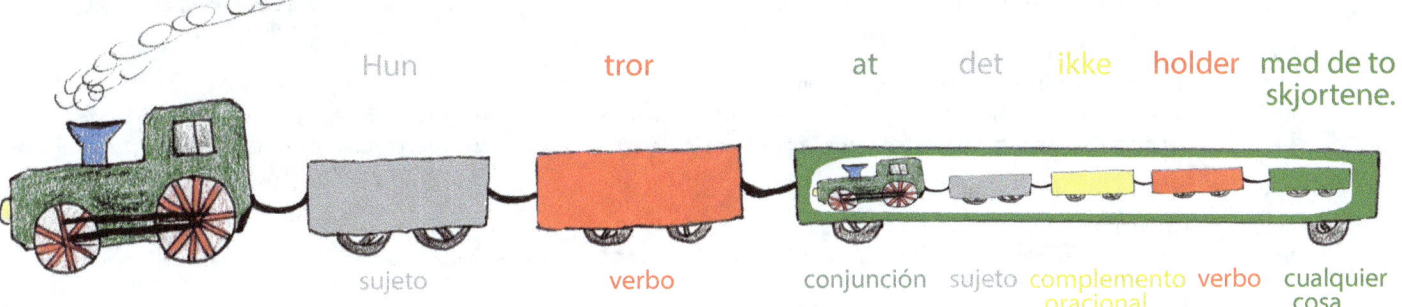

sujeto · verbo · conjunción · sujeto · complemento oracional · verbo · cualquier cosa

Pronunciación

Letra noruega	Ejemplo	Pronunciación regular	Ejemplo de pronunciación irregular	Pronunciación irregular	Pronunciación irregular marcada como
a	å lage	como **a** en español "caja"			
e	å trenge	como **e** en español "él"	her	como el noruego **æ**	[æ]
æ	å være	aproximadamente como una **a** larga			
i	til	como una **i** en español "sí"			
o	onsdag	aproximadamente como una **u** en español "untar"	tog	como el noruego **å**	[å]
u	du	como una **u** francesa, es decir, pronunciando **i** pero con la boca como si fuésemos a pronunciar **u**	nummer	como el noruego **o**	[o]
ø	å føle	pronunciando **e** pero con la boca como si fuésemos a pronunciar **o**			
å	å gå	como **o** en español "no"			
y	å bety	pronunciando **i** pero con la boca como si fuésemos a pronunciar **o**			
ei	nei	aproximadamente como **ai**			
au	fortau	combinación del noruego **æ** y **u**			
øy	sylketøy	combinación del noruego **ø** e **y**			
ng	å ringe	como en español **ng** "hangar"			
r	å ringe	aproximadamente como una **r** en español "pero", aunque algo más fuerte			
rt, rd, rl, rn	ferdig	aproximadamente como una **r** en español "cerdo"			
rs	først	aproximadamente como **sh**			
sl	Oslo	como una combinación entre **sh** y **l**			
er	mer	como **er** en español "ser"	her	como el noruego **æ**	[æ]
skj, sj	kanskje	aproximadamente como **sh**			
ski, sky	brødskive	como **sh** seguido del noruego **i/y**			
v	vei	pronunciando **v** pero con la boca como si fuésemos a pronunciar **f**	selv	a menudo muda al final de la palabra	[sell]
ig	ligge	combinación del noruego **i** y **g**	selvfølgelig	al final de la palabra sólo se pronuncia **i**	[selfølgelli]
kj	kjeller	no existe en español, aproximadamente como **sh**			
ki, ky	kylling	como **kj** pero seguido del noruego **i/y**			
gj	gjøre	como **y** en español "yo"			
gi	gi	aproximadamente como **gui**	gitar	**g** e **i** se pronuncian separadas	[g-itar]
gy	gyldig	aproximadamente como **gui** pero pronunciando el noruego **y**	gymnas	**g** e **y** se pronuncian separadas	[g-ymnas]
hj	å hjelpe	como **y** en español "yelmo"			
d	dag	como una **d** en español "dado"	god	al final de la palabra, después de **r** y una vocal larga, a menudo muda	[goo]
ld	kveld	como una doble **l**			
nd	blanding	aproximadamente como **nn** en español "perenne"			
ge	magen	como **gue** en español "guerra"	morgen	al final de esta palabra la **ge** es muda	[mårn]
et	snakket	como una combinación entre **e** y **t** en español "poeta"	eplet	al final de la palabra la **t** es muda cuando se trata de un artículo determinado	sin marcar, recuerda esto ;-)
eg	deg	aproximadamente como **ai**			
hv	hvor	la **h** es muda			
tj	tjene	aproximadamente como **ch** pero comenzando con la boca como si fuésemos a pronunciar **t**	tjue	como el noruego **kj**	[kj]

¿Demasiado complicado?
Échale un vistazo a nuestros vídeos sobre pronunciación:
www.skapago.eu/nils

Índice de vocabulario

Los números indican ejercicios en los respectivos capítulos que tratan el tema en cuestión. X indica que el tema se explica en este capítulo.

capítulos	1	2	3	4	5	6	7	8	9	10	11	12	13	14	15	16	17	18	19	20	21	22	23	24	25	26
aficiones y tiempo libre																				x, 3	6			1	4	
cocina				2			1, 3		3	7																
colegio/educación/trabajo																				5		x				4
colores									x, 1, 2, 3		3															
comida		3		2		3			x	1	x, 5	2	2								1					
cuerpo/en el médico										x, 2, 3			7	4												
de compras											x							3			x					
dinero/economía																									x,3	
direcciones												x														
escribiendo textos		3			4						4,5	3			5	4			3,6			4,5	5	1		
estaciones, meses, festividades															x4									2		
estilo de vida/dieta																										x
familia					x, 4, 6		2	5		6	4										1		2			
hablar de uno mismo				5					x												x					
hora/rutina diaria						x, 2, 3, 7	x					3	x, 5							5						
instituciones																x										
medios de comunicación															x, 5							5				
muebles/casa				x				1,5	6		4				4					6	1					
Noruega																x									1	3
números		4			x, 1					1,2					3,4			4			2					
países, nacionalidades											x, 3															
pequeña charla		x		x, 5															5		x					
restaurante													1, 2													
ropa																		x, 3								3
sentimientos																					3			x		
siendo educado			x										x, 4													
tiempo/clima															x, 2			3								3
trabajo diario									x	6				x, 2												
transporte																							x, 5			

Índice de gramática

Los números indican ejercicios en los respectivos capítulos que tratan el tema en cuestión. X indica que el tema se explica en este capítulo.

capítulos	1	2	3	4	5	6	7	8	9	10	11	12	13	14	15	16	17	18	19	20	21	22	23	24	25	26
adjetivos								x, 1, 2	x, 3	x	x, 1, 2, 3		x	2			4	3					6	2	1, 3	3
adverbios															x, 1,2									2		
alfabeto																			x							
annen/annet																x, 1										
artículos/sustantivos		x, 1		x, 2, 3			x, 1	x, 1, 2			1						4	3	3	x, 1	1, 2		6			
denne/dette/disse												x, 2											6			
futuro											x				x	5					5					
hvilken, hvilket, hvilke											x, 6															
ja/jo			2																							
kanskje																	x, 2									
kjenne/vite									x, 5															x		
langt/lenge																				x, 2						
like/vaere glad					5																					
man									x																	
mange/mye										x, 5												2				
sustantivos/artículos		x, 1		x, 2, 3			x, 1	x, 1, 2			1						4	3	3	x, 1	1, 2		6			
noe/noen (+ sustantivos)							x									x		x, 4								
preposiciones (hos, med, ved)																			x							
preposiciones (i/på, over, under, bak)								x, 5	4								7							4		
preposiciones (ir/estar)												x, 5										4				
pronombres (det/den)			x, 3																							
pronombres (personales)		5			x, 2, 3	1			3								6				2, 6		3			
adjetivos (posesivos)/perteneciendo a alguien					x, 6	x, 5				x, 6, 7											6		x, 2, 3			
preguntas		2	x	x, 1					3																	2
orden de las palabras	x, 2, 3			x, 4			3	x, 4		2						2	5	x, 1, 3	x, 2	4				2, 3		
slags										x																
som																		1	x, 1							
synes/tro															x, 6							3				
verbos (imperativo)							x, 4														1					
verbos (infinitivo)			x, 4			6	3							1					8							
verbos (verbos modales)			x			x, 6							7	2										x, 1		
verbos (pasado)						x, 8				4		x, 3, 4		3	1		5				5, 7					
verbos (perfektum)														x, 3			5				5					
verbos (presente)	x, 1		4																		5					
verbos (terminados en -s)																							x